Die Nachschußpflicht im Gesellschaftsrecht

Saarbrücker Studien
zum Privat- und Wirtschaftsrecht

Herausgegeben von Johann Paul Bauer,
Michael Martinek (geschäftsführender Herausgeber)
und Helmut Rüßmann

Band 28

PETER LANG
Frankfurt am Main · Berlin · Bern · Bruxelles · New York · Oxford · Wien

Nina Scherf

Die Nachschußpflicht im Gesellschaftsrecht

Eine rechtsformübergreifende Bestandsaufnahme, Analyse und Kritik

PETER LANG
Europäischer Verlag der Wissenschaften

Die Deutsche Bibliothek - CIP-Einheitsaufnahme

Scherf, Nina :

Die Nachschußpflicht im Gesellschaftsrecht : eine rechtsformübergreifende Bestandsaufnahme, Analyse und Kritik / Nina Scherf. - Frankfurt am Main ; Berlin ; Bern ; Bruxelles ; New York ; Oxford ; Wien : Lang, 2002
(Saarbrücker Studien zum Privat- und Wirtschaftsrecht ; Bd. 28)
Zugl.: Saarbrücken, Univ., Diss., 2001
ISBN 3-631-38826-8

D 291
ISSN 1433-8866
ISBN 3-631-38826-8

www.peterlang.de

Saarbrücker Studien zum Privat- und Wirtschaftsrecht

herausgegeben von
Prof. Dr. Johann Paul Bauer
Prof. Dr. Dr. Michael Martinek
Prof. Dr. Helmut Rüßmann

Die Schriftenreihe "Saarbrücker Studien zum Privat- und Wirtschaftsrecht" bildet in erster Linie ein Forum für rechtswissenschaftliche Doktorarbeiten der Universität des Saarlandes auf zwei juristischen Schwerpunktgebieten. Zum einen sollen Dissertationen im klassischen Privatrecht, vor allem im bürgerlichen Vermögensrecht der ersten drei Bücher des BGB und ihrer Nebengesetze vorgestellt werden. Zum anderen findet das Wirtschaftsrecht im Sinne des Wirtschaftsprivatrechts besondere Berücksichtigung, womit namentlich die Gebiete des Handelsrechts einschließlich des Bilanzrechts, des Personen- und Kapitalgesellschaftsrechts einschließlich des Konzernrechts, des Gewerblichen Rechtsschutzes sowie des Wettbewerbs- und Kartellrechts bezeichnet sind. Es versteht sich, daß nicht nur rechtsdogmatische Studien, sondern auch rechtstatsächlich, rechtspolitisch oder interdisziplinär angelegte Arbeiten in die Schriftenreihe Aufnahme finden. Denn die Rechts- und Wirtschaftswissenschaftliche Fakultät der Universität des Saarlandes vereinigt unter *einem* Dach die Fachbereiche Rechtswissenschaft und Wirtschaftswissenschaft und regt damit Studenten und Hochschullehrer in besonderer Weise zu fachübergreifender Lehre und Forschung an. Die Schriftenreihe steht aber nicht nur sehr guten und ausgezeichneten Dissertationen, sondern auch anderen "Studien" zu privat- und wirtschaftsrechtlichen Themen offen, bis hin zu Materialien und Skripten des akademischen Unterrichts. Die drei Herausgeber, die zugleich stellvertretend für ihre anderen Saarbrücker Fakultätskollegen des Privat- und Wirtschaftsrechts handeln, verbinden mit den "Saarbrücker Studien zum Privat- und Wirtschaftsrecht" den Wunsch, daß die hier veröffentlichten Arbeiten die verdiente Resonanz in der breiteren juristischen Fachöffentlichkeit finden.

Meinen Eltern

Vorwort

Zu großem Dank bin ich meinem verehrten Lehrer und Doktorvater Herrn Professor Dr. iur. Dr. rer. publ. Michael Martinek, M.C.J. (New York) verpflichtet, der das Projekt „Nachschuß" anregte und die Arbeit mit sehr viel Engagement betreute.

Dank gebührt ebenfalls Herrn Professor Dr. iur. Filippo Ranieri, der das Zweitgutachten erstellte und während meiner Promotion durch interessante Lehrstuhlarbeit für die nötige juristische Abwechslung sorgte.

Danken möchte ich auch Klaus Morgenstern, Leïla Röder, Francis Limbach, Ariane Wanjek und Tobias Steegmann, die als kritische Zuhörer und „Sparringpartner" unverzichtbar waren.

Schließlich gehört unendlicher Dank meinen Eltern und meiner Schwester für die enorme Unterstützung - sowieso in allen Lebenslagen – und gerade in der Endphase der Promotion.

New York, im Oktober 2001 *Nina Scherf*

Inhaltsverzeichnis

Abkürzungsverzeichnis

a. A.	anderer Ansicht
AcP	Archiv für die civilistische Praxis
ADS	Adler/Düring/Schmalz, Rechnungslegung und Prüfung der Unternehmen
AG	Aktiengesellschaft
AktG	Aktiengesetz
Anh.	Anhang
Anmerk.	Anmerkung
Aufl.	Auflage
BAG	Bundesarbeitsgericht
BB	Der Betriebs-Berater
Bd.	Band
bearb. v.	bearbeitet von
Beck Bil-Komm.	Beck'scher Bilanzkommentar
Begr.	Begründer
begr. v.	begründet von
Beschl.	Beschluß
BFH	Bundesfinanzhof
BGB	Bürgerliches Gesetzbuch
BGH	Bundesgerichtshof
BGHZ	Entscheidungen des Bundesgerichtshofes in Zivilsachen
BSG	Bundessozialgericht
bzw.	beziehungsweise
DB	Der Betrieb
DNotZ	Deutsche Notar-Zeitung
DStR	Deutsches Steuerrecht
EWiR	Entscheidungen zum Wirtschaftsrecht
EWIV	Europäische Wirtschaftliche Interessenvereinigung

f.	für
ff.	folgende
Fn	Fußnote
GbR	Gesellschaft bürgerlichen Rechts
GenG	Genossenschaftsgesetz
GK-HGB	Gemeinschaftskommentar zum Handelsgesetzbuch
GmbH	Gesellschaft mit beschränkter Haftung
GmbHG	Gesetz betreffend die Gesellschaften mit beschränkter Haftung
GmbHR	GmbH-Rundschau
h. M.	herrschende Meinung
HGB	Handelsgesetzbuch
Hrsg.	Herausgeber
hrsg. v.	herausgegeben von
InsO	Insolvenzordnung
JA	Juristische Arbeitsblätter
JherJb.	Jherings Jahrbücher für die Dogmatik des bürgerlichen Rechts
JuS	Juristische Schulung
JZ	Juristen-Zeitung
KapCoRiLiG	Kapitalgesellschaften und Co-Richtliniengesetz
KG	Kommanditgesellschaft; Kammergericht
KO	Konkursordnung
KTS	Konkurs, Treuhand, Sanierung (früher: Zeitschrift für Konkurs-, Treuhand- und Schiedsgerichtswesen)
KWG	Gesetz über das Kreditwesen
LG	Landgericht
MDR	Monatsschrift für Deutsches Recht
MünchHdB.GesR	Münchener Handbuch des Gesellschaftsrechts
NJW	Neue Juristische Wochenschrift

NZG	Neue Zeitschrift für Gesellschaftsrecht
OHG	Offene Handelsgesellschaft
OLG	Oberlandesgericht
RG	Reichsgericht
RGRK	Das Bürgerliche Gesetzbuch mit besonderer Berücksichtigung der Rechtsprechung des Reichsgerichts und des Bundesgerichtshofes, Kommentar
RGZ	Entscheidungen des Reichsgerichts in Zivilsachen
Rn	Randnummer
S.	Seite
StB	Der Steuerberater
u. a.	und andere
Urt.	Urteil
v.	von; vom
VAG	Versicherungsaufsichtsgesetz
VVaG	Versicherungsverein auf Gegenseitigkeit
WM	Wertpapier–Mitteilungen: Teil 4, Zeitschrift für Wirtschafts- und Bankrecht
WUB	Wirtschafts- und Bankrecht
z. B.	zum Beispiel
ZfgG	Zeitschrift für das gesamte Genossenschaftswesen
ZGR	Zeitschrift für Unternehmens- und Gesellschaftsrecht
ZHR	Zeitschrift für das gesamte Handelsrecht und Wirtschaftsrecht
Ziff.	Ziffer
ZIP	Zeitschrift für Wirtschaftsrecht (früher: Zeitschrift für Wirtschaftsrecht und Insolvenzpraxis)
ZPO	Zivilprozeßordnung
ZVglRWiss	Zeitschrift für vergleichende Rechtswissenschaft

Einleitung

A. Zielsetzung und Gang der Untersuchung

Der Begriff der „Nachschußpflicht" wird im Gesellschaftsrecht im Zusammenhang mit sehr unterschiedlichen Leistungspflichten der Gesellschafter und sogar von Gesellschaften im Bereich der verbundenen Unternehmen verwendet. Es drängt sich daher der Eindruck auf, daß dieser Begriff kein einheitliches rechtsformübergreifendes Rechtsinstitut im Gesellschaftsrecht umschreibt, sondern vielmehr alle Formen der Nachzahlungen der Gesellschafter bzw. der Gesellschaften im Konzernrecht umfaßt.

Der Gesetzgeber hat den Begriff „Nachschuß" ausdrücklich im GmbH-Recht (§§ 26 ff. GmbHG), im Genossenschaftsrecht (§§ 105 ff. GenG) und bei dem Versicherungsverein auf Gegenseitigkeit (§§ 24, 46, 50 VAG) eingeführt. Aber auch diese im Gesetz ausdrücklich als Nachschußpflichten bezeichneten Haftungen scheinen mit Ausnahme des gleichen Namens nichts gemeinsam zu haben. So erfordert die Nachschußpflicht in der GmbH eine ausdrückliche Vereinbarung im Gesellschaftsvertrag und beschränkt sich im Zweifel auf die Zeit, in der die Gesellschaft werbend tätig ist. Bei der Genossenschaft hingegen besteht eine gesetzliche Nachschußpflicht im Insolvenzverfahren; und bei dem Versicherungsverein auf Gegenseitigkeit findet man den Begriff der Nachschußpflicht sowohl im werbenden Stadium als auch in der Liquidation und während des Insolvenzverfahrens über das Vereinsvermögen.

Bei einer näheren Betrachtung kann man jedoch feststellen, daß diese Nachschußpflichten durchaus strukturelle Gemeinsamkeiten aufweisen. Diese Strukturmerkmale lassen sich darüber hinaus auf weitere Nachzahlungspflichten übertragen, die im Gesetz nicht ausdrücklich als *Nachschuß*pflichten bezeichnet werden. So kann zum Beispiel bei der Personengesellschaft eine über die ursprünglich vereinbarte Einlage hinausgehende Zahlungspflicht gesellschaftsvertraglich festgelegt werden, die der Nachschußpflicht der GmbH gemäß § 26 GmbHG ähnlich ist. Im Genossenschaftsgesetz findet man Vorschriften, die es der Genossenschaft in Liquidation ermöglichen, unter bestimmten Umständen weitere Einzahlungen der Genossen zur Deckung von Genossenschaftsschulden einzufordern (§ 87 a GenG). Bei der Personengesellschaft kann eine solche Verpflichtung ebenfalls infolge § 735 BGB entstehen. Im Insolvenzverfahren kann diese Vorschrift im Personengesellschaftsrecht, ähnlich den Vorschriften im Genossenschaftsrecht (§§ 105 ff. GenG), eine Einzahlungspflicht der Gesellschafter begründen. Und schließlich findet man beim Ausscheiden von Gesellschaftern oder Genossen Ausgleichspflichten (§ 739 BGB i.V.m. §§ 105 Abs. 3, 161 Abs. 2 HGB; § 73 GenG), die Anlaß für einen Vergleich bieten.

Ausgehend von den Strukturmerkmalen der ausdrücklich im Gesetz als *Nachschuß*pflicht bezeichneten Haftungen der Gesellschafter ist das Ziel dieser Bestandsaufnahme und Analyse, dem bisher wenig greifbaren Begriff der Nachschußpflicht eine eigenständige Kontur zu verleihen und dadurch den Weg zu einem Verständnis der Nachschußpflicht als einem verbandsrechtlichen Institut zu ebnen. Neben den rein strukturellen Parallelen ist vor allem auch die funktionelle Vergleichbarkeit der Nachschußpflichten zu berücksichtigen. Eine sinnvolle rechtsformübergreifende Betrachtung kann insofern vorgenommen werden, indem die Nachschußpflicht in den jeweiligen Lebenszyklen einer Gesellschaft untersucht wird. Gegenstand der Arbeit ist daher die Nachschußpflicht bei der werbend tätigen Gesellschaft, in der Liquidation und im Insolvenzverfahren über das Gesellschaftsvermögen. Die Nachschußpflicht im Zusammenhang mit dem Ausscheiden eines Gesellschaftsmitgliedes wird hingegen nur am Rande erwähnt, da es sich dabei um einen vorweggenommen Innenausgleich handelt, der als Unterfall der Nachschußpflichten nach Auflösung der Gesellschaft und damit im Stadium der Liquidation bzw. des Insolvenzverfahrens anzusehen ist.

B. Eingrenzung der Untersuchung auf das Recht der Genossenschaft, der GmbH und der Personenaußengesellschaft mit Gesellschaftsvermögen

Nachschußpflichten im Sinne des Themas findet man nicht nur im Recht der Genossenschaft, der GmbH und der Personengesellschaft, sondern auch bei der Partenreederei, im Vereinsrecht und bei der Europäischen Wirtschaftlichen Interessenvereinigung. Die Partenreederei wird in dieser Arbeit aufgrund ihrer Sonderstellung als Gesellschaftsform des Seehandelsrechts und ihrer eher untergeordneten Bedeutung in der Praxis nicht eigens behandelt, sondern nur zur Erläuterung von Strukturmerkmalen der Nachschußpflicht in Anmerkungen erwähnt. Der rechtsfähige Verein und der nicht rechtsfähige Idealverein werden nicht einbezogen, da in dieser Untersuchung die Nachschußpflicht in Hinblick auf das Risiko erwerbswirtschaftlicher Interessen dargestellt werden soll. Eine gesonderte Behandlung des nicht rechtsfähigen Wirtschaftsvereins erübrigt sich aus folgenden Gründen: Soweit er ein kaufmännisches Gewerbe betreibt, verbleibt es nach h.M. bei der Verweisung des § 54 BGB auf das Gesellschaftsrecht[1]; im übrigen dürften nähere Ausführungen zu dieser Verbandsform eher eine akademische Spielerei sein, da die Bedeutung des nicht rechtsfähigen wirtschaftlichen Vereins in der Praxis sehr gering ist.[2] Der Versicherungsverein auf Gegenseitigkeit als rechtsfähiger Wirtschaftsverein unterliegt dem Konzessionssystem und wird aufgrund

---

1 *Kübler*, Gesellschaftsrecht, S. 128; MünchKomm/*Reuter*, § 54 Rn 3, 6; *K. Schmidt*, Gesellschaftsrecht, S. 748.

2 MünchKomm/*Reuter*, § 54 Rn 5.

der Besonderheit der Rechtsform nur am Rande behandelt. Schließlich soll auch die Europäische Wirtschaftliche Interessenvereinigung für Kooperationen in der EG außer Betracht bleiben, denn auf diese Spezialrechtsform findet in Deutschland in erster Linie gemäß § 1 EWIV-Ausführungsgesetz das Recht der OHG Anwendung.[3]

Im Personengesellschaftsrecht ist eine Eingrenzung vor allem in Hinblick auf die BGB-Gesellschaft erforderlich, da bei dieser Gesellschaft vielfältige rechtliche Gestaltungen denkbar sind. Gegenstand der Untersuchung sind Nachzahlungspflichten der Gesellschafter gegenüber der Gesellschaft. Damit wird vorausgesetzt, daß die Gesellschaft ein Mindestmaß an Verselbständigung gegenüber den einzelnen Gesellschaftern aufweist. Diese Verselbständigung wird durch das Auftreten als Personenvereinigung im Rechtsverkehr und der Bildung von Gesamthandsvermögen erreicht, wobei der Grad der Verselbständigung im einzelnen umstritten ist.[4] Nach allen Theorien zur Gesamthand werden jedoch Sozialrechtsbeziehungen bei Vorhandensein von Gesamthandsvermögen - was typischer Weise bei Außengesellschaften entsteht - bejaht.[5] Daher wird in dieser Arbeit nur von der BGB-Gesellschaft als Gesamthandsaußengesellschaft gesprochen. Ob es auch Innengesellschaften mit Gesamthandsvermögen[6] oder Außengesellschaften ohne Gesamthandsvermögen[7] geben kann, soll außer Betracht bleiben. Damit bleibt auch die stille Gesellschaft als reine Innengesellschaft in dieser Arbeit unberücksichtigt.[8]

---

3 *K. Schmidt*, Gesellschaftsrecht, S. 1901; *Manz*, in: Kommentar zur EWIV, S. 295 ff.

4 MünchKomm/*Ulmer*, § 705 Rn 129; vgl. aber die neue Rechtsprechung des *BGH, 2. Zivilsenat*, nach der die BGB-Gesellschaft rechts- und parteifähig sein soll, soweit sie als Teilnehmer am Rechtsverkehr eigene (vertragliche) Rechte und Pflichten begründet, *BGH* ZIP 2001, 330 ff.

5 Vgl. dazu unten S. 89 ff.

6 So MünchKomm/*Ulmer*, § 705 Rn 233 „Innengesellschaften im weiteren Sinn"; ablehnend *K. Schmidt*, Gesellschaftsrecht, S. 1701.

7 MünchKomm/*Ulmer*, § 705 Rn 221; ablehnend *K. Schmidt*, Gesellschaftsrecht, S. 1701 mit der Begründung, daß nur Gesellschaften mit einem eigenen Vermögen „als solche" und damit als Rechtsträger am Rechtsverkehr teilnehmen können.

8 Sie entwickelt keine Außenbeziehung und erschöpft sich in rein schuldrechtlichen Beziehungen zwischen den Beteiligten, die durch formlosen Schuldvertrag begründet werden können, Sudhoff/*Jäger*, S. 30 Rn 31, S. 50 Rn 9.

Kapitel 1: Die Nachschußpflicht und ihre Abgrenzung von sonstigen Nachzahlungspflichten im Gesellschaftsrecht

A. Die Nachschußpflicht im Sinne des Themas

I. Strukturmerkmale der Nachschußpflicht

Es wurde bereits einleitend darauf hingewiesen, daß der Begriff der Nachschußpflicht vom Gesetzgeber ausdrücklich im GmbH-Recht (§§ 26 ff. GmbHG), im Genossenschaftsrecht (§§ 105 ff. GenG) und bei dem Versicherungsverein auf Gegenseitigkeit (§§ 24, 46, 50 VAG) gewählt wurde. Diese vom Gesetzgeber ausdrücklich als Nachschußpflichten benannten Haftungen haben zwar mit Ausnahme der zusätzlichen finanziellen Ausstattung der Gesellschaft durch die Gesellschafter wenig funktionelle Gemeinsamkeiten, man kann jedoch anhand dieser gesetzlichen Vorschriften strukturelle Gemeinsamkeiten herausarbeiten[9]:

1. Es handelt sich immer um einen Anspruch der Gesellschaft gegen die Gesellschafter;

2. Der Anspruch ist entweder ausdrücklich im Gesellschaftsvertrag geregelt oder er ergibt sich direkt aus dem Gesetz;

3. Der Anspruch ist regelmäßig auf eine Geldzahlung gerichtet;

4. Er geht über die ursprünglich durch Vertrag übernommene Kapitaleinzahlungs- oder Beitragspflicht hinaus, ohne daß der Gesellschafter eine unmittelbare Gegenleistung erhält;

5. Die zusätzlichen Zahlungen wirken sich nicht auf den Umfang der mitgliedschaftlichen Rechte und Pflichten aus.

Diese übereinstimmenden Strukturmerkmale sollen der Ausgangspunkt für eine Systematisierung der Nachschußpflicht sein und bilden demnach auch die Abgrenzungskriterien von sonstigen Nachzahlungspflichten der Gesellschafter.

---

9 Vgl. dazu auch die früheren die Gesellschaftsrechtsform übergreifenden Definitionsversuche zur Nachschußpflicht bei *Kaminski*, S. 2.

II. Terminologie: Vertragliche und gesetzlich vorgesehene Nachschußpflichten

Wenn bei den herausgearbeiteten Strukturmerkmalen eine Unterscheidung zwischen einer gesellschaftsvertraglich vereinbarten und der gesetzlich vorgesehenen Nachschußpflicht gemacht wird, so ist darunter folgendes zu verstehen. Die gesellschaftsvertraglich vereinbarte Nachschußpflicht kann zwar ebenfalls eine Grundlage im Gesetz haben, sie bedarf aber immer zu ihrer Entstehung einer ausdrücklichen Aufnahme in den Gesellschaftsvertrag. Die gesetzlich vorgesehene Nachschußpflicht hingegen kann zwar gesellschaftsvertraglich modifiziert werden, ihre Besonderheit liegt jedoch darin, daß sie keiner ausdrücklichen gesellschaftsvertraglichen Regelung bedarf, um eingefordert zu werden, sondern allein infolge der gesetzlichen Vorschrift bestehen kann.

B. Unterscheidung: Gesellschaftsvertraglich geregelte Nachschußpflicht und Kapitalerhöhungspflicht

I. Abgrenzung im Kapitalgesellschaftsrecht

Unter dem Begriff der Nachschußpflicht im wörtlichen Sinne könnte man jede Form der gesellschaftsvertraglich vereinbarten oder auch gesetzlich vorgesehenen Nachzahlungspflicht des Gesellschafters verstehen. Ein so weiter am Wortlaut orientierter Begriff ist aber nicht hilfreich, die Nachschußpflicht als ein Institut zu analysieren, das Rechtsform übergreifend im Gesellschaftsrecht vorgefunden werden kann. Das Abwenden vom Wortsinn im Interesse einer Systematisierung läßt sich anhand eines anderen Beispiels plakativer formulieren: Jede vom Gesellschafter zum endgültigen Verbleib in das Gesellschaftsvermögen geleistete Einzahlung erhöht das Eigenkapital der Gesellschaft. Dennoch ist der Begriff der „Kapitalerhöhung" im Gesellschaftsrecht mit einem besonderen Bedeutungsinhalt belegt.

Ausgehend von der Terminologie im Kapitalgesellschaftsrecht sollte man daher zwischen einer Kapitalerhöhung und der gesellschaftsvertraglich vereinbarten Nachschußpflicht unterscheiden. Nachschüsse i. S. der §§ 26 ff. GmbHG sind Kapitaleinzahlungen der Gesellschafter, die jedoch nicht auf das Stammkapital geleistet werden und deshalb nicht Teil der Stammeinlagen werden. Sie erhöhen zwar die Gesellschaftsmittel, unterliegen aber nicht den strengen Bindungen des Stammkapitals.[10] Die Einzahlungen berühren nicht die durch den Geschäftsanteil

10 *Häusler*, S. 41.

vermittelte Mitgliedschaft in der Gesellschaft (§ 14 GmbHG) und können die Beteiligungsquoten nicht verschieben.[11]

Allgemeiner formuliert, handelt es sich bei dieser Nachschußpflicht um eine gesellschaftsvertraglich festgelegte finanzielle Leistung, die über die ursprünglich vereinbarte feste Beteiligung hinausgeht und keine Auswirkung auf mitgliedschaftliche Rechte hat. Davon zu unterscheiden ist die im Gesellschaftsvertrag vereinbarte Verpflichtung des Gesellschafters in eine Kapitalerhöhung mit Einlagen inklusive einer Bezugspflicht zuzustimmen. Auch wenn eine solche Nachzahlungspflicht der Nachschußpflicht im Sinne des Themas in ihren Auswirkungen sehr ähnlich ist, so bleibt sie eine Verpflichtung zur Mitwirkung an einer Kapitalerhöhung und sollte auch als solche bezeichnet werden.

II. Übertragung der Terminologie aus dem Kapitalgesellschaftsrecht auf die Personengesellschaft

1. Eingrenzung der Untersuchung auf die kapitalistisch ausgestaltete Personengesellschaft mit festen Kapitalanteilen

Im Zusammenhang mit der Nachschußpflicht wird insbesondere bei der werbend tätigen Personengesellschaft immer auf § 707 BGB verwiesen, der den Begriff „Nachschußpflicht" nicht ausdrücklich erwähnt. Nach dieser Vorschrift sind die Gesellschafter während des Bestehens der Gesellschaft ohne anderweitige vertragliche Ausgestaltung nicht verpflichtet, ihre Beiträge zu erhöhen oder Einlagen bei Verlusten zu ergänzen. Diese Regelung gilt über die §§ 105 Abs. 3, 161 Abs. 2 HGB kraft ausdrücklicher gesetzlicher Verweisung auch für die OHG[12] und KG.[13] § 707 BGB erfaßt aber jede Form der Beitragserhöhung[14], so daß sich die Frage stellt, ob im Personengesellschaftsrecht eine Nachschußpflicht von einer Kapitalerhöhung unterschieden werden kann. Diese Unterscheidung erscheint auf den ersten Blick nicht einleuchtend, da es bei einer Personengesellschaft kein festes Stammkapital gibt.

---

11 Hachenburg/*Müller*, GmbHG, § 26 Rn 12; *Häusler*, S. 43.

12 MünchHdb.GesR I/*v. Falkenhausen,* § 54 Rn 101.

13 MünchHdb.GesR II/*v. Falkenhausen,* § 16 KG Rn 1.

14 *Ulmer* umschreibt den Anwendungsbereich des § 707 BGB etwas mißverständlich. Einerseits beziehe sich diese Vorschrift lediglich auf Beiträge im engeren Sinne, das heißt die im Gesellschaftsvertrag übernommenen Verpflichtungen der Gesellschafter, zur Förderung des gemeinsamen Zwecks vermögenswerte Leistungen zu erbringen. Andererseits scheint er den gesetzlich umschriebenen Anwendungsbereich von § 707 BGB nicht abschließend zu sehen, indem er schreibt „*er umfaßt in gleicher Weise Beiträge, Nachschüsse und sonstige vertraglicher Festsetzung bedürftige Sozialansprüche der Gesellschaft gegen die Gesellschafter*". Was er genau mit „Nachschüssen" meint, bleibt ohne Erläuterung.

Bei Personengesellschaften ist aber je nach Vertragsgestaltung zwischen einer personalistischen und kapitalistischen Ausgestaltung zu unterscheiden. Innerhalb der kapitalistischen Ausgestaltung ist weiterhin zwischen Personengesellschaften mit festen Kapitalanteilen oder festen Beteiligungsquoten zu differenzieren. Immer dann, wenn feste Kapitalanteile der Gesellschafter vereinbart sind, hat die Gesellschaft eine Art „Grundkapital". Nur wenn ohne Veränderung dieses „Grundkapitals" bei gleichbleibenden Kapitalanteilen eine darüber hinausgehende Nachzahlungspflicht der Gesellschafter vereinbart wird, kann von einer Nachschußpflicht gesprochen werden, die der Regelung im GmbH-Recht vergleichbar ist.

2. Die personalistische und kapitalistische Ausgestaltung im einzelnen

a) Der variable Kapitalanteil bei der personalistischen Grundstruktur

aa) Allgemein

Kennzeichnend für die dem gesetzgeberischen Leitbild entsprechende personalistische Grundstruktur im Personengesellschaftsrecht ist, daß die Vermögens- und Verwaltungsrechte der Gesellschafter nicht an die vermögensmäßige Beteiligung anknüpfen und variable Gesellschafterkonten geführt werden. Am stärksten ist die personalistische Struktur bei der BGB-Gesellschaft.[15] Aber auch bei der Personenhandelsgesellschaft ist die gesetzliche Ausgestaltung der Gesellschafterrechte und -pflichten überwiegend losgelöst von der Höhe der Kapitalbeteiligung mit Ausnahmen bei der Gewinn- und Verlustverteilung.[16] Die Kapitalbeteiligung ist zudem bei der personalistischen Ausgestaltung infolge variabler Kapitalanteile

---

15 Alle Gesellschafter haben die gleichen Beiträge zu leisten (§ 706 Abs. 1 BGB), jeder hat den gleichen Anteil an Gewinn und Verlust (§ 722 Abs. 1 BGB), Geschäftsführung und Vertretung stehen allen gemeinschaftlich zu (§§ 709, 714 BGB), es wird nach Köpfen abgestimmt (§ 709 Abs. 2 BGB) und auch nach Köpfen sind die Gesellschafter am Liquidationsergebnis beteiligt (§§ 734, 735 BGB).

16 Die Gewinnverteilung findet zum Teil nach der Höhe des Kapitalanteils, im übrigen nach Köpfen (§ 121 HGB) oder nach angemessenem Verhältnis der Anteile in der KG statt (§ 168 HGB). Der Verlust wird bei der OHG nach Köpfen (§ 121 Abs. 3 HGB) und in der KG wiederum nach angemessenem Verhältnis verteilt (§ 168 Abs. 2 HGB). In der Liquidation richtet sich die Vermögensverteilung nach dem Verhältnis der Kapitalanteile, wie sie sich aus der Schlußbilanz ergeben (§ 155 I HGB). Abgesehen davon haben aber auch bei der Personenhandelsgesellschaft nach dem gesetzlichen Grundmodell die Gesellschafter an sich gleiche Beiträge zu leisten (§§ 105 Abs. 3 HGB, 161 Abs. 2 HGB i.V.m. 706 BGB). Für gewöhnliche Geschäfte besteht nach den §§ 114 Abs. 1, 115 Abs. 1 HGB Einzelgeschäftsführung aller Gesellschafter, gemäß § 125 HGB besteht Einzelvertretungsmacht. Der Kommanditist ist von der Geschäftsführung und Stellvertretung ausgeschlossen (§ 164, 170 HGB). Es wird ebenfalls nach Köpfen abgestimmt.

keine feste Größe. Unter dem Kapitalanteil versteht man eine Rechnungs- oder Bilanzziffer, die Aufschluß über die vermögensmäßige Beteiligung an der Gesellschaft geben soll.[17] Ausgangsgröße des Kapitalanteils ist die von dem Gesellschafter geleistete Einlage, der die späteren Gewinnanteile hinzugezählt, die Verlustanteile und Entnahmen abgezogen werden (§ 120 Abs. 2 HGB). Der Kapitalanteil ist mithin ständigen Schwankungen ausgesetzt; seine jeweilige Höhe zeigt das für den Gesellschafter geführte Kapitalkonto.[18]

bb) Besonderheiten bei Kommanditisten

Auch für den Kommanditisten ist der Kapitalanteil der entscheidende Anhaltspunkt für seine vermögensmäßige Beteiligung und bei der personalistisch ausgestalteten Gesellschaft variabel.[19] Im Gegensatz zum persönlich haftenden Gesellschafter ist für den Kommanditisten die doppelte Kontoführung jedoch der Normalfall. Dies hängt damit zusammen, daß Gewinne dem Kapitalanteil und damit dem Kapitalkonto - auch Kapitalkonto I genannt - nur so lange gutgeschrieben werden, bis der Betrag der bedungenen Einlage erreicht ist (§ 167 Abs. 2 HGB). Darüber hinausgehende Gewinne sind auf einem zweiten Konto - auch Kapitalkonto II genannt – zu verbuchen.[20]

Trotz der doppelten Kontenführung sind die Verlustanteile des Kommanditisten ohne andere vertragliche Regelung dem Kapitalkonto I zu belasten. Dies ergibt sich daraus, daß solange das Habensaldo den Stand der Einlage nicht erreicht, der Kommanditist zur Entnahme von laufenden Gewinnen nicht berechtigt ist (§ 169 Abs. 1 Satz 2 Halbsatz 2, 1. Fall HGB) und bei Entnahme entgegen dieser Regelung seine Haftung wieder auflebt (§ 172 Abs. 4 Satz 2 HGB). Verluste führen daher dazu, daß das Kapitalkonto I, das nach Einzahlung der Einlage zunächst geschlossen war, wieder bewegt wird.[21]

---

17 *K. Schmidt*, Gesellschaftsrecht, S. 1376; *Kübler*, Gesellschaftsrecht, S. 74.

18 Auch wenn dem BGB-Gesellschaftsrecht an sich der Begriff des Kapitalanteils fremd ist, so ist er dennoch bei der BGB-Gesellschaft gebräuchlich, denn Kapitalanteile, wie oben definiert, können auch je nach Ausgestaltung der Gesellschaft bei dieser entstehen, vor allem wenn sie bilanziert, MünchHdb.GesR I/*Gummert*, § 9 Rn 60; MünchKomm/*Ulmer*, § 722 Rn 4.

19 Sudhoff/*Jäger*, S. 56.

20 Eine wichtige Funktion des Kapitalkontos I besteht darin die Feststellung zu ermöglichen, ob die Einlage mit haftungsbefreiender Wirkung geleistet ist (§ 171 Abs. 1 Halbsatz 2 HGB) und vor allem, ob die Haftung durch Rückzahlung der Einlage oder unberechtigter Gewinnentnahme wieder aufgelebt ist (§ 172 Abs. 4 HGB).

21 Läßt der Kommanditist dagegen freiwillig Gewinne auf dem Kapitalkonto II stehen, die zur Zeit der Gutschrift nach § 172 Abs. 4 Satz 2 HGB haftungsunschädlich hätten entnommen werden können, so ist eine spätere Entnahmc ebenfalls haftungsunschädlich, denn nach

b) Merkmale der kapitalistischen Personengesellschaft mit festen Kapitalanteilen

aa) Der feste Kapitalanteil für persönlich haftende Gesellschafter

Die das Recht der Personengesellschaften prägende Vertragsfreiheit hat es mit sich gebracht, daß gerade bei größeren Gesellschaften oder unterschiedlichen Gesellschafterbeteiligungen die personalistische Ausgestaltung durch kapitalistisch strukturierte Gesellschaftsverträge ersetzt wird, in denen feste Kapitalanteile auf Festkonten festgelegt werden.[22] Sinn und Zweck dieser Vertragsgestaltung ist es, den Umfang der Verwaltungs- und Vermögensrechte jedes Gesellschafters entsprechend der Höhe seiner ziffernmäßigen Kapitalbeteiligung festzulegen.[23] Bei der kapitalistischen Ausgestaltung einer Personengesellschaft wird der feste Kapitalanteil vergleichbar mit der Stammeinlage der GmbH.[24] Die Summe der unveränderlichen Kapitalanteile bildet gleichsam das „Grundkapital" der Personengesellschaft, wobei diese Fachbegriffe bei der Personengesellschaft an sich nicht erlaubt sind.[25] Um daneben die variablen Größen - wie bezogene Gewinne, Verluste und Entnahmen - zu erfassen, muß neben dem festen Kapitalkonto für jeden Gesellschafter noch ein weiteres (bewegliches) Konto errichtet werden. In der Praxis wird dieses weitere Konto häufig in mehrere Konten aufgespalten, wie etwa Darlehens-, Verlustvortrags-, Rücklagen-, Forderungs- und Schuldenkonten.[26]

bb) Der feste Kapitalanteil für den Kommanditisten

Auch für den Kommanditisten sieht die Vertragspraxis in der Regel abweichend vom Gesetz feste Kapitalanteile vor.[27] Auf dem zweiten Konto werden dann die Gewinne, Verluste und Entnahmen gebucht. Für den Kommanditisten bedeutet dies, daß sich seine Verlustbeteiligung im Innenverhältnis, über die vereinbarte Einlage hinaus, um den auf ihn entfallenden Anteil am thesaurierten Gewinn erhöht.[28] Diese Form der Zweiteilung der Konten hat aber den gravierenden

---

§ 169 Abs. 2 HGB ist der Kommanditist nicht verpflichtet den „bezogenen Gewinn" wegen späterer Verluste zurückzuzahlen, *Huber*, ZGR 1988, 1, 8 ff. Das gilt auch dann, wenn der Kapitalanteil zum Zeitpunkt der Entnahme aufgrund der Verluste unter den Betrag der Einlage abgesunken ist, *Huber*, ZGR 1988, 1, 34 ff.

22 *Huber*, Vermögensanteil, S. 179; dies gilt im übrigen auch für die BGB-Gesellschaft, vgl. *BGH* NJW 83, 2498; MünchHdb.GesR I/*Schücking*, § 2 Rn 23.

23 Münchener Vertragshandbuch I/*Marsch-Barner*, I. 4 Rn 9, S. 24; Münchener Vertragshandbuch I/*Oldenburg*, II.3 Rn 19, S. 108.

24 *Huber*, Vermögensanteil, S. 262.

25 *K. Schmidt*, Gesellschaftsrecht, S. 1380.

26 *Huber*, ZGR 1988, 1, 86 ff.

27 Münchener Vertragshandbuch I/*Riegger*, III 1 Rn 7, S. 207.

28 *Huber*, ZGR 1988, 1, 44.

Nachteil, daß auf dem zweiten Konto ohne Unterscheidung sowohl entnahmefähige Gewinnanteile verbucht werden als auch solche, deren Entnahme nach Gesetz oder Gesellschaftsvertrag ausgeschlossen ist. Zur Abgrenzung der entnahmefähigen Beträge sowie zur Vermeidung des Wiederauflebens der persönlichen Haftung für den Kommanditisten gemäß § 172 Abs. 4 HGB empfiehlt sich daher immer eine Dreiteilung. In der Praxis finden sich bei dieser Art der Kontenführung vielfältige Bezeichnungen für die einzelnen Konten. Der Gesellschaftsvertrag sollte klar erkennen lassen, daß zwei Konten den Eigenkapitalbestand der Gesellschaft widerspiegeln und nur das dritte Konto bei einem Positivsaldo eine Forderung des Gesellschafters gegen die Gesellschaft begründet.[29]

3. Die „Kapitalerhöhung“ in der Personengesellschaft

Sind nun feste Kapitalanteile vereinbart und soll deren Zahl oder Höhe nachträglich verändert werden, so erinnert dies stark an eine Kapitalerhöhung, da sich dadurch das vereinbarte Festkapital und die Beteiligungsverhältnisse verschieben können. Im Interesse einer einheitlichen Terminologie und in Hinblick darauf, daß man bei der Entwicklung einheitlicher Lösungsmodelle im Gesellschaftsrecht auch auf vergleichbare Rechtsinstitute zurückgreifen muß, sollte man daher in diesen Fällen nicht von einer Nachschußpflicht, sondern - auch wenn dieser Begriff dem Personengesellschaftsrecht fremd ist - von einer „Kapitalerhöhung“ sprechen, was im übrigen in der Praxis auch getan wird.[30] Besonders häufig kommen Regelungen zur „Kapitalerhöhung“ bei Publikumskommanditgesellschaften vor, die auf diese Weise den Beitritt weiterer Kommanditisten ermöglichen wollen. Für diese Art der Vertragsgestaltung hat der *BGH*[31] besondere Regeln aufgestellt.

In der zitierten Entscheidung hatte der *BGH* die Wirksamkeit eines Kapitalerhöhungsbeschlusses aufgrund folgender Klausel im Gesellschaftsvertrag zu beurteilen:

„*Beschlüsse der Gesellschaft werden in allen Angelegenheiten, auch solchen von besonderer Bedeutung, auch hinsichtlich weiterer Kapitalerhöhungen, mit einfacher Stimmenmehrheit gefaßt, soweit das Gesetz nicht zwingend eine andere Mehrheit vorschreibt.*“

Der *BGH* entschied, ein Mehrheitsbeschluß aufgrund dieser Satzungsbestimmung sei wirksam, da es sich um eine Massengesellschaft handelte, die auf den

---

29 Münchener Vertragshandbuch/*Riegger*, III 1 Rn 7, S. 207.

30 Vgl. *BGH* NJW 1976, 985, hier wurde sowohl im Gesellschaftsvertrag als auch vom *BGH* der Begriff der „Kapitalerhöhung“ benutzt.

31 *BGH* NJW 76, 958 ff.

Beitritt weiterer Kommanditisten eingerichtet war, der Beschluß nur das Recht zur Teilnahme an der Kapitalerhöhung begründete und dieses Recht jedem Kommanditisten entsprechend der Höhe seiner bisherigen Beteiligung eingeräumt wurde. Wegen der Eigenart der Gesellschaft als Kapitalsammelbecken sei davon auszugehen, daß hier die Möglichkeit einer betragsmäßig nicht begrenzten Kapitalerhöhung durch Mehrheitsbeschluß und die damit möglicherweise eintretende Verschiebung der Beteiligungsverhältnisse dem Vertragswillen der Gesellschafter entsprach.

Der *BGH* hat damit die Kapitalerhöhung bei der Massenkommanditgesellschaft in Anlehnung an die Regelungen zu den Kapitalgesellschaften entwickelt, allerdings ohne dies offen auszusprechen. Bei der GmbH und der Aktiengesellschaft setzt die Kapitalerhöhung einen satzungsändernden Beschluß voraus. Dieser muß mit qualifizierter Mehrheit zustande kommen und grundsätzlich allen Mitgliedern die proportionale Beteiligung an der Erhöhung erlauben (Bezugsrecht). Für die Aktiengesellschaft ist dies in den §§ 182, 186 AktG ausdrücklich bestimmt. Für die GmbH ist das Erfordernis eines Bezugsrechtes nicht ganz unzweifelhaft, weil § 55 GmbHG zu den formellen und sachlichen Bedingungen der Kapitalerhöhung schweigt.[32] Dennoch wird das Bezugsrecht des Gesellschafters der GmbH überwiegend bejaht, da er angesichts der typischerweise personalistischen Gesellschaftsstruktur ein größeres Interesse als ein Aktionär an der Erhaltung seiner Beteiligungsquote hat.[33]

Unterscheidet man zwischen der Nachschußpflicht und einer Kapitalerhöhung, so wird auch deutlich, weshalb bei folgender Konstellation niemals eine Nachschußpflicht bestehen konnte. Das *Kammergericht*[34] hatte über die Bestimmung im Gesellschaftsvertrag einer Publikums-KG zu entscheiden, nach der die Kommanditisten von der Komplementärin auf Verlangen eines Kreditinstituts ohne vorherigen Gesellschafterbeschluß zu einer Erhöhung ihrer Einlagen um bis zu 20 % verpflichtet werden konnten. Das *Kammergericht* erklärte diese Klausel für unwirksam. Interessant ist, daß es dieses Ergebnis unter anderem auf § 26 GmbHG stützte, in dem es den allgemeinen gesellschaftsrechtlichen Grundsatz verankert sah, daß die Veränderung der finanziellen Beteiligung an der Gesellschaft dem Beschluß der Gesellschafter vorbehalten bleiben soll.[35] Der *BGH*[36]

---

32 *Wiedemann*, ZGR 77, 690, 694 f.

33 *K. Schmidt*, Gesellschaftsrecht, S. 1170 mit weiteren Fundstellen.

34 *KG* DB 1978, 1922 ff.

35 Als weiteres Argument knüpfte das *KG* an die Rechtsprechung zur Inhaltskontrolle von Gesellschaftsverträgen in Anlehnung an das AGB-Gesetz an. Hierbei nahm es Bezug auf den Rechtsgedanken der Überraschungsklausel in § 3 AGBG, wonach vertragliche Regelungen, die stark vom gesetzlichen Leitbild des zugrunde liegenden Rechtsverhältnisses abweichen, unwirksam sind. Da eine zum Zwecke der Gläubigerbefriedigung begründete

billigte im Ergebnis die rechtliche Würdigung des Kammergerichts, nahm aber in seiner Begründung weder Bezug auf die dogmatischen Darlegungen des Berufungsgerichts noch bezog er eindeutig Stellung, inwieweit Nachzahlungspflichten eines Gesellschafterbeschlusses benötigen. Er argumentierte mit allgemeinen Grundsätzen der Auslegung von Gesellschaftsverträgen und kam zu dem Ergebnis, der Kommanditist dürfe davon ausgehen, wenn der Vertrag die Erhöhung von Beitragspflichten vorsehe, daß sie nur im Gesellschaftsinteresse gefordert werden könne. Letzteres verneinte er in dem vorliegenden Fall, da sich die persönlich haftende Gesellschafterin bereits in Liquidation befand und die zusätzlichen Geldmittel ausschließlich der Befriedigung von Gesellschaftsgläubigern dienen sollten.

Ein Vergleich mit § 26 GmbHG ist bei der geschilderten Sachlage tatsächlich systematisch falsch. Vielmehr muß auch hier der Vergleich mit den Regelungen einer Kapitalerhöhung gemacht werden. Insoweit ist dem Kammergericht zuzustimmen, daß eine Kapitalerhöhung nur bei einem entsprechenden Gesellschafterbeschluß zulässig ist, dies ergibt sich jedoch aus einem Vergleich mit den entsprechenden Regeln der Kapitalerhöhung bei der Kapitalgesellschaft (§ 182 AktG, § 55 GmbHG).

Differenziert man zwischen Nachschüssen und einer Kapitalerhöhung wird auch deutlich, warum ein Gesellschafter freiwilligen Nachschußzahlungen eines Mitgesellschafters nicht widersprechen kann. Nachschüsse in dem hier verstandenen Sinne wirken sich nicht auf die Beteiligungsverhältnisse aus.[37] Daher ist die im Personengesellschaftsrecht zu lesende Ansicht, eine freiwillige Erhöhung der im Gesellschaftsvertrag vereinbarten Beiträge durch einen Gesellschafter sei ohne Zustimmung der Mitgesellschafter wegen ihrer Rückwirkung auf das Beteiligungsverhältnis grundsätzlich ausgeschlossen[38], so unzutreffend. Mangels Auswirkung der Nachschußzahlungen auf die Gesellschafterstellung kann ein Gesellschafter freiwilligen Nachzahlungen von Mitgesellschaftern, um der Gesellschaft notwendige Mittel zuzuführen, nicht widersprechen. Insofern bedarf es nicht eines Rückgriffs auf die einen Sonderfall betreffende Rechtsprechung des BGH, in der

---

Nachschußpflicht der gesetzlichen Ausgestaltung der Haftung in der Kommanditgesellschaft widerspreche, müsse eine solche Bestimmung im Gesellschaftsvertrag als überraschende Klausel angesehen werden. Diese Nachschußpflichten könnten daher nur dann Wirksamkeit beanspruchen, wenn sie im Gesellschaftsvertrag besonders hervorgehoben werden oder der Anleger beim Gesellschaftsbeitritt ausdrücklich darauf hingewiesen werde.

36 *BGH* DB 1979, 300 ff.

37 Vgl. oben S. 6 ff.

38 Statt aller MünchKomm/*Ulmer*, § 707 Rn 7.

er unter besonderen Bedingungen eine Zustimmungspflicht zu einer Kapitalerhöhung in einer GmbH aus Treuegesichtspunkten bejahte.[39]

C. Unterscheidung: Nachschußpflicht und „offene Beitragspflichten"

Außerhalb des Kapitalgesellschaftsrechts findet man zudem das Phänomen, daß Beitragspflichten „offen" formuliert werden. So können sich Gesellschafter einer Personengesellschaft zum Beispiel verpflichten, zur Erreichung des Gesellschaftszwecks oder zur Ausgabendeckung ständig finanzielle Leistungen an die Gesellschaft zu erbringen. Hat die Gesellschaft ein Festkapital mit festen Kapitalanteilen, so handelt es sich bei darüber hinausgehenden Zahlungen entweder um Nachschußpflichten oder um eine Kapitalerhöhung, wenn das Festkapital verändert wird. Fehlt es an einem Festkapital oder werden feste Beteiligungen nur prozentual festgelegt, so begründen bereits im Gesellschaftsvertrag vereinbarte Nachzahlungspflichten nach der hier gewählten Systematik weder eine Kapitalerhöhungs- noch eine Nachschußpflicht.

Die Zulässigkeit dieser offenen Beitragspflichten ist ebenfalls an § 707 BGB zu messen.[40] Als Beispiel aus der Praxis können hier Vertragsgestaltungen im Rahmen der Bau-Arbeitsgemeinschaften genannt werden.[41] So sehen die Muster-ARGE-Verträge vor, daß die einzelnen Gesellschafter verpflichtet sind, zur Erreichung des Gesellschaftszwecks im Verhältnis ihrer Beteiligung Beiträge und Leistungen zu erbringen ohne eine bestimmte Höhe festzulegen.[42] Nach höchstrichterlicher Rechtsprechung sind solche Vereinbarungen zulässig, wenn sich mehrere Personen zur Verwirklichung eines sachlich und wirtschaftlich begrenzten Projekts zusammenschließen. Die Höhe der Beteiligung richtet sich dann grundsätzlich nach dem Gesellschaftszweck.[43] Diese Vertragsgestaltungen haben

---

39 *BGH* GmbH-Rdsch 1986, 26 = NJW 1987, 189. In dieser Entscheidung ging es um eine personalistisch ausgestaltete GmbH. Der *BGH* nahm auf das Personengesellschaftsrecht bezug und leitete aus der Treuepflicht eine Zustimmungspflicht zu einer Kapitalerhöhung - die aufgrund der GmbH-Novelle 1980 notwendig geworden war - ab, solange dem zustimmungsunwilligen Gesellschafter keinerlei Nachteile erwachsen und vor allem für ihn keine Pflicht zur Erhöhung seiner Einlagen begründet wird.

40 MünchKomm/*Ulmer*, § 707 Rn 2.

41 MünchHdb.GesR I/*Kleine-Möller*, § 20 Rn 48 ff. Die Bau-Arbeitsgemeinschaft ist in der Praxis der Bauwirtschaft eine der häufigsten Erscheinungsformen zur Ausführung von Bauvorhaben. Insbesondere bei Großvorhaben schließen sich mehrere Bauunternehmer in einer Arbeitsgemeinschaft zusammen. Sie wird regelmäßig als BGB-Außengesellschaft mit Gesamthandsvermögen ausgestaltet, vgl. *Koeble/Schwärzel-Peters*, DStR 1996, 1734, 1735.

42 *Koeble/Schwärzel-Peters*, DStR 1996, 1734, 1736 mit Verweis auf den Mustervertrag der deutschen Bauindustrie und des deutschen Baugewerbes.

43 *BGH* WM 1961, 32, 34; *BGH* WM 1979, 1282, 1283.

nach Ansicht der Literatur mit einer rechtlichen Nachschußpflicht nichts zu tun, denn eine derart offen definierte Beitragspflicht entspreche den „vereinbarten" Beiträgen im Sinne des § 705 BGB.[44]

Außerhalb des Personengesellschaftsrechts findet man „offene Beitragspflichten" auch bei der Partenreederei und beim Versicherungsverein auf Gegenseitigkeit. So sind zum Beispiel die Mitreeder gesetzlich verpflichtet, zu den Kosten der Ausrüstung und der Reparatur des Schiffes beizutragen (§ 500 HGB). Im Zusammenhang mit dieser Vorschrift wird zwar herkömmlicherweise darauf verwiesen, daß es in der Partenreederei eine gesetzlich vorgesehen Nachschußpflicht gebe.[45] Das stimmt, wenn man von einer Nachschußpflicht im weiteren Sinne ausgeht. Ansonsten handelt es sich hier – wie im übrigen aus dem Wortlaut des Gesetzes zu entnehmen ist - um „Beiträge der Mitreeder".

Die hier gewählte Einteilung der Nachzahlungspflichten weicht von der Terminologie im Recht des Versicherungsvereins auf Gegenseitigkeit ab. § 24 VAG regelt die Beitragspflicht im Versicherungsverein auf Gegenseitigkeit. Absatz 2 dieser Vorschrift schreibt vor, daß im Falle von Vorausbeiträgen die Satzung bestimmen müsse, ob *„Nachschüsse"* verlangt werden können. Im Versicherungsverein auf Gegenseitigkeit gibt es weder ein von den Mitgliedern zu bildendes Festkapital[46], noch bestimmen die Beiträge der Mitglieder vermögenswerte Beteiligungsrechte[47]. Diese Nachzahlungspflicht ist demnach keine Nachschußpflicht im Sinne des Themas. Sie fällt vielmehr bei der hier gewählten Systematik unter den Begriff der offenen Beitragspflicht.

---

44 MünchHdb.GesR I/*Kleine-Möller*, § 20 Rn 49.

45 Statt aller Prüßmann/*Rabe*, § 500 A 1; *Bote* spricht von einer aufschiebend bedingten Beitragspflicht, MünchHdb.GesR I/*Bote*, § 83 Rn 54.

46 Der VVaG muß zwar gemäß § 22 VAG einen Gründungsfonds haben, dieser hat aber nichts mit dem Festkapital in einer Kapitalgesellschaft oder der kapitalistischen Personengesellschaft zu tun. Der Gründungsstock wird aufgebracht, indem sogenannte Garanten, die nicht Vereinsmitglieder sein müssen, auf den Gründungsstock bestimmte Anteile zeichnen, das heißt sich verpflichten, den von ihnen übernommenen Betrag dem VVaG zukommen zu lassen. Dieser Gründungsstock soll nach gesetzlicher Ausgestaltung im Laufe der Zeit getilgt werden und nimmt daher eine Mittelstellung zwischen Fremd- und Eigenkapital ein, vgl. *Prölss*, § 22, Rn 1, 8.

47 Vgl. §§ 38, 48 VAG.

D. Außerachtlassung von Nachschußpflichten im Zusammenhang mit der Vor-GmbH

I. Die Vorbelastungs- und Verlustdeckungshaftung der Gesellschafter

Im Zusammenhang mit der Vor-GmbH wird häufig von Nachschußpflichten der Gesellschafter gesprochen. Dabei geht es zum einen um die Rechtsprechung des *BGH* zur Vorbelastungshaftung in der GmbH, und zum anderen um die Ausdehnung der Gesellschafterhaftung auf die Vor-GmbH bei Scheitern der Eintragung:

Nach der Rechtsprechung des *BGH*[48] zur Vorbelastungshaftung, mit der er das Vorbelastungsverbot aufgegeben hat, übernimmt die GmbH mit ihrer Eintragung im Grundsatz alle Schulden der Vor-GmbH. Soweit dadurch die Aufbringung des Mindestkapitals gefährdet wird, sind die Gründer analog der §§ 9 ff. GmbHG „*zum Nachschuß verpflichtet*".[49] Mit seinem Vorlagebeschluß vom 4. 3. 1996[50] hat der *BGH* diese Vorbelastungshaftung - auch Differenzhaftung genannt - zu einer bereits in der Vor-GmbH greifenden Verlustdeckungshaftung erweitert. Danach haben die Gesellschafter mit Scheitern der Eintragung ohne jede Beschränkung in Höhe ihrer Anteile die Verluste der Vor-GmbH zu tragen.[51] Der BGH versteht diese Verlustdeckungshaftung in Übereinstimmung mit der Vorbelastungs- bzw. Differenzhaftung als Innenregreß, also als Rückgriffsanspruch der Vor-GmbH gegen ihre Gesellschafter.[52] Insoweit wird teilweise von einer „*unbeschränkten Nachschußpflicht*" der Gesellschafter gegenüber der Vor-GmbH gesprochen.[53]

Der BGH hat noch nicht entschieden, ob dieses Innenhaftungskonzept auch bei der sogenannten „unechten" Vor-GmbH in Betracht kommt, das heißt, wenn die Gesellschafter ihre Eintragungsabsicht aufgegeben haben, den Geschäftsbetrieb

---

48 *BGHZ* 80, 129, 142.

49 So wörtlich *Schwintowski*, JA 1988, 416, 417.

50 *BGH* NJW 1996, 1210.

51 Bis zu dieser neuen *BGH*-Rechtsprechung hafteten die GmbH-Gesellschafter für Verluste aus der vor der Eintragung aufgenommenen Geschäftstätigkeit begrenzt auf das von dem jeweiligen Gesellschafter gezeichnete Stammkapital.

52 *BGH* NJW 1996, 1210, 1212 ff.; *Gehrlein*, NJW 1996, 1193; wobei in Ausnahmefällen auch hier wieder unmittelbare Ansprüche der Gesellschaftsgläubiger gegen die Gründer möglich sind, vgl. *BGH* NJW 1997, 1507, 1509 (2b); *BAG* NJW 1997, 3331, 3333; *BAG* NJW 1998, 628, 629 (2b); *BFH* NJW 1998, 2926, 2927 (2b).

53 *Schwertfeger*, WiB 1997, 520 ff.

aber fortführen.[54] Der *BGH* deutet in seinem Vorlagebeschluß vom 4. 3. 1996[55] das Problem an, daß bei der Aufgabe der Eintragungsabsicht an sich die Regeln des Personengesellschaftsrechts Anwendung finden und damit eine Außenhaftung der Gesellschafter gegenüber den Gesellschaftsgläubigern in Betracht kommt. Er verweist jedoch darauf, daß in der Praxis die Feststellung Schwierigkeiten bereiten wird, ob der Geschäftsbetrieb nach Aufgabe der Eintragungsabsicht fortgeführt worden ist. Diesem Problem soll daher dadurch ausgewichen werden, daß auch bei Aufgabe der Eintragungsabsicht ein als Innenhaftung konstituierter Verlustdeckungsanspruch gewährt wird, der mit dem Scheitern der Eintragung entsteht. Nach dem *BAG*[56] und dem *BFH*[57] findet in diesen Fällen das Recht der Vor-GmbH keine Anwendung. Vielmehr haften die Gesellschafter der unechten Vorgesellschaft persönlich als Gesamtschuldner entweder nach § 128 HGB oder nach § 718 i. V. m. §§ 421, 427 BGB.

II. Die Verlustdeckungshaftung in der Vor-GmbH als Innenhaftung

Gegen das neue Innenhaftungskonzept werden noch immer erhebliche Einwände in der Literatur[58] und Rechtsprechung[59] vorgebracht. Der Ausgangspunkt der Diskussion ist noch einheitlich: Sowohl Vertreter des Innen- als auch des Außenhaftungskonzepts argumentieren, daß die unbeschränkte Haftung im bürgerlichen als auch im Handelsrecht die Regel sei, die Haftungsbeschränkung bedürfe daher einer gesetzlichen Grundlage. Eine solche Vorschrift existiere aber für die Vor-GmbH nicht; insbesondere helfe die sogenannte Handelndenhaftung nach § 13 Abs. 2 GmbHG nicht weiter, da die Norm nicht für die Vor-GmbH gelte. Damit müsse es bei der unbeschränkten Haftung der Gesellschafter bleiben. Die Schlußfolgerung aus diesem Befund ist jedoch unterschiedlich: Der *BGH* und ein *Teil der Literatur*[60] bejahen eine Innenhaftung, um den Gleichlauf zwischen der als Innenregreß ausgeformten Vorbelastungshaftung zu bewirken; die *Vertreter der Außenhaftung* verweisen darauf, daß jede unbeschränkte persönliche Haftung im Zivil-

54 Dieses Problem wurde vom *BGH* in seinem Urteil vom 27. 1. 1997 (NJW 1997, 1507, 1509, Nr. 3) ausdrücklich offengelassen.

55 *BGH* NJW 1996, 1210 (1212).

56 *BAG* NJW 1998, 628, 629 (2c); in dieser Entscheidung weist das *BAG* ausdrücklich darauf hin, daß der *BGH* in seinem Vorlagebeschluß in diesen Fällen eine Innenhaftung befürworte; diese Ausführungen seien für das *BAG* jedoch nicht bindend.

57 *BFH* NJW 1998, 2926, 2927 (2c).

58 *Altmeppen*, Anmerk., NJW 1997, 1507, 1509 ff.; *ders.*, NJW 1997, 3272 ff.; *K. Schmidt*, ZIP 1996, 353 ff.

59 Eine Außenhaftung entgegen der Rspr. des *BGH* bejahend: *LSG Baden-Württemberg* ZIP 1997, 1651 ff. mit Anmerk. v. *Altmeppen*; *LAG Köln* ZIP 1997, 1921 ff.

60 *Ulmer*, ZIP 1996, 733 ff.; *Lutter*, JuS 1998, 1073 ff.; *Wilken*, ZIP 1995, 1163 ff.

und Handelsrecht als Außenhaftung ausgestaltet sei. Die Vorbelastungshaftung begründe insofern einen Ausnahmefall, da sie an die Kapitalbindungsregeln zugunsten der Gläubiger und damit zwingend an die Eintragung der GmbH anknüpfe.[61] Neben diesem dogmatischen Einwand werden im übrigen eine Reihe von praktischen Argumenten gegen das Innenhaftungskonzept vorgebracht, deren nähere Darstellung den Rahmen dieser Arbeit sprengen würde. Nachdem jedoch vier oberste Bundesgerichte - *BAG*[62], *BFH*[63], *BGH*[64] und *BSG*[65] - das neue Konzept gebilligt haben, ist davon für die weitere Praxis auszugehen.

III. Gründe für die Außerachtlassung beider Haftungskonzepte in dieser Untersuchung

Da es sich sowohl bei der Vorbelastungshaftung als auch der Verlustdeckungshaftung bei Scheitern der Eintragung um Sozialansprüche der Gesellschaft handelt und die nachträglichen Zahlungen keinen Einfluß auf die Mitgliedschaftsrechte haben, liegt bei rein struktureller Betrachtung eine Nachschußpflicht im Sinne des Themas vor. Dennoch sollen beide Haftungskonzepte nicht Gegenstand dieser Arbeit sein.

Die Vorbelastungshaftung findet ihre Begründung in den Grundsätzen der Kapitalaufbringung im GmbH-Recht, da gewährleistet werden soll, daß die ursprünglich vereinbarte Einlage zum Zeitpunkt der Eintragung auch geleistet und vorhanden ist. Es handelt sich daher nicht um eine über den ursprünglich vereinbarten Beitrag hinausgehende Zahlungspflicht, sondern um die Pflicht, die vereinbarte Einlage auch tatsächlich im Zeitpunkt der Entstehung der Gesellschaft werthaltig zu leisten. Dies wird auch aus der Herleitung dieser Haftung aus § 9 GmbHG, in dem eine Nachzahlung bei überbewerteten Sacheinlagen zum Zeitpunkt der Eintragung geregelt ist, deutlich.

Das Haftungskonzept der Verlusttragungspflicht bei Scheitern der Eintragung ist im Zusammenhang mit der Nachschußpflicht schwer einzuordnen. Geht man davon aus, daß die Vor-GmbH durch das Scheitern der Eintragung zur Vor-Gesellschaft in Liquidation wird, so könnte man in der Tat *K. Schmidt* folgen, der ganz selbstverständlich § 735 BGB auf die Vor-GmbH anwenden will. Dabei betont er, daß diese Vorschrift zwar ausdrücklich nur für Personengesellschaften

---

61 *Altmeppen*, NJW 1997, 1509, 1510.

62 Vgl. Fn 56.

63 Vgl. Fn 57.

64 Vgl. Fn 50.

65 Das *BSG* hat sich mit Beschluß vom 31. 5. 1996 der Auffassung des *BGH* angeschlossen, so daß das Verfahren vor dem Gemeinsamen Senat der obersten Gerichtshöfe des Bundes eingestellt wurde, vgl. ZIP 1996, 1549.

gelte, sie aber auf einem *„allgemeinen Prinzip der geordneten Haftungsabwicklung in der Liquidation“* beruhe.[66] Andererseits befindet man sich dann in Begründungsnöten, warum es nicht neben § 735 BGB auch eine Außenhaftung der Gesellschafter wie im Personengesellschaftsrecht geben soll. Weiterhin läßt sich noch weniger erklären, warum das ausschließliche Innenhaftungskonzept auch bei der unechten Vor-GmbH Anwendung finden soll. Die derzeit ungelösten Probleme im Zusammenhang mit der Verlustdeckungshaftung in der Vor-GmbH haben ihre Wurzeln in den Besonderheiten der Rechtsnatur der Vor-GmbH, bei der es sich nach allgemeiner Ansicht um keine Gesellschaft bürgerlichen Rechts oder offene Handelsgesellschaft, sondern um eine Rechtsform sui generis[67] handelt. Dieser Problemkreis soll daher in dieser Arbeit unberücksichtigt bleiben.

E. Abgrenzung der Nachschußpflicht von weiteren Nachzahlungspflichten

I. Nachzahlungspflichten infolge schuldrechtlicher Nebenabreden

Wie bereits einleitend festgestellt wurde, werden im Rahmen dieser Arbeit Nachschußpflichten behandelt, die gesellschaftsvertraglich bzw. gesetzlich verankert und an die Mitgliedschaft in der Gesellschaft gebunden sind. Damit scheiden Nachzahlungspflichten aus, die lediglich schuldrechtlichen Charakter haben. Unter schuldrechtlichen Nebenabreden versteht man Vereinbarungen zwischen Gründern oder späteren Gesellschaftern, die sich zwar auf die Rechtsverhältnisse in oder zu der Gesellschaft beziehen, jedoch nicht Gegenstand des Gesellschaftsvertrages sind und daher nur die unmittelbar an der Vereinbarung Beteiligten binden. Ihre grundsätzliche Zulässigkeit steht außer Streit.[68] Die auf diese Weise vereinbarte Nachschußpflicht kann bei entsprechender Regelung auch einen Anspruch der Gesellschaft gegen die Gesellschafter begründen. Die Besonderheit dieser Nachzahlungspflicht liegt jedoch im Regelfall nicht im Gesellschaftsrecht, sondern im Schuldrecht, so daß keine mitgliedschaftliche Bindung eintritt.[69]

---

66 *K. Schmidt*, ZHR 1992, 93, 119.

67 *Lutter*, JuS 1998, 1073, 1074 mit weiteren Nachweisen.

68 Vgl. *BGH* NJW 1999, 2809, 2811 zur GmbH; *BGH* ZfgG 1989, 136, 137 zur Genossenschaft; *K. Schmidt*, Gesellschaftsrecht, S. 100.

69 Zur Frage, inwieweit schuldrechtliche Abreden unmittelbar in die Verbandsstruktur einwirken und mitgliedschaftliche Bindungen im Einzelfall auslösen können, vgl. *K. Schmidt*, Gesellschaftsrecht, S. 100.

II. Die Gesellschafterhaftung bei Unterkapitalisierung und bei schädigenden Eingriffen in den Vermögensstand der Gesellschaft

Die Gesellschafterhaftung bei Unterkapitalisierung und bei schädigenden Eingriffen in den Vermögensstand der Gesellschaft hat herkömmlicher Weise nichts mit einem Sozialanspruch der Gesellschaft zu tun, sondern gehört zu einem Bereich, in dem bisher mit dem Begriff der Durchgriffshaftung gearbeitet wurde.[70] Es handelt sich dabei um die Frage, ob Gesellschafter einer Schadensersatzhaftung unterliegen, wenn sie die Gesellschaft schädigen, ohne gegen die Bestimmungen über die Kapitalaufbringung oder Kapitalerhaltung zu verstoßen. Eine solche Haftung kommt bei der unterkapitalisierten Gesellschaft[71] oder im Fall nachteiliger Einflußnahme auf das Schicksal der Gesellschaft in Betracht. Rechtsfolge der Unterkapitalisierung, das heißt einer nicht dem Unternehmenszweck entsprechenden Kapitalausstattung, ist nach überwiegender Ansicht die unbeschränkte persönliche Haftung der verantwortlichen Gesellschafter für den Ausfall, den die Gläubiger der Kapitalgesellschaft mit ihren Forderungen erleiden.[72] *K. Schmidt* weist darauf hin, daß es sich in den angeblichen Durchgriffsfällen fast immer um eine Haftung der Gesellschafter aufgrund besonderer Einzeltatbestände, wie z. B. § 823 Abs. 2 BGB i.V.m. § 263 StGB, § 826 BGB oder einer Haftung der Verwaltungsmitglieder einer Kapitalgesellschaft infolge Konkursverschleppung handelt. Eine andere Frage sei hingegen, ob auch eine Innenhaftung gegenüber der Gesellschaft ohne individuelle Gläubigerschädigung bestehen kann. Eine solche Haftung bejaht *K. Schmidt* unter dem Aspekt der schuldhaften Verletzung der Finanzierungsverantwortung.[73] Diese Haftung begründet zwar einen Sozialanspruch der Gesellschaft gegen die Gesellschafter, hat jedoch ihre Besonderheit in einem schuldhaften Verhalten, das nicht unter die hier zu behandelnde Nachschußpflicht fällt.

III. Nachzahlungspflichten bei überbewerteter Sacheinlage

Manche Autoren sprechen von einer Nachschußpflicht bei der Differenzhaftung aus überbewerteten Sacheinlagen gemäß § 9 GmbHG.[74] Gemeint sind damit Fälle,

---

70 *K. Schmidt*, Gesellschaftsrecht, S. 1148; *Wüst*, JZ 1995, 990, 993 ff.

71 Eine (materielle) Unterkapitalisierung der Gesellschaft liegt vor, wenn ihr Eigenkapital nicht ausreicht, um den nach Art und Umfang der angestrebten oder tatsächlichen Geschäftstätigkeit, unter Berücksichtigung der Finanzierungsmethoden bestehenden, nicht durch Kredite Dritter zu deckenden, mittel- oder langfristigen Finanzbedarf zu befriedigen, vgl. Hachenburg/*Ulmer*, GmbHG, Anh. § 30 Rn 16; *Michalski/de Vries*, NZG 1999, 181, 182.

72 *Michalski/de Vries*, NZG 1999, 181, 183; *K. Schmidt*, Gesellschaftsrecht, S. 249 ff.

73 *K. Schmidt*, Gesellschaftsrecht, S. 251.

74 *Schwintowski*, JA 1988, 416, 417.

in denen für die Übernahme eines Geschäftsanteils bei Gründung oder nach einer Kapitalerhöhung eine Sacheinlage eingebracht wird. Erreicht die Sacheinlage im Zeitpunkt der Anmeldung der Gesellschaft zur Eintragung in das Handelsregister nicht den Betrag der dafür übernommenen Stammeinlage, so muß der Gesellschafter gemäß § 9 GmbHG in Höhe des Fehlbetrages eine Einlage in Geld leisten. Auch in der Aktiengesellschaft gilt diese Regelung. Sacheinlagen müssen hier grundsätzlich bereits im Zeitpunkt der Registeranmeldung eingebracht sein (§ 36 a II AktG). Ist die Sacheinlage nicht vollwertig, so ist der Einleger zur Deckung der Wertdifferenz durch eine entsprechende Geldzahlung verpflichtet. Der *BGH* spricht insoweit von einer *„dem § 9 GmbHG entsprechenden Differenzhaftung"*.[75] Bei Personengesellschaften stellt sich dieses Problem unter einem anderen Gesichtspunkt: Hier geht es um die Frage, ob es bei der Sacheinlage eine vom Verschulden unabhängige Garantiehaftung für Mangelfreiheit gibt (vgl. § 459 BGB) und ob der Gesellschafter, wenn er ein Recht einzubringen hat, unabhängig vom Verschulden für den Bestand des Rechts haftet (§ 437 BGB). Hintergrund dieser Diskussion ist die Ansicht, daß die Sacheinlagevereinbarung einen kaufähnlichen Vertrag darstelle.[76]

Dieser Themenkomplex gehört nicht unter das Stichwort „Nachschußpflicht", denn hier geht es nicht um eine über die ursprünglich vereinbarte Höhe hinausgehende Verpflichtung der Gesellschafter, weitere Beiträge zu zahlen. Vielmehr sollen sie die ursprünglich vereinbarte Beitragshöhe durch Ausgleichung des Differenzbetrages erbringen. Insoweit sollte diese Ausgleichspflicht, wie überwiegend auch getan wird, ausschließlich Differenzhaftung genannt werden.

IV. Keine Nachzahlungspflichten bei eigenkapitalersetzenden Finanzleistungen

Bei eigenkapitalersetzenden Finanzleistungen geht es in erster Linie um kapitalersetzende Gesellschafterdarlehen. Für das Recht der Kapitalgesellschaften und der GmbH & Co.KG ist anerkannt, daß Fremdkapital aus Gesellschafterhand unter Umständen wie Eigenkapital der Gesellschaft behandelt werden muß. Diese Möglichkeit wurde in erster Linie anhand der unterkapitalisierten GmbH diskutiert. Es war in der Praxis verbreitet, daß GmbHs - früher mit einem Stammkapital von nur 20 000 DM - Unternehmen betrieben, deren Investitionsbedarf und Verlustrisiko

---

75 *BGHZ* 118, 83, 101.

76 *K. Schmidt* bejaht eine solche Garantie nicht mit einer analogen Anwendung der §§ 459 ff. bzw. des § 437 BGB, sondern will eine gesellschaftsrechtliche Begründung. Nach ihm soll bei Personengesellschaften eine verschuldensunabhängige Differenz- bzw. Garantiehaftung nur möglich sein, wenn dies dem durch Auslegung zu ermittelnden Vertrags- oder Satzungsinhalt entspricht, *K. Schmidt*, Gesellschaftsrecht, S. 584.

statt mit angemessenen Eigenkapital mit Krediten der Gesellschafter gedeckt wurden. Geriet die Gesellschaft in eine Krise, so hatten es die Gesellschafter in der Hand, wie lange sie ihre Finanzmittel der Gesellschaft belassen wollten. Dadurch konnten sie eine an sich insolvenzreife Gesellschaft noch eine gewisse Zeit weiterführen. Die Problematik dieser „Darlehensgewährung“ liegt in der Überwälzung des Finanzierungsrisikos der Gesellschafter auf die Gläubiger der Gesellschaft, die durch die Fortführung der werbenden Tätigkeit im Vertrauen auf eine ausreichende Kapitalausstattung in Geschäftsbeziehungen zu der Gesellschaft treten. Die Gläubiger finden im Fall der Insolvenz der Gesellschaft nicht nur kein ausreichendes Gesellschaftsvermögen vor, sondern müßten sich, wenn den Gesellschaftern ein Rückzahlungsanspruch eingeräumt würde, die vorhandene Masse auch noch mit den Gesellschaftern teilen.[77] Der Gesetzgeber hat daher in den §§ 32 a, 32 b GmbHG diesen Tatbestand für den Fall des Insolvenzverfahrens über das Gesellschaftsvermögen geregelt. Im übrigen gelten für diese Darlehen Rückzahlungssperren zum Zeitpunkt der werbend tätigen Gesellschaft (§§ 30 und 31 GmbHG).[78]

Somit wird von den Gesellschaftern einer in eine wirtschaftliche Krise geratenen GmbH verlangt, die Gesellschaft entweder alsbald zu liquidieren oder unverzüglich ihre Darlehen oder Sicherheiten abzuziehen, so daß die GmbH die Eröffnung des Insolvenzverfahrens beantragen muß. Machen die Gesellschafter davon nicht innerhalb kurzer Frist Gebrauch, werden sie so behandelt, als hätten sie der Gesellschaft ihre Finanzierungsmittel als Eigenkapital zur Verfügung gestellt. Nach einhelliger Ansicht behandeln aber die §§ 32 a, 32 b GmbHG allein ein Rückzahlungsverbot für bereits zugeführte Gesellschafterdarlehen. Keinesfalls regeln diese Vorschriften eine Verpflichtung, zugesagte, bisher nicht gewährte Leistungen im Insolvenzfall nachzuschießen.[79]

V. Zahlungspflichten im Zusammenhang mit Finanzplankrediten

Im Insolvenzverfahren über das Gesellschaftsvermögen stellt sich immer wieder die Frage, inwieweit ein Insolvenzverwalter zum Zeitpunkt der werbenden Gesellschaft zugesagte Gesellschafterdarlehen einfordern kann. Die Einzahlungsverpflichtung wird bei Darlehen mit einlageähnlichem Charakter - sog. Finanzplankredite - bejaht und in diesem Zusammenhang häufig von einer Nachschußpflicht der Gesellschafter in der Insolvenz der Gesellschaft gesprochen.[80] Den Finanz-

---

77 *Marhold/Gimmy*, ZVglRWiss 1993, 121, 122; *KG* NZG 1999, 71, 73.

78 Vgl. im einzelnen *Marhold/Gimmy*, ZVglRWiss 1993, 121, 126 ff.

79 *BGH* WiB 1997, 755; *KG* NZG 1999, 71, 73; *BGH* NJW 1999, 2809, 2810.

80 *Michalski/de Vries*, NZG 1999, 181, 184; *Voigt*, Anmerkung, WiB 1997, 756; *Wilken*, ZIP 1996, 61, 64.

plankrediten begegnet man erstmals im Zusammenhang mit gesplitteten Einlagen der Kommanditisten einer Publikums-KG.[81] Die Rechtsprechung zu diesem Institut wurde auf die personalistische GmbH & Co. KG ausgedehnt[82] und kann inzwischen, zumindest was die Einzahlungsverpflichtung der Gesellschafter auch im Insolvenzverfahren anbelangt, als allgemein anerkannter Grundsatz im GmbH-Recht bezeichnet werden.[83] Die Einzahlungsverpflichtung wurde ursprünglich im Zusammenhang mit dem Eigenkapitalersatzrecht diskutiert.[84] Der *BGH*[85] hat diesem Ansatz widersprochen, da die Kapitalersatzregeln nur eine Rückzahlungssperre begründeten und daher nicht Grundlage für einen Anspruch auf Auszahlung des Darlehens sein könnten. Die Anspruchsgrundlage auf Auszahlung der restlichen Darlehensvaluta könne sich nur aus dem Gesellschaftsvertrag oder zusätzlichen schuldrechtlichen Vereinbarungen ergeben.

Die Problematik der Finanzplankredite gehört nicht unter das Stichwort der Nachschußpflicht, denn es handelt sich - auch wenn sich die Einzahlungspflicht im Insolvenzfall wirtschaftlich wie eine zusätzliche Eigenkapitalausstattung auswirkt - um Fremdkapital der Gesellschafter.[86]

VI. Die Verlustübernahmepflicht nach § 302 AktG im Konzern

Weiterhin werden in dieser Arbeit keine Nachzahlungspflichten behandelt, die ihren Ursprung im Konzernrecht finden. Nach § 302 AktG muß die herrschende Gesellschaft für die Dauer eines Beherrschungs- oder Gewinnabführungsvertrags jeden bei der abhängigen Gesellschaft entstehenden Jahresfehlbetrag ausgleichen.[87] Die gesetzgeberische Überlegung zu dieser Regelung war, daß derjenige, der die Geschicke der Gesellschaft bestimmen darf oder ihren Gewinn erhält, auch für deren Verluste einstehen müsse. Das Gesetz verlagert daher zum Schutz der

---

81 *Habersack*, ZHR 1997, 457, 462; *BGH* NJW 1985, 1468, 1469.

82 *BGHZ* 104, 33, 39.

83 *BGH* NJW 1999, 2809, 2811; *BGH* WiB 1997, 755 („Sanierungsdarlehen").

84 *Michalski/de Vries*, NZG 1999, 181, 183; *Wilken*, ZIP 1996, 61, 64; *KG* NZG 1999, 71 ff.

85 *BGH* NJW 1999, 2809, 2811; zustimmend *Altmeppen*, Anmerkung zu BGH, NJW 1999, 2812.

86 Hinsichtlich des Fremdkapitalcharakters vgl. *Altmeppen*, Anmerkung zu BGH, NJW 1999, 2811, 2813.

87 § 302 AktG gilt auch im GmbH-Vertragskonzernrecht, wobei hier über den Umfang des Ausgleichsanspruchs gestritten wird. Die wohl h. M. nimmt an, daß der vollständige Bilanzverlust auszugleichen sei. Demgegenüber will eine Mindermeinung wenigstens für die Einmann-GmbH die Ausgleichspflicht auf die das Stammkapital schmälernde Verluste beschränken, vgl. *Zeidler*, NZG 1999, 692, 696.

Gläubiger und des abhängigen Unternehmens dessen Verlustrisiko auf das herrschende Unternehmen.[88]

Auch ein isolierter Verlustübernahmevertrag begründet keine Nachschußpflicht im Sinne des Themas. Durch einen solchen Vertrag verpflichtet sich ein mit dem Unternehmen nicht durch Beherrschungs- oder Gewinnabführungsvertrag verbundener Gesellschafter, die Verluste wie im Fall des § 302 AktG zu übernehmen. Solche Verträge stellen ein Sicherungsmittel eigener Art dar.[89] Da sie typischerweise nicht in der Satzung vereinbart werden und damit nicht mitgliedschaftlicher Natur sind, gehören auch diese Verträge nicht zum Thema der Arbeit.

F. Zusammenfassung

Zusammenfassend kann man feststellen, daß die - vom Gesetzgeber auch als solche bezeichneten - Nachschußpflichten gemeinsame Strukturmerkmale aufweisen: Es handelt sich immer um einen von einer Gegenleistung unabhängigen Geldanspruch der Gesellschaft gegen die Gesellschafter, der entweder gesellschaftsvertraglich geregelt ist oder sich direkt aus dem Gesetz ergibt. Der Anspruch geht über die ursprünglich durch Vertrag übernommene Kapitaleinzahlungspflicht hinaus, wobei die Nachschüsse keine Auswirkung auf den Umfang der mitgliedschaftlichen Rechte und Pflichten haben. Diese Strukturmerkmale lassen sich auf weitere nicht ausdrücklich als Nachschußpflichten bezeichnete Haftungen der Gesellschafter übertragen. Bei einer funktionellen Betrachtung lassen sich die Haftungen wiederum in Nachschußpflichten bei der werbend tätigen Gesellschaft, in der Liquidation und im Insolvenzverfahren einteilen. Zusätzlich kann man von einer Nachschußpflicht des Gesellschafters bei Ausscheiden aus der Gesellschaft sprechen. Diese Haftung ist ein Unterfall der Nachschußpflichten nach Auflösung der Gesellschaft, da es sich hierbei letztendlich nur um einen vorweggenommenen Innenausgleich handelt.

Die so verstandene Nachschußpflicht muß von einer Reihe anderer Nachzahlungspflichten abgegrenzt werden. Da die gesellschaftsvertraglich geregelte Nachschußpflicht im GmbH-Recht ein feststehendes Rechtsinstitut ist (§§ 26 ff. GmbHG), muß man ausgehend von der Terminologie im Kapitalgesellschaftsrecht zwischen der vertraglich vereinbarten Nachschußpflicht und der Pflicht, an einer Kapitalerhöhung mitzuwirken, unterscheiden. Eine Nachschußpflicht liegt immer nur dann vor, wenn die zusätzliche Kapitalzufuhr keine Veränderung des Stammkapitals bewirkt und keinerlei Auswirkung auf mitgliedschaftliche Rechte und Pflichten hat. Auf das Personengesellschaftsrecht übertragen, bedeutet diese

---

88 *K. Schmidt*, Gesellschaftsrecht, S. 956.

89 *K. Schmidt*, Gesellschaftsrecht, S. 958, 928, 929.

Unterscheidung, daß nur bei Personengesellschaften mit festen Kapitalanteilen und somit einer Art Grundkapital von einer gesellschaftsvertraglich vereinbarten Nachschußpflicht gesprochen werden kann, sobald die zusätzlich vorgesehenen Zahlungspflichten der Gesellschafter keine Auswirkung auf die Höhe der ursprünglich vereinbarten Kapitalanteile haben. Verändern die Nachzahlungen hingegen die Höhe der Kapitalanteile, liegt eine Kapitalerhöhung vor.

Existieren in einer Gesellschaft weder ein festes Grundkapital noch feste Beteiligungen und die Gesellschafter sind dennoch gesellschaftsvertraglich verpflichtet unter bestimmten Umständen ihre ursprünglichen Beiträge zu erhöhen, so kann man von offenen Beitragspflichten sprechen. Dieses Phänomen findet man nur außerhalb des Kapitalgesellschaftsrechts vor allem bei der Personengesellschaft ohne festen Kapitalanteile, der Partenreederei und dem Versicherungsverein auf Gegenseitigkeit.

Die Nachschußpflicht muß man von einer Reihe anderer Nachzahlungspflichten abgrenzen, die strukturell mit der Nachschußpflicht im Sinne des Themas nicht zu vergleichen sind. Sie muß insbesondere von rein schuldrechtlichen Vereinbarungen, Durchgriffs- und Verschuldenshaftungen, eigenkapitalersetzenden Finanzleistungen und Finanzplankrediten unterschieden werden. Insoweit bereitet allein die Einordnung der Verlustdeckungshaftung der Gesellschafter einer Vor-GmbH Schwierigkeiten, denn das sehr umstrittene Innenhaftungskonzept gleicht strukturell der Nachschußpflicht. Dieser Themenkomplex soll dennoch in diese Untersuchung nicht einbezogen werden, da es sich hierbei hauptsächlich um Fragen im Zusammenhang mit ungelösten Problemen hinsichtlich der Rechtsnatur der Vor-Gesellschaft handelt.

Kapitel 2: Die Nachschußpflicht bei der werbend tätigen Gesellschaft

A. Die ausdrückliche Ausgestaltung der Nachschußpflicht im GmbH-Recht und das Ausweichen der Praxis auf Nachschußpflichten in Form von Nebenleistungspflichten

I. Hintergrund und geringe Bedeutung der Nachschußpflicht gemäß den §§ 26 ff. GmbHG in der Praxis

Eine gesetzliche Regelung der Nachschußpflicht zum Zeitpunkt der werbenden Gesellschaft findet man alleine im GmbH-Recht in den §§ 26 ff. GmbHG. Diese Vorschriften sind seit 1892 nahezu unverändert. Der Gesetzgeber hat sich bei diesen Regelungen vom Institut der Zubuße bei der früheren bergrechtlichen Gewerkschaft[90] und der Nachschußpflicht der Reederei leiten lassen.[91] Eines der Hauptmotive des Gesetzgebers bei der Schaffung des neuen Typus der GmbH war der Wunsch nach größerer Elastizität des Gesellschaftskapitals als bei der Aktiengesellschaft. Der Gesetzgeber glaubte dieses Ziel unter anderem mit der Einführung der Nachschußpflicht erreichen zu können, die jederzeit eine flexible Anpassung des Kapitals an die wechselnden Kapitalbedürfnisse ermöglicht, ohne den Weg einer Kapitalerhöhung einschlagen zu müssen.[92] Die Bedeutung der Nachschußpflicht in der Praxis wird in der einschlägigen Fachliteratur als sehr gering bezeichnet[93], was sich auch in der nicht vorhandenen Judikatur zu diesen Vorschriften widerspiegelt. Bisweilen wird die Regelung sogar als überflüssig empfunden.[94] Als Begründung für dieses Phänomen wird darauf verwiesen, daß die Regelung zu kompliziert sei und den Gesellschaftern mit Nebenleistungen gemäß § 3 Abs. 2 GmbHG, Zuschüssen und Gesellschafterdarlehen einfacher zu handha-

---

90 Die Unternehmensform der bergrechtlichen Gewerkschaft wurde bei der Bergrechtsreform und damit im Bundesberggesetz vom 13. August 1980 abgeschafft. Die bestehenden und in keine andere Rechtsform umgewandelten Gewerkschaften wurden gemäß § 163 BBergG mit Ablauf des 1. 1. 1986 aufgelöst; zur Neugestaltung des Bergrechts vgl. *Dapprich/Römermann*, Bundesberggesetz, S. 2 ff.

91 *Burkert*, S. 93; Hachenburg/*Müller*, GmbHG, § 26 Rn 2.

92 *v. Ehrenberg*, S. 315 ff.; *Freidank*, StB 2000, 45, 48.

93 Bereits bei *v. Ehrenberg*, S. 316; Hachenburg/*Müller*, GmbHG, § 26 Rn 5; Scholz/*Emmerich*, GmbHG, § 26 Rn 1; *Klauss/Birle*, S. 107; Baumbach/*Hueck*, GmbHG, § 26 Rn 1; *Bartl*, § 26 Rn 1.

94 Rowedder/*Rowedder*, GmbHG, § 26 Rn 2.

bende, aber ebenso elastische andere Finanzierungsmittel zur Verfügung stehen.[95] Eine Bedeutung wird dem Nachschußkapital zur Absicherung des Schütt-Aus/Hol-Zurück-Verfahrens[96] oder im Konzernverbund zugesprochen.[97] Weiterhin wird der Einsatz der Nachschußpflicht in der Liquiditäts-Konsortialbank GmbH erwähnt, deren Aufgabe die Sicherung der Liquidität der Kreditinstitute ist.[98]

II. Die Nebenleistungspflicht gemäß § 3 Abs. 2 GmbHG als Geldzahlungspflicht

Wie bereits angedeutet wurde, weicht die Praxis zur Vereinbarung von Nachschußpflichten im Sinne des Themas gerne auf die Nebenleistungsverpflichtung gemäß § 3 Abs. 2 GmbHG aus. Der Gegenstand der Nebenpflichten ist nach herrschender Meinung anders als im Aktienrecht (§ 55 AktG) inhaltlich unbegrenzt.[99] Bereits das *Reichsgericht*[100] hat im Jahre 1913 - das heißt wenige Jahre nach Erlaß des GmbH-Gesetzes - entschieden, daß Nebenleistungen auch in Geld bestehen können, da im Gegensatz zum Aktienrecht weder der Wortlaut noch der Geist des Gesetzes dieser Auslegung widerspreche.

Diese von Rechtsprechung und Literatur akzeptierte Vorgehensweise ist jedoch nicht ganz unbedenklich, vielleicht sogar systemwidrig. Denn die Voraussetzungen der gesetzlich ausdrücklich geregelten Nachschußpflicht gemäß den §§ 26 ff. GmbHG werden umgangen, obwohl die wirtschaftliche Wirkung beider Nachzahlungspflichten gleich sein kann. Die Abgrenzung der Nachschußpflicht von der auf eine Geldleistung gerichteten Nebenleistung nach § 3 Abs. 2 GmbHG kann dabei erhebliche Schwierigkeiten bereiten. Zwar können allerlei dogmatische Unterscheidungen angeführt werden, wie z. B. der Nachschuß bedürfe eines Gesellschafterbeschlusses oder müsse in der Bilanz gesondert ausgewiesen sein. Dennoch kann nach gefestigter Rechtsprechung die Nebenleistungspflicht wie ein Nachschuß ausgestaltet werden, ohne daß die bei Nachschüssen zwingenden Kompetenz-, Bilanzierungs- und Rückzahlungsvorschriften beachtet werden

---

95 *v. Ehrenberg*, S. 317; Hachenburg/*Müller*, § 26 Rn 5; Scholz/*Emmerich*, GmbHG, § 26 Rn 1; Baumbach/*Hueck*, § 26 Rn 1; *Bartl*, § 26 Rn 1; *Burkert*, S. 93.

96 Baumbach/Hueck/*Hueck*, GmbHG, § 26 Rn 1. Dieses Verfahren wird infolge der Aufgabe des Anrechnungsverfahrens und der Einführung des Halbeinkünfteverfahrens durch die Steuerreform keine Bedeutung mehr haben, kritisch zur Aufgabe des Anrechnungsverfahrens: *Siegel u. a.*, BB 2000, 1269 ff.; *Schneeloch/Trockels-Brand*, DStR 2000, 907 ff.

97 Hachenburg/*Müller*, GmbHG, § 26 Rn 6.

98 Hachenburg/*Müller*, GmbHG, § 26 Rn 6.

99 Hachenburg/*Ulmer*, GmbHG, § 3 Rn 65; so bereits *Buchholz*, JherJb. 1924, 260, 286.

100 *RGZ* 83, 216, 218.

müssen. Der Ursprung dieses Problems liegt in einer extensiven Auslegung des § 3 Abs. 2 GmbHG. Die Vorschrift erfaßt nach dem Wortlaut nur *„andere Verpflichtungen"* der Gesellschafter, die über die *„Leistung von Kapitaleinlagen"* hinausgehen. Man hätte § 3 Abs. 2 GmbHG daher auch so interpretieren können, daß Nebenleistungspflichten, die die Zahlung von Geld zum Gegenstand haben und in die Kapitalrücklage fließen, von § 26 GmbHG und nicht von § 3 Abs. 2 GmbHG erfaßt werden sollen.[101]

Letztere Auslegung deckt sich im übrigen mit der Intention des Gesetzgebers des GmbHG: Aus der amtlichen Begründung zum Entwurf des GmbHG[102] geht hervor, daß zumindest der Gesetzgeber im Zusammenhang mit § 3 Abs. 2 GmbHG nicht an Geldleistungen gedacht hat. Der Gesetzgeber hielt unter anderem die Einführung einer neuen Gesellschaftsform für erforderlich, da die damaligen Zuckerfabriken in der Form der Aktiengesellschaft nicht in der Lage waren, ihren Mitgliedern gesellschaftsrechtlich eine Rübenbaupflicht aufzuerlegen.[103] Er führte zur Rechtslage bei der Aktiengesellschaft diesbezüglich aus: *„Mit der Rücksicht auf die Absatzfähigkeit der Aktien hängt endlich auch die strenge Durchführung des Charakters der Aktiengesellschaft als reiner Kapitalgesellschaft zusammen, insofern bei derselben andere Leistungen als Kapitaleinlagen überhaupt nicht zum Gegenstand der Mitgliederpflichten gemacht werden können."*[104] Genau diese Formulierung *„andere Leistungen als Kapitaleinlagen"* hat der Gesetzgeber in § 3 Abs. 2 GmbHG aufgegriffen und dabei in erster Linie an die Rübenbaupflicht gedacht.[105] Der Gesetzgeber verweist auch an anderen Stellen darauf, daß die neue Gesellschaft nicht den *„Charakter einer reinen Kapitalgesellschaft"* haben sollte, sondern immer in Hinblick auf die Bedürfnisse der Zuckerfabriken auch neben den Kapitaleinlagen *„Leistungen anderer Art"* in der Form von Nebenleistungen möglich sein sollten. Es sollte die Verbindung von kapitalistischen und *„personalen"* Elementen der Mitgliederbeteiligung erreicht werden.[106] Dies alles läßt darauf schließen, daß zumindest der Gesetzgeber bei § 3 Abs. 2 GmbHG

---

101 Hachenburg/*Müller*, GmbHG, § 26 Rn 25, 26.

102 Entwurf eines Gesetzes, betreffend die Gesellschaften mit beschränkter Haftung, in: Drucksachen des Deutschen Reichstages 1890-92, 8. Legislaturperiode, 1. Session Nr. 660 (GmbHG-Entwurf 1890-92).

103 Die Nebenleistungspflicht bei der AG wurde erst im alten HGB (§ 212) vorgesehen.

104 GmbHG-Entwurf 1890-92 (vgl. Fn 102), S. 26.

105 Auch die sehr alten Kommentierungen verweisen darauf, daß § 3 Abs. 2 GmbHG in Hinblick auf die Rübenbaupflicht der Mitglieder einer Zuckerfabrik eingeführt wurde, vgl. *Paritius/Grüger*, 1893, § 3 Nr. 8, S. 64.; in der 6. Aufl. dieses Kommentars wird bereits unter Hinweis auf die Rechtsprechung des *RG* darauf verwiesen, daß Nebenleistungen auch Geldleistungspflichten sein können.

106 GmbHG-Entwurf 1890-92 (vgl. Fn 102), S. 35, 36.

nicht an eine Geldzahlungspflicht gedacht hat. Da in der Praxis aber nach völlig unbestrittener Ansicht seit fast 100 Jahren auch Geldleistungen unter diese Vorschrift fallen, sollen die Voraussetzungen in dieser Arbeit ebenfalls aufgezeigt werden.

B. Die Außerachtlassung des Genossenschaftsrechts

I. Der numerus clausus der finanziellen Leistungspflichten ohne Gegenleistungspflicht im Genossenschaftsrecht

Im Recht der werbend tätigen Genossenschaft gibt es keine Nachschußpflicht im Sinne des Themas. Finanziellen Leistungspflichten der Genossen, die von keiner unmittelbaren Gegenleistung abhängig sind, werden im Genossenschaftsgesetz nach noch herrschender Meinung in Rechtsprechung[107] und Literatur[108] abschließend geregelt. Es wird insoweit von einem numerus clausus der finanziellen Leistungspflichten gesprochen. Dabei ist das entscheidende Argument, die Gesamtheit der Einzelregelungen im Genossenschaftsrecht[109] hinsichtlich der finanziellen Leistungspflichten in Kombination mit dem Grundsatz der Satzungsstrenge gemäß § 18 GenG[110] müsse als eine negative Regelung in dem Sinne aufgefaßt werden, daß nur diese ausdrücklich geregelten Geldleistungspflichten zur Kapitalausstattung zulässig sein sollen.[111] Das Genossenschaftsgesetz sieht neben der Erhöhung der Geschäftsguthaben oder der Erweiterung der Pflichtbeteiligungen (§ 16 Abs. 2 Nr. 3 und 4 GenG) keine weiteren Nachzahlungspflichten oder Möglichkeiten der Vereinbarung solcher Zahlungen zum Zeitpunkt der werbenden

---

107 *BGH* ZfgG 1980, 190, 191; *BGH* ZfgG 1989, 136, 138.

108 *Hettrich/Pöhlmann*, GenG, § 18 Rn 12; *Müller*, GenG, § 18 Rn 8; Metz/Schaffland/*Metz*, GenG/Kurzausgabe, § 18, S. 48; a. A. *Beuthien*, GenG, § 18 Rn 28 ff.

109 Die gesetzlich geregelten finanziellen Pflichten der Mitglieder umfassen die Pflicht zur Leistung von Einzahlungen auf den Geschäftsanteil (§ 7 Nr. 1 GenG), die Pflicht zur Dekkung eines Fehlbetrages beim Ausscheiden aus der Genossenschaft (§ 73 Abs. 2 GenG), die Pflicht zur Leistung weiterer Zahlungen im Liquidationsstadium (§ 87 a GenG) und zur Zahlung von Nachschüssen im Insolvenzverfahren (§ 105 GenG).

110 § 18 GenG: „*Das Rechtsverhältnis der Genossenschaft und der Genossen richtet sich zunächst nach dem Statut. Letzteres darf von den Bestimmungen dieses Gesetzes nur insoweit abweichen, als dies ausdrücklich für zulässig erklärt ist.*“

111 Den Grundsatz der Satzungsstrenge im Bereich der Kapitalausstattung kritisierend auch unter Berücksichtigung der weitgehend durch Statut eingeräumten Satzungsautonomie in der Europäischen Genossenschaft, *Blomeyer*, BB 2000, 1741, 1745; ebenfalls auf das Bedürfnis nach mehr Satzungsautonomie verweisend, *Beuthien*, DB 2000, 1161.

Genossenschaft vor.[112] Da Veränderungen des Geschäftsanteils Auswirkungen auf mitgliedschaftliche Vermögensrechte oder -pflichten haben können (§ 19 GenG), ist in der Genossenschaft eine Veränderung der Geschäftsanteile trotz fehlendem Festkapital[113] eher mit einer Kapitalerhöhung zu vergleichen[114] und hat mit einer Nachschußpflicht im Sinne des Themas nichts zu tun.

II. Kein Aufweichen des Prinzips der erschöpfenden Aufzählung der finanziellen Leistungspflichten durch die Zulässigkeit von Beitrittsgeldern oder Entgeltregelungen

Gegen den Grundsatz der erschöpfenden Regelung der finanziellen Leistungspflichten im Genossenschaftsrecht läßt sich anführen, daß neben diesen ausdrücklich gesetzlich geregelten finanziellen Leistungspflichten auch Eintrittsgelder und Vereinsstrafen als allgemein zulässig angesehen werden. Darüber hinaus darf die Genossenschaft auch Entgelte für Leistungen, die sie an Genossen erbringt, verlangen.[115] Da diese finanziellen Leistungspflichten ebenfalls nicht ausdrücklich im Genossenschaftsgesetz zugelassen sind, wird im Schrifttum schon seit längerer Zeit die angeblich erschöpfende Aufzählung der finanziellen Leistungspflichten im Genossenschaftsgesetz vereinzelt abgelehnt.[116]

Die Zulässigkeit der Aufnahme von Pflichten zur Zahlung von Eintrittsgeldern in der Satzung einer Genossenschaft nimmt aber eine Sonderstellung ein. Begründet wird die Zulässigkeit damit, daß die Genossenschaft keine Verpflichtung zur Aufnahme von Genossen habe, soweit sie sich nicht selbst eine solche Verpflichtung auferlege. Demnach könne sie die Aufnahme von beliebigen Bedingungen, wenn diese an sich nur erlaubt sind, abhängig machen. Es sei deshalb unbedenklich zulässig, daß das Statut als Beitrittsgeld einen Geldbetrag festsetze, den der beitretende Genosse beim Erwerb der Mitgliedschaft zu zahlen habe. Die Verpflichtung zu dieser Zahlung übernehme der Genosse durch den Beitritt aufgrund

---

112 Anders aber die Rechtslage in Österreich nach dem Entwurf eines neuen Genossenschaftsgesetzes von 1996. Hiernach sollen vor Auflösung und Konkurs der Genossenschaft die Erhebung von Ergänzungsbeiträgen zum Zwecke der Sanierung möglich sein, die nichts mit dem Geschäftsanteil zu tun haben, vgl. *Dellinger/Oberhammer*, ZfgG 1998, 278, 284.

113 Vgl. jedoch insoweit den abweichenden Statutenentwurf der EG-Kommission für die Europäische Genossenschaft aus dem Jahre 1993, in dem ein Gründungskapital gefordert wird, dazu *Blomeyer*, BB 2000, 1741, 1743.

114 *Klose*, S. 44 ff.

115 *Hettrich/Pöhlmann*, GenG, § 18 Rn 12; Metz/Schaffland/*Metz*, GenG/Kurzausgabe, § 18, S. 48; *Müller*, GenG, § 18 Rn 8, 9; bzgl. Eintrittsgeld: *RGZ* 62, 303, 307 ff.; *OLG Bamberg* BB 82, 272; bzgl. Entgelt, statt aller: *RGZ* 62, 303, 313; *OLG Schleswig* NJW-RR 1995, 1062, 1063.

116 *Ferneding*, S. 87 ff.; *Schulz*, ZfgG 1980, 190, 192 ff.; *Beuthien*, GenG, § 18 Rn 28 ff.

des Statuts.[117] Noch plastischer formuliert, kann man sagen, daß der Bewerber wie ein Dritter der Genossenschaft gegenüber steht[118], so daß § 18 GenG, der das Rechtsverhältnis zwischen Genossenschaft und Genossen betrifft, in diesem Stadium noch nicht einschlägig ist.

Weiterhin kann den Genossen nach unbestrittener Meinung in Rechtsprechung und Lehre in dem Genossenschaftsstatut die Pflicht zur Geldgegenleistung auferlegt werden. Aber auch diese Zahlungen haben eine Sonderstellung und bieten keinen Anhaltspunkt dafür, den numerus clausus der finanziellen Leistungspflichten ohne Gegenleistung im Genossenschaftsgesetz aufzugeben. Gemäß § 16 Abs. 3 GenG kann den Genossen durch die Satzung die Verpflichtung zur Inanspruchnahme von Einrichtungen oder anderen Leistungen der Genossenschaft auferlegt werden, auch Nebenleistungspflichten genannt.[119] Die Verpflichtung des Genossen, für Genossenschaftsleistungen eine Gegenleistung zu zahlen, kann sowohl individual- als auch korporationsrechtlicher Art sein.[120] Werden in der Satzung wirtschaftliche Austauschbeziehungen zwischen der Genossenschaft und ihren Mitgliedern geregelt und wird den Mitgliedern dabei ausdrücklich für die Inanspruchnahme genossenschaftlicher Leistungen ein Entgelt auferlegt, so entsteht dieser Anspruch der Genossenschaft auf das Entgelt trotz der körperschaftlichen Natur des ihm zugrundeliegenden Rechtsverhältnis als reines Gläubiger-

---

117 *RG*, Urt. v. 20. 1. 1906, RGZ 62, 303, 307, 308; *OLG Hamburg*, Urt. v. 9. 12. 1914, OLGE 32, 132; *OLG Bamberg* BB 1982, 272 (sogar bejahend bei Erhebung des Eintrittsgeldes durch den Vorstand der Genossenschaft) mit zustimmender Anm. v. *Ehlenz*.

118 So auch *Ehlenz*, BB 1982, 273.

119 Die Terminologie in Rechtsprechung und Literatur ist insoweit nicht einheitlich. Die Rechtsprechung spricht bei den hier beschriebenen Pflichten meist von genossenschaftlichen Sonderpflichten (vgl. *BGH* ZfgG 1989, 136 ff.; *BGH* NJW 1960, 1858 ff.), während die Literatur den Begriff der Nebenleistungsverpflichtung bevorzugt (statt aller *Müller*, GenG, § 7 Rn 29 ff., § 16 Rn 27 ff.; *Paulick*, S. 195 ff.). Letztendlich ist keine der Bezeichnungen zwingend. Der Ausdruck „Sonderpflicht" ist jedoch mißverständlich, da er in Kollision mit der Sonderrechtsproblematik tritt. Unter Sonderrechten versteht man in der Regel nur Rechte, die dem einzelnen vor den anderen Mitgliedern zustehen. Sonderpflichten wären dann entsprechend nur Pflichten, welche einzelne Mitglieder - über die allen gemeinsamen Pflichten hinaus - erfüllen müssen (vgl. *Orel*, S. 9). Da die Nebenleistungspflicht bei der Genossenschaft sehr stark derjenigen bei der AG und GmbH ähnelt, sollte eine einheitliche Terminologie eingehalten werden.

120 Insoweit ist die Formulierung der Rechtsprechung, Nebenleistungspflichten dürften nur auf eine Sachleistung gerichtet sein, mißverständlich (vgl. *BGH* ZfgG 1989, 136, 138; *BGH* NJW 1960, 1858, 1859), denn das Statut kann auch die Vergütungspflicht regeln, so daß eine Nebenleistungspflicht in Geld besteht, vgl. auch *Orel*, S. 14.

recht.[121] Dem steht auch nicht entgegen, daß diese finanziellen Gegenleistungspflichten in der Praxis eine erhebliche finanzielle Belastung darstellen können.[122]

C. Die Nachschußpflicht im einzelnen

I. Die Ausgestaltung der Nachschußpflicht im Gesellschaftsvertrag

1. Das Belastungsverbot und die Kernbereichslehre als Grenzen der freien Vertragsgestaltung

Im Gesellschaftsrecht werden alle finanziellen Leistungsvermehrungen und damit auch die Nachschußpflicht im Sinne des Themas unter dem Gesichtspunkt des Belastungsverbotes und der Kernbereichslehre überprüft. Diese beiden Grundprinzipien des Gesellschaftsrechts sind für die vertragliche Ausgestaltung einer wirksamen Nachschußpflicht von besonderer Bedeutung und sollen daher vorweg erläutert werden.

Zu den strikten Rechtsregeln des Individualschutzes im Gesellschaftsrecht gehört das Verbot, dem Gesellschafter einer werbenden Gesellschaft ohne seine Zustimmung Leistungsvermehrungen aufzubürden, die sich nicht nach Art und Umfang bestimmbar aus dem Gesellschaftsvertrag ergeben, sogenanntes Belastungsverbot.[123] Dieser Grundsatz gilt unabhängig von der Rechtsform der Gesellschaft und unabhängig von dem Typus als personalistisch oder körperschaftlich strukturierter Verband.[124] So sind gemäß § 707 BGB die Gesellschafter einer Personengesellschaft nicht zur Erhöhung der vereinbarten Beiträge verpflichtet. Gemäß § 180 Abs. 1 AktG und § 53 Abs. 3 GmbHG bedarf eine Satzungsänderung, die den Aktionären Nebenverpflichtungen oder den GmbH-Gesellschaftern eine Vermehrung ihrer Leistungen auferlegt, der Zustimmung der Betroffenen.

---

121 So bereits *RGZ* 62, 303, 313 ("Milchabgabe"); *BGH* NJW 1960 1858, 1889 ("Entgelt für Fischlieferung"); *BGH* ZfgG 1989, 136, 137 ("Taxigenossenschaft") mit Anmerkung von *Junker*; *OLG Schleswig* NJW-RR 1995, 1062, 1063.

122 Vgl. Time-Sharing im Genossenschaftsmodell: *BGH* NJW 1997, 1069 ff; *OLG Celle* NJW-RR 1997, 504.

123 *Wiedemann*, ZGR 1977, 690, 692; *K. Schmidt*, ZHR 1994, 205, 225; *Schilling/Winter*, Festschrift f. Stiefel, S. 665 ff., 670.

124 Eine Ausnahme bildet insoweit das Recht der Partenreederei, da bereits das Gesetz eine Nachzahlungspflicht zum Zeitpunkt der werbend tätigen Reederei vorsieht (§ 500 HGB). Auch das Recht der EWIV sieht eine Verlustbeteiligung der Mitglieder während des Bestehens der Vereinigung vor (§ 21 Abs. 2 der Verordnung (EWG) Nr. 2137/85 des Rates vom 25. Juli 1985 über die Schaffung einer Europäischen Wirtschaftlichen Interessenvereinigung).

Auch in der Genossenschaft bedarf die Erhöhung des Geschäftsanteils und die Einführung oder Erweiterung einer Pflichtbeteiligung mit mehreren Geschäftsanteilen einer Änderung des Statutes mit Dreiviertel-Mehrheit (§ 16 GenG), wobei dem überstimmten Genossen unter bestimmten Umständen ein außerordentliches Kündigungsrecht (§ 67 a Abs. 2 Satz 5 GenG) eingeräumt wird.[125] Die Zustimmung zu einer Leistungsvermehrung kann bereits in antizipierter Form erteilt werden, so daß die konkrete Leistungseinforderung entweder durch den Geschäftsführer oder durch Mehrheitsbeschluß im Einzelfall dann auch gegen den Willen des Gesellschafters erfolgen kann. Um jedoch allein infolge der Billigung einer gesellschaftsvertraglichen Klausel durch den Gesellschafter, ein bereits im voraus erteiltes Einverständnis mit der Zahlung von weiteren Geldleistungen zu einem späteren Zeitpunkt bejahen zu können, muß diese Klausel besonderen Anforderungen genügen.

In eine ähnliche Richtung gehen die Grenzen der vertraglichen Ausgestaltung der Nachschußpflicht nach der Kernbereichslehre. Nach höchstrichterlicher Rechtsprechung und Literatur ist anerkannt, daß jedem Gesellschafter ein unentziehbarer Kernbereich von Mitgliedschaftsrechten zusteht. In diese Rechtspositionen kann entweder überhaupt nicht oder jedenfalls nicht ohne Zustimmung des betroffenen Gesellschafters eingegriffen werden.[126] Bestimmte Rechtspositionen sind damit mehrheitsfest. Zum verzichtbaren, aber mehrheitsfesten Kernbereich gehört nach unbestrittener Auffassung die vermögensmäßige Position in der Gesellschaft.[127] Daher können vermögensmäßige Leistungsvermehrungen bei Widerspruch des Gesellschafters im konkreten Einforderungsfall nur bei einer antizipierten Zustimmung des Betroffenen in die Leistungsvermehrung durchgesetzt werden. Eine antizipierte Zustimmung kann aber nur bejaht werden, wenn die Nachschußklausel eine gewisse Bestimmtheit aufweist.[128]

---

125 Aufgrund der genossenschaftlichen Duldungspflicht wird dem Genossen eine ordentliche Kündigung gemäß § 65 GenG zugemutet, wenn die ordentliche Kündigungsfrist zwei Jahre oder weniger beträgt. Auch § 67 a Abs. 2 Satz 5 GenG, der bestimmt, daß im Fall der Kündigung die Änderung des Statutes weder für noch gegen den Genossen wirke, gilt dann nicht, *Beuthien*, GenG, § 67 a Rn 4; a. A. *Müller*, GenG, § 67 a Rn 15.

126 *Hermanns*, ZGR 1996, 103, 108 ff.; *Dürrschmidt*, JuS 1997, 15, 17.

127 *Hermanns*, ZGR 1996, 103, 111; *Dürrschmidt*, JuS 1997, 15, 17.

128 *K. Schmidt*, ZHR 1994, 205, 227.

2. Ausdrückliche Regelung im Gesellschaftsvertrag

a) GmbH-Recht

Die mitgliedschaftlichen Nachschußpflichten gemäß den §§ 26 ff. GmbHG[129] und auch als Nebenleistungspflicht gemäß § 3 Abs. 2 GmbHG[130] können nur durch den Gesellschaftsvertrag begründet werden, entweder von Anfang an oder nachträglich im Wege der Satzungsänderung. Die bezweckte Mehrbelastung muß in der Satzung deutlich zum Ausdruck gebracht werden.[131] Bei einer Satzungsänderung sind die Förmlichkeiten der §§ 53, 54 GmbHG zu beachten, andernfalls ist der Beschluß unwirksam.[132] Da die Einführung einer Nachschußpflicht eine Vermehrung der den Gesellschaftern obliegenden Leistungen darstellt, ist insbesondere die Zustimmung aller betroffenen Gesellschafter nach § 53 Abs. 3 GmbHG erforderlich. Das heißt die Satzungsänderung als solche muß nicht einstimmig beschlossen werden, wohl aber muß die Zustimmung aller mit der Nachschußpflicht belasteten Gesellschafter vorhanden sein; sie kann auch nachträglich erklärt werden.[133] Ohne die Zustimmung der betroffenen Gesellschafter ist die Satzungsänderung nichtig und darf nicht ins Handelsregister eingetragen werden.[134] Die Zustimmung nach § 53 Abs. 3 GmbHG ist auch erforderlich, wenn eine bestehende Regelung der Nachschußpflicht gemäß der §§ 26 ff. GmbHG geändert wird. Bei der Umgestaltung einer beschränkten in eine unbeschränkte Nachschußpflicht ergibt sich dies bereits aus dem Umstand der Leistungsvermehrung. Bei der Umwandlung einer unbeschränkten in eine beschränkte Nachschußpflicht liegt die Leistungsvermehrung im Verlust des Preisgaberechts nach § 27 GmbHG.[135]

b) Personengesellschaftsrecht

Im Personengesellschaftsrecht muß der Gesellschaftsvertrag wegen § 707 BGB ebenfalls eine eindeutige Nachzahlungsverpflichtung vorsehen, damit die Gesellschaft neben der Leistung eines festen Kapitalanteils in einem späteren Stadium Nachzahlungen von den Gesellschaftern verlangen kann. Auch die nachträgliche Vereinbarung einer Nachschußpflicht oder deren Erhöhung bedarf wegen § 707

---

129 Hachenburg/*Müller*, GmbHG, § 26 Rn 28.

130 *OLG Frankfurt* GmbHG 1992, 665; *BGH* NJW-1993, 607, 608.

131 *BGH* DB 1989, 221, 222.

132 *LG Berlin* GmbHR 2000, S. 235.

133 Scholz/*Emmerich*, GmbHG § 26 Rn 9, 9 a.

134 Roth/Altmeppen/*Roth*, § 54 Rn 17; wird sie dennoch eingetragen, so soll sie nach *Emmerich* die zustimmenden Gesellschafter binden, solange der satzungsändernde Beschluß nicht durch Anfechtung beseitigt ist, Scholz/*Emmerich*, GmbHG, § 26 Rn 9 a.

135 Hachenburg/*Müller*, GmbHG, § 26 Rn 29.

BGB der Zustimmung des betroffenen Gesellschafters. Die Rechtsprechung hat in einer Reihe von Urteilen Maßstäbe entwickelt, wie genau eine Regelung im Gesellschaftsvertrag auszusehen hat:

In einer grundlegenden Entscheidung hat der *BGH*[136] sich mit folgender Klausel beschäftigt:

„*Die Kapitalanteile aller Gesellschafter, sowohl des Komplementäres, als auch der Kommanditisten, sind feste Beteiligungen. Gewinne und Verluste sowie Entnahmen und Einlagen werden auf Privatkonto verbucht, das den Charakter eines Darlehenskontos hat.*“

Der *BGH* lehnte hier eine Nachschußpflicht allein infolge der Formulierung, daß auch Verluste auf einem Konto mit Darlehenscharakter zu verbuchen seien, mit der Begründung ab, „*daß, wenn § 707 BGB nicht gelten soll, dies aus dem Vertrage in verständlicher und nicht so versteckter Weise*“ hervorgehen müsse.

Auch folgende Regelung einer zu steuerlichen Abschreibungszwecken gegründeten BGB-Gesellschaft sah der *BGH*[137] zu Recht nicht als ausreichend für die Begründung einer Nachschußpflicht an:

„*Mit der Zeichnung der Pflichteinlage erklärt der Beitrittswillige zugleich seine Bereitschaft zur zusätzlichen Haftung in Höhe der doppelten Summe der Pflichteinlage. Die über den Betrag aller Pflichteinlagen von 1,5 Mio. DM hinausgehende Summe des Nennwertkapitals von 3 Mio. DM ist die Hafteinlage, die nach den Planungen der Gesellschaft zwar nicht einzuzahlen ist, in deren Höhe die Gesellschafter jedoch maximal als Deckung für die vereinbarte Finanzierung haften ...*“

Der *BGH* wies in dieser Entscheidung darauf hin, schon der Wortlaut der Regelung lasse darauf schließen, daß hier nur eine Haftungspflicht zugunsten der Gesellschaftsgläubiger, nicht aber eine Nachschußpflicht gegenüber der Gesellschaft vereinbart wurde.

Das *OLG Düsseldorf*[138] hatte über folgende Klausel in einem KG-Gesellschaftsvertrag zu entscheiden:

„*Die Bestände auf dem Kapitalkonto II, den Privatkonten und einem etwaigen Kapitalverlustkonto werden mit 6% p.a. im Soll und Haben verzinst.*“

Der klagende Konkursverwalter der Gesellschaft war der Ansicht, die Kommanditisten hätten aufgrund dieser Klausel auf ihren Verlustanteil eine Verzin-

---

136 *BGH* NJW 1983, 164.

137 *BGH* NJW 1983, 2498.

138 *OLG Düsseldorf* NJW-RR 1991, 1385, 1386.

sung in Höhe von 6 % jährlich zu zahlen. Das Gericht wies die Klage ab. Es hob hervor, daß nach § 167 Abs. 3 HGB der Kommanditist am Verlust der Gesellschaft nur bis zum Betrag seines Kapitalanteils und seiner noch rückständigen Einlage teilnehme. Im übrigen sei ein Personengesellschafter allgemein gemäß § 707 BGB nicht zum Verlustausgleich verpflichtet, was erst recht für den Kommanditisten gelte. Soll durch den Gesellschaftsvertrag von diesen elementaren Grundsätzen des Rechts der KG abgewichen werden, so müsse sich dies *„mit Deutlichkeit aus Wortlaut und System des Vertrages"* ergeben.

Auch eine Bestimmung, nach der sich ein Kommanditist im Gesellschaftsvertrag verpflichtet *„Auflagen"* von Banken im Zusammenhang mit der Gewährung von Krediten zu erfüllen, ist nach Ansicht des *BGH* nicht eindeutig genug, um neben der Kommanditeinlage weitere vermögenswerte Leistungen von dem Kommanditisten verlangen zu können.[139]

Eine Regelung im Gesellschaftsvertrag genügt demnach in der Regel diesen strengen Anforderungen nur, wenn sie eindeutig und ausdrücklich festlegt, daß die Gesellschafter unter Umständen zusätzliche finanzielle Mittel der Gesellschaft als Eigenkapital neben ihrem bereits eingezahlten Festkapitalanteil zur Verfügung stellen müssen. Neben dem Wortlaut muß auch die Systematik des Vertrages für die Eindeutigkeit der Regelung sprechen, so daß die Regelung nicht an versteckter Stelle stehen darf.

3. Umfang der Nachschußpflicht

a) Die Nachschußpflicht gemäß den §§ 26 ff. GmbHG

Bezüglich der Regelung des Umfangs der Nachschußpflichten bestehen zwischen der Nachschußpflicht gemäß den §§ 26 ff. GmbHG und derjenigen in der Form einer Nebenverpflichtung gemäß § 3 Abs. 2 GmbHG erhebliche Unterschiede. Das GmbH-Gesetz kennt die unbeschränkte Nachschußpflicht mit unbeschränktem Preisgaberecht (§§ 26 Abs. 1, 27 Abs. 1 bis 3 GmbHG), die beschränkte Nachschußpflicht mit der Möglichkeit der Kaduzierung des Anteils (§§ 26 Abs. 3, 28 Abs. 1 Satz 1 GmbHG) und die gemischte Nachschußpflicht, bei der eine beschränkte Nachschußpflicht der unbeschränkten vorgeschaltet wird (§§ 27 Abs. 4, 28 Abs. 1 Satz 2 GmbHG).

Enthält der Gesellschaftsvertrag nur die Regelung, daß Nachschüsse zulässig sind, so handelt es sich um eine unbeschränkte Nachschußpflicht.[140] Eine unbe-

---

139 *BGH* DB 1979, 1499 ff. (in diesem Fall sollten die Kommanditisten zu Bürgschafts- oder Mitschulderklärungen gegenüber Finanzierungsinstituten verpflichtet werden).

140 Hachenburg/*Müller*, GmbHG, § 26 Rn 30.

schränkte Nachschußpflicht liegt auch dann vor, wenn jährliche Höchstbeträge für den Einzelfall einer Anforderung definiert sind, die Höchstbeträge aber mehrmals oder jedes Jahr ausgeschöpft werden können. Entscheidend ist allein, daß insgesamt, wenn auch zeitlich gestreckt, die Nachschußpflicht unlimitiert ist. Letzteres kann auch der Fall sein, wenn die Höhe der Nachschußpflicht sich nach einer variablen, unter Umständen erhöhenden Größe bestimmt.[141] Eine beschränkte Nachschußpflicht liegt nur bei Angabe eines „*bestimmten*" Betrages vor (§ 28 Abs. 1 GmbHG). Auch wenn eine inhaltliche Präzisierung im Gesellschaftsvertrag zur Wirksamkeit der unbeschränkten Nachschußpflicht gemäß den §§ 26 ff. GmbHG nicht notwendig ist, können zusätzliche Bestimmungen im Gesellschaftsvertrag vereinbart werden.[142]

b) Die Nachschußpflicht als Nebenleistungspflicht gemäß § 3 Abs. 2 GmbHG

Nebenleistungspflichten müssen nach höchstrichterlicher Rechtsprechung in der Satzung so konkret festgelegt werden, daß die verpflichteten Gesellschafter, auch zukünftige, das „*Ausmaß der auf sie zukommenden Verpflichtungen ohne weiteres überschauen*" können.[143] Völlig unbestimmte und grenzenlose Verpflichtungen der Gesellschafter, die eine schrankenlose Unterwerfung des Schuldners unter den Willen des Gläubigers bedeuten würden, verstoßen gegen die guten Sitten (§ 138 BGB) und sind deshalb nichtig.[144] Um dies zu vermeiden, sind alle wesentlichen Bestandteile der Verpflichtungen im Gesellschaftsvertrag zu konkretisieren.[145] Dazu war ursprünglich nach dem *BGH* erforderlich, daß der fraglichen Satzungsbestimmung zumindest im Wege der Auslegung eine „*vernünftige betragsmäßige und zeitliche Eingrenzung der den Gesellschaftern auferlegten Pflichten*" entnommen werden kann.[146] In einer neueren Entscheidung hat der *BGH*[147] auf das Merkmal der zeitlichen Eingrenzung verzichtet und hält auch eine gesellschaftsvertragliche Bestimmung für wirksam, die die Gesellschafter zu jährlichen Dekkungsbeiträgen in einer bestimmten Höhe verpflichtet. Insofern besteht ein großer

---

141 Hachenburg/*Müller*, GmbHG, § 26 Rn 31; a. A. *Esch*, NJW 1978, 2529, 2532: es reicht für die Beschränkung, daß der Betrag bestimmbar ist. Damit liegt eine Beschränkung vor, wenn die Nachschußpflicht zum Beispiel ausdrücklich nur auf die ausgeschütteten Gewinnanteile und damit auf eine nach oben variable Größe bezogen wird. Vgl. auch Scholz/*Emmerich*, GmbHG, § 26 Rn 11.

142 Scholz/*Emmerich*, GmbHG, § 26 Rn 10.

143 *BGH* DB 1989, 221, 222.

144 *RGZ* 87, 261, 265, 266.

145 Hachenburg/*Ulmer*, GmbHG, § 3 Rn 72; *BGH* WM 1989, 189, 191; MünchHdb.GesR III/ *Schiessl*, § 32 Rn 7.

146 Scholz/*Emmerich*, GmbHG, § 3 Rn 44; *BGH* DB 1989, 221,222; *Emmerich*, Anmerk. zu BGH, WuB II C. § 3 GmbHG 1.89.

147 *BGH* NJW-RR 1993, 607 ff.

Unterschied zur Nachschußpflicht gemäß den §§ 26 ff. GmbHG, da durch diese Rechtsprechung im Wege der Nebenleistungsverpflichtung eine auf unbestimmte Zeit wiederkehrende Nachzahlungspflicht und damit unbeschränkte Nachschußpflicht im Sinne des § 27 GmbHG aber ohne Preisgaberecht gesellschaftsvertraglich vereinbart werden kann.

c) Die Nachschußpflicht bei der Personengesellschaft

Auch im Personengesellschaftsrecht sind völlig unbestimmte Nachschußklauseln nicht zulässig.[148] Vielmehr muß die Vertragsbestimmung *„Ausmaß als auch Umfang des möglichen Eingriffs erkennen lassen; bei Beitragserhöhungen ist die Angabe einer Obergrenze oder sonstiger Kriterien, die das Erhöhungsrisiko eingrenzen, unabdingbar."*[149] Auch wenn diese Grundregel relativ streng klingt, so läßt sie den Gesellschaftern einen weiten Gestaltungsspielraum. Nachschußpflichten können zum Beispiel am Gesellschaftszweck orientiert werden, wenn sich mehrere Personen zur Verwirklichung eines sachlich und wirtschaftlich begrenzten Projekts zusammenschließen.[150] Weiterhin kann die Nachschußpflicht an objektivierten Daten des Geschäftsumfangs angelehnt werden.[151] Hierunter fallen zum Beispiel Vertragsgestaltungen, bei denen sich die Gesellschafter verpflichten, die jährlichen Gesamtausgaben der Gesellschaft gemäß Gewinn- und Verlustrechnung entsprechend ihrer Beteiligung zu übernehmen. Eine solche Vertragsgestaltung ist vor allem immer dann zulässig, wenn die Gesellschaft nach dem Kostendeckungsprinzip arbeitet.[152] Die Beiträge sind letztendlich überschau-

---

148 a. A. *Teichmann*, S. 174. Nach *Teichmann* soll der anzugebende Umfang keine Voraussetzung für die Wirksamkeit der Satzungsklausel sein. Vielmehr setze die richterliche Kontrolle erst bei dem Erhöhungsbeschluß selbst ein, der auf eine eventuelle Mißbräuchlichkeit zu überprüfen sei. Er untermauert seine Ansicht mit praktischen Erwägungen, da nach der Gegenmeinung eine angemessene oder geringfügige Erhöhung der Leistungsverpflichtung alleine schon deshalb unzulässig sei, weil wegen der Unbestimmtheit der Ermächtigung die Basis für jede Änderung fehlt. Dadurch würde man die Entwicklung in der Gesellschaft gegen den Willen der Beteiligten blockieren.

149 *OLG Stuttgart*, OLG Report Karlsruhe Stuttgart 2000, 120 121 (wobei hier nicht ganz klar ist, ob es sich bei der Nachzahlung um eine Erhöhung des festen Kapitalanteils handelt oder einen echten Nachschuß im Sinne des Themas).

150 *BGH* WM 1961, 32, 34; *BGH* WM 1979, 1282, 1283; in den Entscheidungen ging es eigentlich um offene Beitragspflichten, da die Gesellschaftsbeteiligung nur in Prozentsätzen vereinbart war und die Beitragspflichten im übrigen am Gesellschaftszweck ausgerichtet wurden. Wenn in diesen Fällen jedoch als Eingrenzung des wirtschaftlichen Risikos die sachlich und wirtschaftliche Begrenzung des Projekts ausreicht, kann im Falle der Nachschußpflicht nichts anderes gelten.

151 MünchKomm/*Ulmer*, § 707 Rn 2.

152 Vgl. insoweit auch das Recht der Partenreederei. Gemäß § 500 HGB ist jeder Mitreeder verpflichtet, zu den Ausgaben der Reederei, insbesondere zu den Kosten der Ausrüstung

bar, da die Vertragsklausel nur die laufenden Kosten, die auch vertraglich festgehalten werden können und sollten, ohne außergewöhnliche oder größere Investitionen umfaßt. Nicht wirksam ist daher eine Klausel, in der es heißt: „*Die Gesellschafter sind verpflichtet, unbeschränkt Nachschüsse in die Gesellschaft zu leisten, sofern sich ein Finanzierungsmehrbedarf ergeben sollte.*“[153]

d) Berücksichtigung des Gleichbehandlungsgrundsatzes

§ 26 Abs. 2 GmbHG legt fest, daß Nachschußpflichten gesellschaftsvertraglich im Verhältnis der Geschäftsanteile festgelegt werden müssen, wobei diese Regelung nach h. M. dispositiv ist.[154] Bei der Nachschußpflicht als Nebenleistungspflicht oder in der Personengesellschaft ergibt sich eine gleichmäßige Verteilung aus dem ungeschriebenen Gleichbehandlungsgrundsatz im Gesellschaftsrecht.[155] Im übrigen kann es aber ausreichen, wenn ein von den betroffenen Gesellschaftern einstimmig gefaßter Einforderungsbeschluß eine ungleichmäßige Einforderung der Nachschüsse vorsieht.[156]

e) Keine Ausfallhaftung der Gesellschafter

Jeder Gesellschafter haftet allein für den auf ihn entfallenden Anteil an dem beschlossenen Nachschußbetrag. Es besteht ohne gesellschaftsvertragliche Regelung weder bei der Nachschußpflicht gemäß § 26 GmbHG[157] noch bei der Nebenleistungspflicht eine Ausfallhaftung gemäß § 24 GmbHG. Auch das Personengesellschaftsrecht kennt keine Ausfallhaftung der Gesellschafter, es sei denn sie wird gesellschaftsvertraglich vereinbart.

---

und der Reparatur des Schiffes, beizutragen. Darin zeigt sich der Grundgedanke des Kostendeckungsprinzips. Der Begriff der Ausgaben wird dabei ebenfalls auf die laufenden Ausgaben und die durch Reedereibeschluß festgelegten Maßnahmen beschränkt. Außergewöhnliche Kosten werden von dieser Regelung nicht erfaßt, auch darf mit diesen Beiträgen keine Thesaurierungspolitik betrieben werden, vgl. *Ruhwedel*, S. 286; Prüßmann/*Rabe*, § 5000 A 1; keine Differenzierung zwischen laufenden und außergewöhnlichen Kosten bei Münch-Hdb.GesR I/*Bote*, § 83 Rn 55.

153 *OLG Stuttgart*, OLG Report Karlsruhe Stuttgart 2000, 120 121.

154 Hachenburg/*Müller*, GmbHG, § 26 Rn 54; Scholz/*Emmerich*, GmbHG, § 26 Rn 25; Baumbach/*Hueck*, GmbHG, § 26 Rn 5

155 *K. Schmidt*, Gesellschaftsrecht, S. 469.

156 Scholz/*Emmerich*, GmbHG, § 26 Rn 25; wohl auch Hachenburg/*Müller*, GmbHG, § 26 Rn 56.

157 Hachenburg/*Müller*, GmbHG, § 26 Rn 63, 64; Scholz/*Emmerich*, GmbHG, § 26 Rn 23.

f) Berücksichtigung eigener Anteile im GmbH-Recht

Die Nachschußpflicht belastet auch eigene Anteile der GmbH, nur kommt ein Einzahlungsanspruch der Gesellschaft nicht zum Tragen. Die eigenen Anteile sind aber bei der Aufteilung der Nachschüsse zu berücksichtigen, so daß bei einer beschränkten Nachschußpflicht eine Minderung des Gesamtnachschusses eintritt.[158]

4. Einforderungsbeschluß

a) Zwingend erforderliche Beschlußfassung bei Nachschüssen gemäß den §§ 26 ff. GmbHG

Die zweite Voraussetzung für die Entstehung der Nachschußpflicht gemäß den §§ 26 ff. GmbHG ist die zwingend erforderliche Beschlußfassung der Gesellschafterversammlung bezüglich der Einforderung des Nachschusses. Auch hier unterscheidet sich die Nachschußpflicht gemäß den §§ 26 ff. GmbHG deutlich von den anderen. Durch die Aufnahme der Nachschußpflicht in den Gesellschaftsvertrag entsteht lediglich die Nachschußmöglichkeit und noch kein Anspruch der Gesellschaft.[159] Der Einforderungsbeschluß ist daher nicht bloße Fälligkeitsvoraussetzung, sondern konstitutiv.[160] Andererseits läßt die Beschlußfassung die Entscheidungskompetenz der Gesellschafterversammlung unberührt, so daß die Gesellschafter den Beschluß aufheben oder modifizieren können, solange die Nach-

---

158 Im Ergebnis wohl h. M., wobei die Begründung für die Ablehnung der Einzahlungspflicht auf eigene Anteile streitig ist. Manche Autoren gehen davon aus, daß alle während der Besitzzeit der GmbH entstehenden Ansprüche und Pflichten durch Vereinigung von Forderung und Schuld in einer Person (Konfusion) untergehen, vgl. Hachenburg/*Müller*, GmbHG, § 26 Rn 49; Scholz/*Emmerich*, GmbHG, § 26 Rn 22; Baumbach/Hueck/*Hueck*, GmbHG, § 26 Rn 9. Andere wiederum gehen davon aus, daß Ansprüche der Gesellschaft von vornherein gar nicht zur Entstehung kommen, denn ein Mitgliedschaftsverhältnis als Voraussetzung aller gesellschaftlichen Rechte und Pflichten bestehe nicht. Ein Fall der Konfusion liege nicht vor, da diese voraussetze, daß zunächst Forderung und Schuld bei verschiedenen Personen entstanden sind und sich nachträglich in einer Person vereinigen, vgl. *Winkler*, GmbH-Rdsch. 1972, 73, 78. Richtiger erscheint aber, daß nur ein Ruhen der Nachschußpflicht eintritt, so daß sie bei einer Übertragung der Anteile in der Person des Erwerbers auflebt (vgl. so schon bei Forderungen aus Wertpapieren, *RGZ* 147, 243), im Ergebnis auch *Winkler*, GmbH-Rdsch. 1972, 73, 78.

159 Daher kann auch ohne den Gesellschafterbeschluß kein bestehender Anspruch gepfändet oder abgetreten werden; ebensowenig kann er im Insolvenzverfahren vom Insolvenzverwalter geltend gemacht werden; Scholz/*Emmerich*, GmbHG, § 26 Rn 15; *Bartl* in: Heidelberger Kommentar, GmbHG, § 26 Rn 4.

160 Altmeppen/Roth/*Altmeppen*, § 26 Rn 9.

schüsse nicht eingezahlt, abgetreten oder gepfändet sind. Danach ist § 30 Abs. 2 GmbHG zu beachten.[161]

Eine Regelung im Gesellschaftsvertrag, die die Einforderungskompetenz auf ein anderes Organ verlagert, ist nichtig (§ 134 BGB).[162] Nicht einheitlich wird die Frage gehandhabt, ob diese Nichtigkeit die gesamte Nachschußregelung[163] oder nur die Kompetenzverlagerung[164] betrifft. Ebenfalls wird diskutiert, ob man bei einer Kompetenzverlagerung im Zweifel davon ausgehen kann, daß eine Nebenpflicht nach § 3 Abs. 2 GmbHG vorliegt.[165] Da eine Abgrenzung zwischen einer Nachschußpflicht gemäß den §§ 26 ff. GmbHG, bei der allerdings die Kompetenz der Gesellschafterversammlung abbedungen wurde, und einer Nachschußpflicht in der Form einer Nebenleistungspflicht in der Praxis im Regelfall kaum möglich sein dürfte, sind diese Streitpunkte rein akademischer Natur und werden immer auf eine Einzelfallentscheidung hinauslaufen.

Für den Einforderungsbeschluß genügt, solange die Satzung nicht etwas anderes bestimmt, die einfache Stimmenmehrheit der bei der Beschlußfassung anwesenden Gesellschafter (§ 47 Abs. 1 GmbHG). Eine Herabsetzung des einfachen Mehrheitserfordernisses ist nicht möglich, da dies im Ergebnis auf eine Verlagerung der Einforderungskompetenz auf eine Gesellschaftergruppe oder einen einzelnen Gesellschafter hinausliefe.[166] Der Gesellschafterbeschluß kann im übrigen die Modalitäten der Einzahlung der Nachschüsse im einzelnen regeln, soweit nicht der Gesellschaftsvertrag bereits solche Regelungen enthält.[167] Auch die Entscheidung über die Notwendigkeit und den Zeitpunkt der Einforderung von Nachschüssen obliegt der Gesellschaftermehrheit, vorbehaltlich keiner abweichenden gesellschaftsvertraglichen Vereinbarung.[168] Vor der Einforderung des Nachschußkapitals muß jedoch im Regelfall das gesamte Stammkapital zumindest eingefordert, nicht aber eingezahlt worden sein. Diese Auslegung wird aus § 28 Abs. 2 GmbHG gewonnen, denn nach dieser Vorschrift kann im Gesellschaftsvertrag die Einforderung von Nachschüssen bei beschränkter Nachschußpflicht unter bestimmten Voraussetzungen entgegen dem Regelfall schon vor vollständiger Einforderung

---

161 Hachenburg/*Müller*, GmbHG, § 26 Rn 46; Scholz/*Emmerich*, GmbHG, § 26 Rn 19.

162 Hachenburg/*Müller*, GmbHG, § 26 Rn 40; Scholz/*Emmerich*, GmbHG, § 26 Rn 14.

163 Bejahend *RGZ* 70, 331.

164 So Hachenburg/*Müller*, GmbHG, § 26 Rn 40; Scholz/*Emmerich*, GmbHG, § 26 Rn 14.

165 Dagegen Hachenburg/*Müller*, GmbHG, § 26 Rn 40; bejahend Scholz/*Emmerich*, GmbHG, § 26 Rn 6 a.

166 Hachenburg/*Müller*, GmbHG, § 26 Rn 41.

167 Hachenburg/*Müller*, GmbHG, § 26 Rn 42; Scholz/*Emmerich*, GmbHG, § 26 Rn 17.

168 Hachenburg/*Müller*, GmbHG, § 26 Rn 44; Scholz/*Emmerich*, GmbHG, § 26 Rn 18.

der Stammeinlagen gestattet werden.[169] Bereits das *Reichsgericht*[170] hat für diese Auffassung neben der Systematik des Gesetzes auch auf die Zweckmäßigkeit einer solchen Auslegung hingewiesen, da ansonsten jeder einzelne Streit über eine Einzahlungspflicht auf das Stammkapital die Einziehung von Nachschüssen um Jahre verzögern könnte.

b) Der fakultative Gesellschafterbeschluß und seine Wirkung bei der Nachschußpflicht als Nebenleistungspflicht gemäß § 3 Abs. 2 GmbHG und in der Personengesellschaft

Die Nachschußpflicht gemäß § 3 Abs. 2 GmbHG bedarf keines Gesellschafterbeschlusses, die Satzung kann ihn aber vorsehen.[171] Dies gilt auch für das Personengesellschaftsrecht.[172] Ist die Nachschußpflicht dergestalt im Gesellschaftsvertrag ausgestaltet, daß ihre Fälligkeit von objektiv bestimmbaren Umständen abhängt, so ist im Zweifel der Geschäftsführer zur Einforderung ermächtigt.[173]

Problematisch ist, welche Wirkung der Gesellschafterbeschluß haben soll, wenn die Satzung die Geltendmachung der Nachschußpflicht von einem solchen abhängig macht. Nach der Rechtsprechung des *BGH*[174] stellt dieser Beschluß bei

---

169 Hachenburg/*Müller*, GmbHG, § 26 Rn 44; Scholz/*Emmerich*, GmbHG, § 26 Rn 18 a, *RGZ* 87, 179, 180 ff.

170 *RGZ* 87, 179, 182.

171 *BGH* DB 1989, 221, 222; *Lutter/Hommelhoff*, § 3 Rn 37.

172 MünchKomm/*Ulmer*, § 706 Rn 18.

173 MünchKomm/*Ulmer*, § 707 Rn 2; so auch *Barfuß*, DB 1977, 571, 574; zur GmbH NJW-RR 1993, 607 ff. Vgl. auch die Diskussion im Recht der Partenreederei, ob die Entstehung der Nachschußpflicht eines Gesellschafterbeschlusses bedürfe. *Ruhwedel* hat dies noch unter Verweis auf § 26 GmbHG bejaht, *Ruhwedel*, S. 285 ff. Nach neuerer Ansicht handelt es sich bei der Nachschußpflicht gemäß § 500 Abs. 1 HGB um eine aufschiebend bedingte Beitragspflicht. Die aufschiebende Bedingung trete ein, wann immer sich Liquiditätsbedarf ergebe. Stelle sich der Bedarf im Rahmen der dem Korrespondentreeder oder dem geschäftsführenden Mitreeder übertragenen Geschäfte ein, so können sie die Umlage berechnen und von den Mitreedern einfordern; eines Beschlusses der Mitreeder bedürfe es dazu nicht, es sei denn, der Reedereivertrag verlange für jeden Nachschuß einen Beschluß, vgl. MünchHdb.GesR I/*Bote*, § 83 Rn 55, 56; Prüßmann/*Rabe*, § 500 A 2.

174 *BGH* DB 1989, 221, 222. In der genannten Entscheidung hatten mehrere Parteien, unter anderem die beklagte Gemeinde, zum Zweck des Betriebes eines Flugplatzes eine GmbH gegründet. In den Gesellschaftsvertrag wurde folgende Regelung aufgenommen:

„*Die Gesellschafter verpflichten sich, auf Beschluß der Gesellschafterversammlung der Gesellschaft Darlehen in Höhe der öffentlichen Abgaben zu gewähren, die ihnen durch die Gesellschaft zufließen.*“

Die Beklagte setzte anläßlich der Erneuerung und Erweiterung der örtlichen Abwasserbeseitigungsanlagen gemäß der Abgabenordnung einen Abwasserbeitrag für die Klägerin von fast 1 Million DM fest. Die Gesellschafterversammlung der Klägerin faßte daraufhin gegen der Nachschußpflicht in Form der Nebenleistungspflicht die Verpflichtung nicht bindend fest, sondern soll nur Voraussetzung für die Geltendmachung dieses Anspruchs sein.[175] Dies wiederum hat zur Konsequenz, daß trotz abgelaufener Anfechtungsfrist der Nachschußanspruch nicht infolge eines wirksamen Gesellschafterbeschlusses begründet werden kann.

Die Ansicht des *BGH* ist jedoch abzulehnen. Nebenleistungspflichten im Sinne des § 3 Abs. 2 GmbHG werden zwar in der Regel ohne gesondertes Beschlußerfordernis abschließend in der Satzung festgelegt. Den Gesellschaftern ist es aber kraft ihrer Satzungsautonomie unbenommen, die Nebenleistungspflichten an einen entsprechenden Gesellschafterbeschluß zu binden. Es ist gleichfalls anerkannt, daß diesem Beschluß die konkrete Festlegung des Leistungsinhalts überlassen werden darf, sofern die Satzung Art und Maß der Verpflichtung erkennen läßt.[176] Ergeben sich im Einzelfall etwa sämtliche Voraussetzungen der Nebenleistungspflicht aus der Satzung, mag ein vorgesehener Beschluß tatsächlich nur der Prüfung dienen, ob die Einforderung opportun erscheint. Andernfalls kann aber seine konstitutive Wirkung entgegen dem Bundesgerichtshof keineswegs von vornherein ausgeschlossen werden. In ihr liegt nämlich der entscheidende rechtliche Gestaltungsvorteil, den die satzungsmäßige Festlegung eines Nebenleistungspflichtrahmens mit Mehrheitsbeschlußerfordernis nach § 3 Abs. 2 GmbHG gegenüber einem satzungsmäßig nicht flankierten Gesellschafterbeschluß in derselben Angelegenheit bieten kann. Durch letzteren kann einem Gesellschafter eine Sonderbelastung nach § 53 Abs. 3 GmbHG nur mit dessen Zustimmung auferlegt werden, während § 3 Abs. 2 GmbHG prinzipiell die Möglichkeit eröffnet, die Sonderbelastung eines einzelnen Gesellschafters aufgrund seiner Rahmenverpflichtung in der Satzung auch gegen seinen aktuellen Willen durch Mehrheitsbeschluß bindend festzulegen und damit eventuelle sachliche Einwendungen gegen den konkreten Beschlußinhalt dem Anfechtungsverfahren zuzuweisen. Ist nun eine solche beschlußabhängige Ausgestaltung der Nebenleistungspflicht in der Satzung vorgesehen, spricht viel dafür, daß ihr Sinn sich nicht darin erschöpft, qualitativ lediglich dasselbe Ergebnis herbeizuführen, das auch ohne sie aufgrund eines beliebigen ad-hoc Gesellschafterbeschlusses erzielbar wäre. Insofern verbietet es sich, die rechtliche Bedeutung des Gesellschafterbeschlusses bei Nebenleistungspflichten pauschal und generell auf eine bloße Voraussetzung für die Geltendmachung des betreffenden Anspruchs zu reduzieren.[177]

---

die Stimme der Beklagten den Beschluß, daß die Beklagte zur Gewährung eines zinslosen Darlehens in Höhe der Kanalbeitragsforderung „*in Anspruch zu nehmen*“ und dieser „*Darlehensanspruch geltend zu machen*“ sei.

175 Zustimmend *Weipert*, EWiR 1989, S. 365.

176 Vgl. insoweit zum Leistungsbestimmungsrecht unten S. 46.

177 *Stein*, ZGR 1990, 357, 364.

Die Ansicht des *BGH* wird auch nicht durch seinen Vergleich mit den Gesellschafterbeschlüssen in den Fällen des § 46 Nr. 2 und Nr. 8 GmbHG gestützt, wonach die Einforderung der Stammeinlagen und die Geltendmachung von Ersatzansprüchen gegen Geschäftsführer und Gesellschafter einen Gesellschafterbeschluß voraussetzen. In beiden Fällen ist es kraft Gesetzes ausgeschlossen, daß Gesellschaftsorgane über den betreffenden Anspruch positiv bindend entscheiden, da weder das Bestehen von Ersatzansprüchen gegen Gesellschafter oder Geschäftsführer (§ 46 Nr. 8 GmbHG) noch die Stammeinlagepflicht der Gesellschafter als solche (§ 46 Nr. 2 GmbHG) zur Disposition der Gesellschafterversammlung steht. Nichts hindert aber die Ausgestaltung von Nebenleistungspflichten in der Weise, daß ohne Gesellschafterbeschluß der Anspruch der Gesellschaft nicht nur nicht durchsetzbar, sondern noch nicht existent ist.[178]

c) Besonderheiten bei Mehrheitsbeschlüssen

Im Zusammenhang mit Mehrheitsbeschlüssen wird üblicherweise das Problem der Bestimmtheit von Nachschußklauseln diskutiert. Die Wirksamkeit der Ermächtigung im Gesellschaftsvertrag zu nachträglicher Leistungsvermehrung durch Mehrheitsbeschluß wird sowohl im Recht der GmbH als auch der Personengesellschaft, in Hinblick auf den mit der mehrheitlichen Leistungsvermehrung verbundenen Eingriff in den Kernbereich der Mitgliedschaft und das Belastungsverbot, von strengen Voraussetzungen abhängig gemacht.[179] Gemäß § 53 Abs. 3 GmbHG bedarf die Erhöhung der den Gesellschaftern nach dem Gesellschaftsvertrag obliegenden Leistungen der Zustimmung der betroffenen Gesellschafter. Wenn die Satzung für bestimmte Fälle eine Leistungsvermehrung durch Mehrheitsbeschluß vorsieht, kann darin das vorweggenommene Einverständnis in diese Mehrbelastung gesehen werden, so daß der Gesellschafter im konkreten Fall auch gegen seinen Willen zu der Mehrbelastung verpflichtet werden kann. Auch in der Personengesellschaft muß die gesellschaftsvertragliche Mehrheitsklausel nach Rechtsprechung und Literatur das antizipierte Einverständnis der einzelnen Gesellschafter mit der Leistungsvermehrung enthalten.[180] Obwohl diese Übereinstim-

---

178 *Stein*, ZGR 1990, 357, 364 ff.

179 Vgl. dazu auch oben S. 33. Das Erfordernis der Bestimmtheit muß im übrigen auch im Zusammenhang mit direkten Nachschußklauseln ohne Gesellschafterbeschluß überprüft werden. Dies ergibt sich daraus, daß auch bei diesen entgegen dem Willen des Gesellschafters im konkreten Fall die Nachschußklausel durch den Geschäftsführer durchsetzbar sein soll.

180 MünchKomm/*Ulmer*, § 707 Rn 5; *Leenen*, Festschrift f. Larenz, S. 371 ff., 372; *Schneider*, ZGR 1972, 357, 371; *RGZ* 91, 167, 169. Irreführend ist daher ein älteres Urteil des *BGH* (*BGHZ* 20, 363 ff = DB 1956, 616), in dem er entschied, daß es angeblich keiner gesonderten Zustimmung der Gesellschafter zu einer Erhöhung ihrer Einlagepflicht bedürfe. Der *BGH* bezieht sich dabei auf die zitierte Entscheidung des *RG*, nach der der Gesellschafts-

mung auffällig ist, wird überwiegend eine entsprechende Anwendung der GmbH-Regelung auf das Personengesellschaftsrecht abgelehnt. Das *Reichsgericht*[181] hat bereits darauf verwiesen, daß § 53 Abs. 3 GmbHG zwar nicht entsprechend auf die Personengesellschaft Anwendung finde, aber diese Regelung einen allgemeinen Rechtsgedanken zum Ausdruck bringe, der nach § 707 BGB auch für die Personengesellschaften gelte, denn nach dieser Vorschrift solle nicht das Mehrheitsprinzip, sondern die Freiheit des einzelnen den Ausgangspunkt bilden.[182]

Damit aber eine antizipierte Zustimmung allein durch die Aufnahme der Leistungsvermehrung in dem Gesellschaftsvertrag angenommen werden kann, muß sowohl im Recht der GmbH als auch der Personengesellschaft der Rahmen für die Mehrleistung hinreichend genau bestimmt und damit die Grenzen für die Machtbefugnis festliegen. Im Personengesellschaftsrecht wird insoweit immer wieder auf den Bestimmtheitsgrundsatz verwiesen.[183] Nach neuerer und richtiger Auffassung ergibt sich dieses Ergebnis jedoch in erster Linie aus der Kernbereichslehre und dem Belastungsverbot.[184]

5. Leistungsbestimmungsrechte durch Dritte

Vor allem im Zusammenhang mit Nebenleistungspflichten gemäß § 3 Abs. 2 GmbHG findet man immer wieder den Verweis darauf, daß falls der konkrete Leistungsinhalt nicht im Gesellschaftsvertrag selbst geregelt, sondern seine Be-

---

vertrag nur dann eine Beitragserhöhung durch qualifizierten Mehrheitsbeschluß vorsehen kann, solange die Aufnahme in den Gesellschaftsvertrag als antizipiertes Einverständnis in die konkrete Leistungsvermehrung eingestuft werden kann. Kritisch bzgl. dieser *BGH*-Entscheidung auch *K. Schmidt*, Gesellschaftsrecht, S. 480.

181 *RGZ* 91, 167, 169.

182 Vgl. auch die Rechtslage beim Versicherungsverein auf Gegenseitigkeit. Eine Leistungsvermehrung der Mitglieder kann nachträglich durch Satzungsänderung oder Änderung der allgemeinen Versicherungsbedingungen nur mit der vorherigen Zustimmung des betroffenen Mitglieds durchgesetzt werden (§ 41 Abs. 3 VAG). Die Zustimmung kann auch hier in antizipierter Form erteilt werden, denn einer gesonderten Zustimmung bedarf es nicht, wenn *„die Satzung ausdrücklich vorsieht, daß sie auch mit Wirkung für die bestehenden Versicherungsverhältnisse geändert werden kann“* (§ 41 Abs. 3 Satz 2 VAG). Dabei muß der Änderungsgegenstand, das heißt hier die mögliche Leistungsvermehrung, ausdrücklich in der Satzung benannt und gegenständlich umschrieben werden, vgl. Prölss/*Weigel*, § 41 Rn 16.

183 Vgl. zum Bestimmtheitsgrundsatzes: MünchKomm/*Ulmer*, § 709 Rn 72 ff.; *K. Schmidt*, Gesellschaftsrecht, S. 461 ff.

184 *K. Schmidt*, Gesellschaftsrecht, S. 481; *ders.*, ZHR 1994, 204, 225 ff.; MünchKomm/*Ulmer*, § 709 Rn 77; *BGH* NJW 1995, 194, 195; *OLG Stuttgart*, OLG Report Karlsruhe Stuttgart 2000; *Hermanns*, ZGR 1996, 103, 105, 113; vgl. zur GmbH: Rowedder/*Zimmermann*, GmbHG,§ 53 Rn 54.

stimmung nach Art oder Maß den Organen der Gesellschaft oder Dritten überlassen sei, die §§ 315, 317 BGB auf die Ausübung des Bestimmungsrechts Anwendung fänden.[185] Es drängt sich daher die Frage auf, ob auf diese Weise nicht das Erfordernis umgangen werden kann, bereits in der Satzung den Leistungsumfang für den Gesellschafter genügend erkennbar konkretisieren zu müssen. Nach den §§ 315 ff. BGB könnte es zum Beispiel genügen, in der Satzung festzulegen, daß Gesellschafter zu zusätzlichen Zahlungen auf Beschluß der Gesellschafterversammlung, in dem die weiteren Modalitäten festgelegt werden können, verpflichtet sind. Dieses Ergebnis bedarf der Überprüfung in Hinblick auf gesellschaftsrechtliche Besonderheiten.

In Betracht kommt eine Modifikation der allgemeinen zivilrechtlichen Grundsätze in Hinblick auf die Kernbereichslehre und das Belastungsverbot.[186] Der Kernbereich der Grundmitgliedsrechte ist grundsätzlich mehrheitsfest, das heißt - soweit nicht sogar unverzichtbar - jedenfalls unentziehbar.[187] Hierher gehört auch das Belastungsverbot: das Verbot, dem Mitglied entgegen seiner Zustimmung zusätzliche Leistungen aufzuerlegen.[188] Aus der „Mehrheitsfestigkeit" der zum Kernbereich zählenden Rechte kann zwar nicht gefolgert werden, in den Kernbereich eingreifende Mehrheitsbeschlüsse seien von vornherein unzulässig. Vielmehr kann das Einverständnis mit der Rechtsbeeinträchtigung auch im voraus erteilt werden. Um eine gesellschaftsvertragliche Mehrheitsklausel jedoch als antizipiertes Einverständnis mit einem Eingriff in derartige Rechte ansehen zu können, muß sie besonderen Anforderungen genügen. Insbesondere muß sie Ausmaß und Umfang des zulässigen Eingriffs erkennen lassen.[189] Die besonderen Anforderungen an eine gesellschaftsvertragliche Kompetenzzuweisung, die zu einem mehrheitlichen Eingriff in den Kernbereich der Mitgliedschaft berechtigt, müssen auch dann erfüllt sein, wenn sich die in Frage stehende Klausel zugleich als Leistungsbestimmungsrecht im Sinne der §§ 315 ff. BGB darstellt.[190] Soll das Leistungsbestimmungsrecht die inhaltliche Ausgestaltung von zum Kernbereich der Mitgliedschaft gehörenden Vermögensrechten ermöglichen, so muß der Um-

---

185 Hachenburg/*Ulmer*, GmbHG, § 3 Rn 88; MünchHdb.GesR III/*Schiessl*, § 32 Rn 7; *RGZ* 87, 261, 265.

186 Vgl. dazu auch oben S. 33.

187 *K. Schmidt*, Gesellschaftsrecht, S. 478.

188 *K. Schmidt*, Gesellschaftsrecht, S. 480.

189 *K. Schmidt*, Gesellschaftsrecht, S. 480.

190 *Schilling/Winter*, Festschrift f. Stiefel, S. 665 ff., 672.

fang der Kompetenz im Gesellschaftsvertrag näher konkretisiert[191] bzw. „*ein fester Rahmen für die Art der übernommenen Verpflichtung aufgestellt*“[192] sein.[193]

II. Geltendmachung von Beschlußmängeln

1. Verstoß gegen den Gleichbehandlungsgrundsatz oder die Treuepflicht

Sowohl in der GmbH als auch der Personengesellschaft dürfen Beschlüsse nicht unter Verstoß gegen den Gleichbehandlungsgrundsatz oder die Treuepflicht gefaßt werden. So steht die Treuepflicht Erhöhungsbeschlüssen entgegen, die nicht durch einen entsprechenden Kapitalbedarf der Gesellschaft veranlaßt sind, sondern als Mittel der Zurückdrängung von Minderheiten dienen oder ansonsten mißbräuchlich eingesetzt werden.[194]

Bei der GmbH sind diese Beschlüsse bei einem Verstoß gegen den Gleichbehandlungsgrundsatz oder die Treuepflicht in der Regel anfechtbar. Bei schwerwiegenden Verstößen kann der Beschluß außerdem nichtig sein.[195] Als Rechtsmittel kommen daher die Anfechtungs-, Nichtigkeits- oder Feststellungsklage in Betracht.[196]

Im Personengesellschaftsrecht sind solche Beschlüsse unwirksam. Die Unwirksamkeit kann als Einrede oder im Wege der Feststellungsklage geltend gemacht werden.[197]

---

191 *Schilling/Winter*, Festschrift f. Stiefel, S. 665 ff., 673.

192 *RGZ* 87, 261, 265, 266.

193 Insoweit kann auch auf die Rechtslage beim VVaG verwiesen werden. Nach höchstrichterlicher Rechtsprechung kann sich der Versicherer gemäß § 315 BGB eine Beitragsanpassung vorbehalten. Die Klausel muß jedoch die Grenzen der Beitragsanpassung angeben, da sich der Versicherer nicht ein „*schrankenloses Leistungsbestimmungsrecht*“ einräumen darf, *BGHZ* 119, 55, 59.

194 MünchKomm/*Ulmer*, § 707 Rn 6; Hachenburg/*Müller*, GmbHG, § 26 Rn 39; Scholz/*Emmerich*, GmbHG, § 26 Rn 14 a; *RGZ* 87, 179, 183, hier verweist das *RG* darauf, daß die Gesellschafter den Beschluß bezüglich der Nachschußverpflichtung wegen sittenwidrigen Mißbrauchs angreifen können, wenn die Gesellschaft das Stammkapital zwar eingefordert hat, dieses aber nicht einzieht und ansonsten ihren Finanzbedarf nur mit Nachschüssen zu decken sucht.

195 Hachenburg/*Müller*, GmbHG, § 26 Rn 39; Scholz/*Emmerich*, GmbHG, § 26 Rn 14 a.

196 Zur Unterscheidung der einzelnen Klagearten, vgl. *K. Schmidt*, Gesellschaftsrecht, S. 446 ff.

197 *K. Schmidt*, Gesellschaftsrecht, S. 451, 454.

2. Fehlende Rechtsgrundlage für den Erhöhungsbeschluß

a) Unwirksame oder zu unbestimmte Satzungsklausel

Die Rechtsprechung macht bezüglich der Rechtsfolgen keinen Unterschied, ob eine Klausel gar nicht oder zwar ausdrücklich, aber zu unbestimmt eine Nachschußverpflichtung festlegt. Entweder sie kommt im Wege der Auslegung zu dem Ergebnis, daß die entsprechende Klausel mangels ausdrücklicher Regelung nicht als Anspruchsgrundlage für die konkrete Nachschußforderung genügt[198], oder sie versagt mangels Festlegung eines Umfangs der gesamten Regelung die Wirksamkeit.[199] Eine nähere Begründung zur Unwirksamkeit der gesamten Regelung fehlt im Regelfall.[200] Es wird aber in diesem Zusammenhang immer wieder eine Entscheidung des *Reichsgerichts*[201] zitiert, in der es ausführte, daß völlig unbestimmte und grenzenlose Verpflichtungen der Gesellschafter zu einer schrankenlosen Unterwerfung des Schuldners unter den Willen des Gläubigers führten und damit wegen Verstoß gegen die guten Sitten nichtig seien (§ 138 BGB).

Der *BGH* vermeidet es, einer Satzungsregelung jegliche Gültigkeit abzusprechen, und stellt meistens darauf ab, ob eine konkrete Nachschußpflicht mangels ausdrücklicher Regelung im Vertrag abzulehnen ist oder von einer Satzungsbestimmung infolge ihrer Unbestimmtheit nicht gedeckt sei. Der *BGH*[202] zieht dabei, anders als das *Kammergericht*[203], bei Satzungsbestimmungen in einer Publikumsgesellschaft den Weg der strengen Auslegung vor und hält eine zusätzliche Überprüfung der Klauseln im Wege einer Inhaltskontolle gemäß § 242 BGB für entbehrlich.

---

198 Zur Personengesellschaft: *OLG Düsseldorf* NJW-RR 1991, 1385, 1386; *BGH* NJW 1983, 164; *BGH* NJW 1983, 2498, 2499; *BGH* DB 1979, 1499; *BGH* DB 1979, 300, 301; zur GmbH: *BGH* DB 1989, 221 ff.

199 Zur Personengesellschaft: *OLG Stuttgart*, OLG Report 2000 Karlsruhe Stuttgart, 120, 121; zur GmbH: *RGZ* 87, 261, 265, 266.

200 *OLG Düsseldorf* NJW-RR 1991, 1385, 1386; *BGH* DB 1989, 221 ff., der die Satzungsbestimmung, wenn man sie als direkte Anspruchsgrundlage verstehen wolle, als *„nicht unbedenklich“* bezeichnet; *Emmerich*, Anmerk. zu BGH, WuB II C. § 3 GmbHG 1.89.

201 *RGZ* 87, 261, 265, 266.

202 *BGH* DB 1979, 1499, 1500.

203 Das *KG* wollte in zwei Entscheidungen eine zusätzliche Verpflichtung der Kommanditisten an einer Inhaltskontrolle scheitern lassen, indem es darauf abstellte, daß die zusätzlichen Verpflichtungen *„überraschende Klauseln“* oder eine *„unangemessene Benachteiligung“* enthielten, vgl. *KG* DB 1978, 1025, *KG* DB 1978, 1922.

b) Auswirkungen auf den Mehrheitsbeschluß

Auch bei der Frage wie sich unbestimmte oder fehlende Regelungen im Gesellschaftsvertrag auf einen Mehrheitsbeschluß der Gesellschafter auswirken, bleiben die höchstrichterlichen Entscheidungen in ihrer Begründung unbefriedigend. Zu einem Beschluß hinsichtlich der Einforderung eines Darlehens innerhalb einer GmbH findet man als Argument für die Abweisung der Klage, daß das Klagebegehren *„von der Satzungsbestimmung nicht gedeckt“* sei.[204] Bei der Personengesellschaft liest man ähnlich allgemeine Begründungen, wie zum Beispiel es bestehe mangels antizipierten Einverständnisses *„keine Legitimation, durch Mehrheitsbeschluß über die Beitragserhöhung zu befinden“*.[205] Das diesen knappen Ausführungen zugrundeliegende Rechtsprinzip ist aber einfach zu umschreiben: Fehlt es an einer eindeutigen und damit wirksamen Satzungsbestimmung zur Nachschußpflicht, so bleibt es bei der Grundregel, entweder abgeleitet aus dem Schutzzweck des § 707 BGB oder des § 53 Abs. 3 GmbHG, daß Leistungsvermehrungen des betroffenen Gesellschafters nur mit dessen Zustimmung erfolgen dürfen. Der Beschluß ist mithin ohne die Zustimmung des Betroffenen schwebend unwirksam. Bei Verweigerung der Zustimmung ist er endgültig unwirksam.[206] Dieses Ergebnis ist vor allem im GmbH-Recht wichtig, denn im Gegensatz zur Ansicht des *OLG Frankfurts*[207] und wohl auch von *Emmerich*[208] kommt es in diesen Fällen nicht darauf an, ob der Gesellschafterbeschluß innerhalb der Anfechtungsfrist wirksam angefochten wurde.

Streitig ist allerdings im GmbH-Recht in diesen Fällen das Rechtsmittel. Teilweise wird vertreten, daß der Betroffene, wenn er ein Rechtsschutzinteresse darlegt, die Unwirksamkeit im Wege der Feststellungsklage gemäß § 256 ZPO geltend machen könne.[209] Nach anderer Ansicht kann der Gesellschafter auch in Anlehnung an das Aktienrecht Nichtigkeitsklage mit übergreifender Rechtskraft-

---

204 *BGH* DB 1989, 221, 222.

205 *OLG Stuttgart*, OLG Report 2000 Karlsruhe Stuttgart, 120, 121.

206 Hachenburg/*Raiser*, GmbHG, Anh. § 47 Rn 21; Baumbach/Hueck/*Zöllner*, GmbHG, Anh. § 47 Rn 10; *Dürrschmidt*, JuS 1997, 15, 17.

207 Berufungsgericht in *BGH* DB 1989, 221, 222.

208 *Emmerich*, Anmerk. zu BGH, WuB II C. § 3 GmbHG 1.89.

209 Hachenburg/*Raiser*, GmbHG, Anh. § 47 Rn 23; auch *Lutter/Hommelhoff*, GmbHG, Anh. 47 Rn 3.

wirkung erheben.[210] In jedem Fall kann die Unwirksamkeit formlos als Einrede geltend gemacht werden.[211]

III. Adressaten der Nachschußpflicht

Die Nachschußpflicht ist mitgliedschaftlicher Natur. Sie trifft daher diejenigen Personen, die im Augenblick der Fälligkeit der Nachschußforderung der Gesellschaft gegenüber als Gesellschafter gelten.

Im GmbH-Recht sind dies die Gründer oder bei Anteilsveräußerung die unter Nachweis des Übergangs bei der Gesellschaft vor Fälligkeit der Nachschußforderung angemeldeten Erwerber (§ 16 GmbHG). Wird der Anteil nach Fälligkeit der Nachschußforderung veräußert, so haftet neben dem Erwerber auch der frühere Gesellschafter für diese rückständige Pflicht (§ 16 Abs. 3 GmbHG).[212] Bei der beschränkten Nachschußpflicht gemäß § 28 GmbHG gibt es zudem eine Ausfallhaftung des Rechtsvorgängers im Kaduzierungsverfahren für die vom Anteilserwerber nicht zu erlangenden Nachschüsse (§§ 22, 28 Abs. 1 GmbHG).[213]

IV. Rückzahlungssperren im GmbH-Recht

Auszahlungen an die Gesellschafter stehen unter dem allgemeinen Rückzahlungsverbot des § 30 Abs. 1 GmbHG, falls das Vermögen zur Erhaltung des Stammkapitals erforderlich ist. Das allgemeine Rückzahlungsverbot findet auf Nachschußpflichten gemäß den §§ 26 ff. GmbHG[214] und auch in der Form von Nebenleistungspflichten Anwendung. Gelegentlich wird darauf verwiesen, daß die Nebenleistungspflicht nicht den Kapitalbindungsvorschriften des GmbHG und damit auch nicht § 30 GmbHG unterliege.[215] Das ist so nicht richtig. Werden Einzahlungen infolge einer Nebenverpflichtung ergebniswirksam verbucht, so bewirkt das Verbot der Rückzahlung, daß dadurch bedingte Gewinne nicht zu Lasten des Stammkapitals ausgezahlt werden dürfen.[216] Sie fallen unter die Auszahlungsbe-

---

210 Baumbach/Hueck/*Zöllner*, Anh. § 47 Rn 10, 8; *K. Schmidt*, Gesellschaftsrecht, S. 451 ff.; Roth/Altmeppen/*Roth*, § 47 Rn 83.

211 Baumbach/Hueck/*Zöllner*, Anh. § 47 Rn 10; Roth/Altmeppen/*Roth*, § 47 Rn 83; Hachenburg/*Raiser*, GmbHG, Anh. § 47 Rn 23.

212 Scholz/*Emmerich*, GmbHG, § 26 Rn 21; Hachenburg/*Ulmer*, GmbHG, § 3 Rn 106.

213 Diese Vorschriften gelten mangels ausdrücklicher Regelung nicht hinsichtlich der Nebenleistungspflicht gemäß § 3 Abs. 2 GmbHG, Hachenburg/*Ulmer*, GmbHG, § 3 Rn 105.

214 Ganz h. M., vgl. Baumbach/Hueck/*Hueck*, GmbHG, § 30 Rn 24; Roth/Altmeppen/*Altmeppen*, § 30 Rn 71; *Lutter/Hommelhoff*, GmbHG, § 30 Rn 51.

215 Hachenburg/*Ulmer*, § 3 Rn 70; Baumbach/Hueck/*Hueck*, GmbHG, § 3 Rn 37; Altmeppen/Roth/*Roth*, § 3 Rn 33.

216 Baumbach/Hueck/*Hueck*, GmbHG, § 29 Rn 56.

schränkung gemäß § 30 Abs. 1 GmbHG. Wird das durch die Nebenleistungspflicht erworbene Nachschußkapital in die Kapitalrücklage gestellt, so fällt eine Auflösung der Kapitalrücklage ebenfalls unter das Auszahlungsverbot gemäß § 30 Abs. 1 GmbHG.

Neben dem allgemeinen Auszahlungsverbot werden in § 30 Abs. 2 GmbHG für die Rückzahlung der Nachschüsse gemäß den §§ 26 ff. GmbHG weitere Voraussetzungen gefordert: Das Stammkapital muß voll eingezahlt sein.[217] Es bedarf eines Rückzahlungsbeschlusses durch die Gesellschafterversammlung (§ 46 Nr. 3 GmbHG), der in den Gesellschaftsblättern zu veröffentlichen ist. Schließlich ist eine Sperrfrist von drei Monaten von der Veröffentlichung bis zur Auszahlung abzuwarten.

V. Einseitige Befreiungsmöglichkeiten von der Nachschußpflicht durch den Gesellschafter

1. Das Preisgaberecht bei der unbeschränkten Nachschußpflicht gemäß § 27 GmbHG

Da die Gesellschafter bei einer unbeschränkten Nachschußpflicht ohne Einschränkung mit ihrem gesamten Vermögen haften, kann diese für den Einzelnen zu einer schweren Belastung werden. Der Gesetzgeber hat daher nach dem Vorbild des preußischen Bergrechts und der Partenreederei den Gesellschaftern für die Fälle der unbeschränkten Nachschußpflicht die Möglichkeit eröffnet, sich von ihrer persönlichen Haftung für die eingeforderten Nachschüsse durch die Preisgabe des Geschäftsanteils (auch Abandon genannt) zu befreien. Dahinter steht der allgemeine Rechtsgrundsatz, daß bei allen Dauerschuldverhältnissen zumindest bei Vorliegen eines wichtigen Grundes eine einseitige Lösung durch den Verpflichteten möglich sein muß.[218] Daraus folgt auch, daß diese Regelung zwingend ist und eine Ausschließung oder Erschwerung des Preisgaberechts durch die Gesellschafter weder im Gesellschaftsvertrag noch durch Vertrag zwischen Gesellschaft und Gesellschafter vereinbart werden kann. Der unbeschränkten Nachschußpflicht kann lediglich eine beschränkte vorgeschaltet werden (§ 27 Abs. 4 i. V. m. § 28 Abs. 1 Satz 2 GmbHG).[219] Das Recht zur Preisgabe knüpft an die unbeschränkte

---

217 Die Volleinzahlung des Stammkapitals wird zwar nur ausdrücklich in § 30 Abs. 2 Satz 3 für die Fälle des § 28 Abs. 2 GmbHG gefordert, wird aber im Wege eines „Erst-Recht-Schlusses" als Regelfall angesehen; vgl. Baumbach/Hueck/*Hueck*, GmbHG, § 30 Rn 25; Roth/Altmeppen/*Altmeppen*, § 30 Rn 72; Hachenburg/*Müller*, § 30 Rn 98.

218 *RGZ* 128, 1, 16ff.; Scholz/*Emmerich*, GmbHG, § 27 Rn 1; Hachenburg/*Müller*, GmbHG, § 27 Rn 2.

219 Scholz/*Emmerich*, GmbHG, § 27 Rn 1; Hachenburg/*Müller*, GmbHG, § 27 Rn 3.

Nachschußpflicht an und gilt nicht bei beschränkter Nachschußpflicht, mag die Haftung auch noch so hoch sein. Als Grenze muß aber gelten, wenn eine nur fiktive Obergrenze für die Nachschüsse festgesetzt wird, die völlig unverhältnismäßig und nur zur Umgehung, nämlich zum Ausschluß des Preisgaberechts eingeführt worden ist. In einem solchen Fall muß das Preisgaberecht gelten.[220]

Die Ausübung des Preisgaberechts erfolgt durch formlose Erklärung des Gesellschafters, die der Gesellschaft innerhalb eines Monats nach Aufforderung zur Zahlung zugehen muß. Läßt der Gesellschafter die Monatsfrist verstreichen, so geht das Preisgaberecht nach § 27 Abs. 1 Satz 2 GmbHG auf die Gesellschaft über.[221] Durch die Preisgabe ist noch nicht die Gesellschafterstellung des Betroffenen erloschen; sie ist weder Ausschließung noch Einziehung, sondern schafft ein Verwertungsrecht der GmbH. Die Gesellschaft muß nun versuchen, den Geschäftsanteil innerhalb eines weiteren Monats im Wege der öffentlichen Versteigerung zu veräußern (§ 27 Abs. 2 GmbHG). Der Betroffene bleibt Gesellschafter bis zur wirksamen Verwertung seines Anteils. Er ist nur zugunsten der Gesellschaft in seiner Verfügung über den Anteil beschränkt.[222] Auch erlischt durch Preisgabe nicht die Verpflichtung zur Zahlung des Nachschusses. Die Preisgabe bewirkt nur, daß der Gesellschafter seine Haftung für den eingeforderten Nachschußbetrag auf den preisgegebenen Geschäftsanteil und dessen Wert der Höhe nach beschränkt.[223] Ein nach Deckung der Verkaufskosten und des rückständigen Nachschusses verbleibender Überschuß gebührt dem Gesellschafter (§ 27 Abs. 2 GmbHG).[224]

2. Einseitige Kündigungsmöglichkeiten des Gesellschafters

a) *Bei der beschränkten Nachschußpflicht gemäß § 28 GmbHG und in Form der Nebenleistungspflicht gemäß § 3 Abs. 2 GmbHG*

Der Gesellschafter hat keine im Gesetz geregelte Möglichkeit, sich einseitig von der beschränkten Nachschußpflicht gemäß § 28 GmbHG oder der Nebenleistungspflicht gemäß § 3 Abs. 2 GmbHG zu befreien, mit Ausnahme der Veräußerung

---

220 Hachenburg/*Müller*, GmbHG, § 27 Rn 6 und § 28 Rn 15; im Ansatz ähnlich Scholz/*Emmerich*, GmbHG, § 27 Rn 2.

221 Vgl. dazu unten S. 57.

222 Hachenburg/*Müller*, GmbHG, § 27 Rn 45.

223 Hachenburg/*Müller*, GmbHG, § 27 Rn 46; Scholz/*Emmerich*, GmbHG, § 27 Rn 20; Baumbach/*Hueck*, GmbHG, § 28 Rn 6.

224 Insoweit unterscheidet sich das Preisgaberecht im GmbHG von der Aufgabe der Schiffspart im Recht der Partenreederei. Gemäß § 501 Abs. 3 HGB wächst die aufgegebene Schiffspart, das heißt der gesamte Anteil des Mitreeders am Reedereivermögen den übrigen Mitreedern pro rata ihrer Parten an, Prüßmann/*Rabe*, § 501 D 2.

des Geschäftsanteils bei noch nicht fälligen Nachschüssen oder Nebenleistungen.[225] Er hat weder ein Kündigungsrecht noch ein Preisgaberecht analog § 27 GmbHG.[226] Dem Gesellschafter bleibt daher nur die Möglichkeit, bei Vorliegen der Voraussetzungen des § 61 GmbHG Auflösungsklage zu erheben.[227] Man ersieht daraus, daß bei einer Gesellschaft von unbestimmter Zeitdauer der Gesellschafter auf Gedeih und Verderb mit der Gesellschaft verbunden und der Nachschußpflicht belastet ist. Abgesehen davon, daß es immer erst einer langwierigen Klage gemäß § 61 GmbHG bedarf, die noch dazu nur von Gesellschaftern erhoben werden kann, die den zehnten Teil des Stammkapitals besitzen, wird es schwierig sein, wichtige Auflösungsgründe zu finden, die in den Verhältnissen der Gesellschaft begründet liegen.[228] Diese Belastung wird bei der kapitalistischen GmbH dadurch gemildert, daß die Gesellschafter ihre Anteile im allgemeinen leicht verkaufen können. Anders kann es aber bei der personalistischen GmbH sein, bei der in der Regel ein Verkauf des Geschäftsanteils durch die Satzung von der Genehmigung der anderen Gesellschafter abhängig gemacht wird.

Diesem unbefriedigenden Ergebnis wird in der Praxis dadurch begegnet, daß ein Austrittsrecht des Gesellschafters aus wichtigem Grund als Grundprinzip des Verbandsrechts und als zwingendes und unverzichtbares Mitgliedschaftsrecht anerkannt wird.[229] Über die h. M. hinausgehend, ist in der Literatur vereinzelt ein ungeschriebenes Austrittsrecht ohne wichtigen Grund bei unbefristeten Gesellschaften entsprechend dem Rechtsgedanken der §§ 723, 724 BGB, 132, 134 HGB bejaht worden. So hat *Wiedemann*[230] sich für die Möglichkeit eines ordentlichen Kündigungsrechts in denjenigen Fällen ausgesprochen, in denen Gesellschafter mit persönlichen Nebenverpflichtungen belastet sind. *Reuter*[231] will das ordentliche Kündigungsrecht jedenfalls dann eingreifen lassen, wenn die Veräußerbarkeit der Geschäftsanteile nach § 15 Abs. 5 GmbHG satzungsmäßig beschränkt ist. *Ulmer* verweist jedoch zurecht darauf, daß gegenüber derartigen Tendenzen Zurückhaltung geboten sei, denn wer sich an einer Kapitalgesellschaft beteiligt wisse, daß das Ausscheiden aus dem Verband nach den gesetzlichen Vorschriften nur durch Anteilsveräußerung möglich ist. Nur wenn die rechtliche oder faktische

---

225 Hachenburg/*Ulmer*, GmbHG, § 3 Rn 113 für Nebenleistungen.

226 Im Gesellschaftsvertrag kann allerdings ein Preisgaberecht vereinbart werden, *Buchholz*, JherJb. 1924, 260, 333.

227 Hachenburg/*Ulmer*, GmbHG, § 3 Rn 113.

228 *Lutter/Hommelhoff*, § 61 Rn 8.

229 *Buchholz*, JherJb. 1924, 260, 344, 345; inzwischen völlig unstreitige Meinung, vgl. statt aller Hachenburg/*Ulmer*, GmbHG, Anh. § 34 Rn 44.

230 *Wiedemann*, Die Übertragung und Vererbung von Mitgliedschaftsrechten bei Handelsgesellschaften, S. 91.

231 *Reuter*, S. 390 ff.; *Teichmann*, S. 246.

Unmöglichkeit den Anteil zu veräußern, im Einzelfall eine unzumutbare Härte für den an der Aufgabe seiner Beteiligung interessierten Gesellschafter darstelle, sei ein wichtiger Grund in der Person des Gesellschafters zu bejahen, der ihm das Recht zur außerordentlichen Kündigung verschaffe.[232]

Prinzipiell kann daher dem Gesellschafter, wenn ihm die weitere Belastung mit der beschränkten Nachschußpflicht oder der Nebenleistungspflicht unzumutbar ist, das Recht zur Kündigung aus wichtigem Grund zustehen.[233] Es liegt auf der Hand, daß die Bejahung des Kriteriums der Unzumutbarkeit immer eine Einzelfallentscheidung bleiben muß. Dabei hat bereits das *Reichsgericht*[234] entschieden, daß das außerordentliche Kündigungsrecht auch bei zeitlich unbegrenzten und regelmäßig wiederkehrenden persönlichen Nebenleistungen in der Form von Rübenanbau- und Lieferungspflichten immer nur ultima ratio sein kann und niemals mit einer „*mißglückten Spekulation*" begründet werden kann.

Eine isolierte Kündigung nur der Nebenleistungspflichten unter Festhalten an der Beteiligung kommt nur in seltenen Ausnahmefällen in Betracht, wenn der wichtige Grund sich ausschließlich auf die Nebenleistungspflicht bezieht.[235] Im Grundsatz ist eine isolierte Kündigung ausgeschlossen, da die Nebenleistungspflicht nicht nur Annex, sondern einen korporativen Bestandteil der Mitgliedschaft bildet.[236]

Das Kündigungsrecht gibt jedoch anders als das Preisgaberecht nur die Möglichkeit, sich von künftigen Nachschußpflichten zu befreien. Eine einseitige Befreiung von einer bereits fälligen Nachschußpflicht kann dadurch nicht erreicht werden. Wichtig ist auch, daß ein zusätzlicher Streitpunkt in den Fällen einer

---

232 Hachenburg/*Ulmer*, GmbHG, Anh. § 34 Rn 46; *K. Schmidt*, Gesellschaftsrecht, S. 1065 ff.

233 MünchHdb.GesR III/*Schiessl*, § 32 Rn 10; Hachenburg/*Ulmer*, GmbHG, § 3 Rn 113; *K. Schmidt*, Gesellschaftsrecht, S. 1066.

234 *RGZ* 128, 1, 15 ff.: „*Immerhin kann aber das Kündigungsrecht entsprechend der festeren Bindung des Gesellschafters an die Gesellschaft mbH. nur den letzten und äußersten Rechtsbehelf bilden, wenn eine andere Art der Lösung des gesellschaftlichen Bandes auch unter erheblichen finanziellen Opfern für ihn nicht möglich ist und wenn andererseits das Fortbestehen der zeitlich unbeschränkt und regelmäßig wiederkehrenden Nebenleistungen sein wirtschaftliches Fortkommen ernstlich gefährden würde. Das außerordentliche Kündigungsrecht darf keinesfalls dazu führen, die Folgen einer mehr oder weniger mißglückten Spekulation abzuschütteln. Deshalb muß bei Prüfung der Frage, ob ein solches Kündigungsrecht als gerechtfertigt angesehen werden kann, den berechtigten Belangen der Gesellschaft in vollem Umfang Rechnung getragen werden.*"

235 Hachenburg/*Ulmer*, GmbHG, § 3 Rn 113; ablehnend *Wiedemann*, Die Übertragung und Vererbung von Mitgliedschaftsrechten bei Handelsgesellschaften, S. 91.

236 *K. Schmidt*, Gesellschaftsrecht, S. 1035.

außerordentlichen Kündigung das Abfindungsrecht des Gesellschafters darstellen wird.[237]

b) In der Personengesellschaft

Auch in der Personengesellschaft besteht für den Gesellschafter ohne anderweitige vertragliche Regelung keine Möglichkeit, sich von fälligen Nachschüssen vergleichbar dem Preisgaberecht zu befreien. Dem Gesellschafter bleibt insoweit nur eine Befreiungsmöglichkeit für die Zukunft durch Anteilsveräußerung und Kündigung.

Im BGB-Gesellschaftsrecht ist sowohl ein ordentliches als auch ein außerordentliches Kündigungsrecht des Gesellschafters in § 723 BGB geregelt. Die auf unbestimmte Zeit (§ 723 Abs. 1 BGB) oder auf Lebenszeit eines Gesellschafters (§ 724 BGB) eingegangene Gesellschaft kann jederzeit ohne Kündigungsgrund gekündigt werden. Diese ordentliche Kündigung kann im Gesellschaftsvertrag an eine Kündigungsfrist geknüpft (§ 723 Abs. 1 S. 3 BGB), aber nicht in anderer Weise beschränkt oder ganz ausgeschlossen werden (§ 723 Abs. 3 BGB). Selbst die Kündigung zur Unzeit ist wirksam, kann aber Schadensersatzpflichten auslösen (§ 723 Abs. 2 BGB). Auch wenn die Gesellschaft auf bestimmte Zeit eingegangen oder die Kündigung an eine Frist geknüpft worden ist, kann das Gesellschaftsverhältnis jederzeit aus wichtigem Grund gekündigt werden (§ 723 Abs. 1 Satz 2 BGB). Dieses Recht zur außerordentlichen Kündigung ist zwingend vorgeschrieben (§ 723 Abs. 3 BGB). Ob dem Gesellschafter im konkreten Fall ein außerordentliches Kündigungsrecht zusteht, ist vom Einzelfall abhängig und erfordert immer eine Interessenabwägung. In jedem Fall löst die Kündigung entweder Abfindungspflichten oder aber eine Nachzahlungspflicht gemäß § 739 BGB aus.

In der Personenhandelsgesellschaft ist die Kündigung gemäß § 132 HGB nur als ordentliche Kündigung mit sechsmonatiger Frist zum Ende des Geschäftsjahres möglich und kann nicht ausgeschlossen werden (§ 723 Abs. 3 BGB).[238] An die Stelle der außerordentlichen Kündigung tritt gemäß § 133 HGB die Auflösungsklage aus wichtigem Grund. Bei Massenkommanditgesellschaften hat der BGH auch schon ein außerordentliches Kündigungsrecht für den getäuschten und bedrohten Gesellschafter im Wege der ergänzenden Vertragsauslegung zugestanden.[239]

---

237 Hachenburg/*Ulmer*, GmbHG, Anh. § 34 Rn 61 ff.

238 *BGHZ* 23, 10, 15.

239 *BGH* NJW 1975, 1022 mit Anmerk. *K. Schmidt*, JuS 1975, 531.

VI. Rechtsfolgen bei Nichtleistung der Nachschüsse

1. Die gesetzlichen Regelungen bei der Nachschußpflicht gemäß den §§ 26 ff. GmbHG

a) *Leistungsklage und das Verwertungsrecht der Gesellschaft bei der unbeschränkten Nachschußpflicht*

Wie bereits erwähnt wurde[240], geht das Recht auf Preisgabe gemäß § 27 Abs. 1 Satz 2 GmbHG, nachdem der Gesellschafter nicht innerhalb eines Monats nach Zahlungsaufforderung selbst die Preisgabe erklärt hat, auf die Gesellschaft über. Sie hat nunmehr ein zweifaches Wahlrecht: Einerseits kann sie gegen den Gesellschafter Klage auf Zahlung erheben und in dessen Vermögen vollstrecken. Andererseits kann sie dem Gesellschafter durch eingeschriebenen Brief erklären, daß sie den Geschäftsanteil als zur Verfügung gestellt betrachtet. Diese Wirkung kann der Gesellschafter nur verhindern, indem er bis zum Zugang des Briefs vollständige Zahlung vornimmt. Die fingierte Preisgabe schafft ebenfalls ein auf den Geschäftsanteil beschränktes Verwertungsrecht der Gesellschaft.

b) *Leistungsklage und das Kaduzierungsverfahren bei der beschränkten Nachschußpflicht*

Die Nachschußpflicht kann gemäß § 26 Abs. 3 GmbHG im Gesellschaftsvertrag zum Schutz der Gesellschafter auf einen bestimmten Betrag beschränkt werden. Dies kann in zwei Formen geschehen: Einmal wird die Nachschußpflicht nur auf einen bestimmten Betrag beschränkt (§ 26 Abs. 3 GmbHG) oder sie ist einer unbeschränkten Nachschußpflicht vorgeschaltet (§ 27 Abs. 4 GmbHG). Im Gegensatz zur unbeschränkten Nachschußpflicht ist bei der beschränkten Nachschußpflicht nach § 28 GmbHG die Haftung der Gesellschafter durch Zulassung des Kaduzierungsverfahrens (§§ 21 bis 23 GmbHG) verstärkt worden. Die Gesellschaft hat ein Wahlrecht: Sie kann gegen die Gesellschafter, die ihrer Nachschußpflicht nicht nachkommen, Leistungsklage erheben und den Nachschuß im Wege der Zwangsvollstreckung eintreiben, oder sie kaduziert die säumigen Gesellschafter und verwertet den Anteil.[241] Die Möglichkeit der Kaduzierung hat sie auch noch, wenn sich die Zwangsvollstreckung aus einem Leistungsurteil als fruchtlos erweist. Das Wahlrecht wird durch die Gesellschafterversammlung ausgeübt, wobei ohne eine entsprechende Entscheidung die Geschäftsführer den Weg über die Leistungsklage beschreiten müssen.[242]

---

240 Vgl. dazu oben S. 52.

241 Hachenburg/*Müller*, GmbHG, § 28 Rn 4; Scholz/*Emmerich*, GmbHG, § 28 Rn 2.

242 Hachenburg/*Müller*, GmbHG, § 28 Rn 4.

Mit Zugang der Ausschlußerklärung verliert der betreffende Gesellschafter die Mitgliedschaft, ohne daß diese selbst damit untergeht und ohne daß dem säumigen Gesellschafter hieraus irgendwelche Ersatzansprüche erwachsen. Mit Ausnahme der Ausfallhaftung (§ 21 Abs. 3 GmbHG) enden alle Rechte und Pflichten des Ausgeschlossenen für die Zukunft, nicht jedoch rückwirkend.[243] Daher bleibt der Gesellschafter trotz Kaduzierung wegen des Ausfalls an dem eingeforderten Nachschußbetrag haftbar. Die Ausfallhaftung beschränkt sich nach wohl inzwischen herrschender Meinung auf bereits beschlossene Nachschüsse, da vor dem Beschluß - im Gegensatz zur Stammeinlageverpflichtung - keine Nachschußpflicht besteht.[244] Für den unbezahlt gebliebenen Nachschuß haften auch die Rechtsvorgänger des säumigen Gesellschafters (§ 22 GmbHG); sie haften befristet (§ 22 Abs. 3 GmbHG) und nur bis zu der Höhe, die galt, als sie den Anteil veräußerten.[245] Bleibt der Zugriff auf den Rechtsvorgänger ohne Erfolg, so kann der Geschäftsanteil wegen des rückständigen Nachschußbetrages verkauft werden (§ 23 GmbHG).

Da das beschränkte Nachschußkapital aufgrund entsprechender gesellschaftsvertraglicher Regelung auch bei nicht vollständiger Einforderung der Stammeinlage eingefordert werden darf (§ 28 Abs. 3 GmbHG), kann es zu einer Konkurrenz zwischen einer Kaduzierung wegen rückständiger Einlage oder wegen Rückstand mit dem Nachschuß kommen. Die Kaduzierung wegen der Säumnis mit der Stammeinlage ist in diesem Fall vorrangig. Dies ergibt sich daraus, daß andernfalls für die Aufbringung der Stammeinlage der Zugriff auf die übrigen Gesellschafter nach § 24 GmbHG gefährdet würde.[246]

2. Rechtsfolgen bei der Nachschußpflicht in Form der Nebenleistungspflicht gemäß § 3 Abs. 2 GmbHG

a) Leistungsklage und Anwendbarkeit schuldrechtlicher Vorschriften

Angesichts der gesellschaftsrechtlichen Grundlage der Nebenleistungspflichten findet man verbreitet die Ansicht, daß die schuldrechtlichen Normen des BGB nur entsprechend herangezogen werden könnten und dies auch nur insoweit, als die Besonderheiten des Gesellschaftsverhältnisses dem nicht entgegenstehen.[247] Die-

---

243 *Lutter/Hommelhoff*, GmbHG, § 21 Rn 14.

244 Hachenburg/*Müller*, GmbHG, § 28 Rn 6; Scholz/*Emmerich*, GmbHG, § 28 Rn 3; Baumbach/Hueck/*Hueck*, GmbHG, Rn 28 Rn 4; a. A. Rowedder/*Rowedder*, GmbHG, § 28 Rn 2.

245 Vgl. auch § 73 II österreichisches GmbHG; Scholz/*Emmerich*, GmbHG, § 28 Rn 4; Baumbach/*Hueck*, GmbHG, Rn 28 Rn 4; Hachenburg/*Müller*, GmbHG, § 28 Rn 6.

246 Hachenburg/*Müller*, GmbHG, § 28 Rn 9; Scholz/*Emmerich*, GmbHG, § 28 Rn 3a.

247 Nachweise bei Hachenburg/*Ulmer*, GmbHG, § 3 Rn 90.

sen Ansatz hält *Ulmer*[248] für nicht ganz zutreffend, da er die gesellschaftsrechtliche Grundlage der Verpflichtung überbetone und außer acht lasse, daß die Konkretisierung der Nebenleistung häufig durch schuldrechtliche Ausführungsverträge erfolge. Nach ihm soll daher eine entsprechende Anwendung der schuldrechtlichen Vorschriften zur Erfüllung und Leistungsstörung nur vorgenommen werden, wenn die Nebenleistung ausschließlich infolge gesellschaftsvertraglicher Regelungen bewirkt wird. Um eine solche nur im Gesellschaftsvertrag begründete Verpflichtung zur Zahlung handelt es sich typischerweise bei Nachschußpflichten im Sinne des Themas. Da die Nachschußpflicht des Gesellschafters regelmäßig nicht in einem Gegenseitigkeitsverhältnis steht, bestimmen sich die Rechte der Gesellschaft wegen Leistungsstörung in entsprechender Anwendung der §§ 275 ff. BGB.[249] Die Gesellschaft kann daher Leistungsklage erheben und - da Unmöglichkeit im Zusammenhang mit Geldzahlungspflichten nicht in Betracht kommen wird - sich auf die Regelungen zum Verzug berufen.

b) Weitere vertragliche Regelungsmodelle

aa) Einziehung (Amortisation) des Geschäftsanteils

Das GmbH-Gesetz kennt gemäß § 34 Abs. 1 nur die im Gesellschaftsvertrag zugelassene Einziehung. Findet die Einziehung gegen den Willen des Gesellschafters statt, sogenannte Zwangseinziehung, so müssen die Einziehungsvoraussetzungen schon beim Erwerb der Mitgliedschaft des betroffenen Gesellschafters in der Satzung enthalten gewesen sein (§ 34 Abs. 2 GmbHG). Es kann daher gesellschaftsvertraglich vereinbart werden, daß im Falle der Nichtzahlung der Nebenleistung die Einziehung durch Gesellschafterbeschluß (§ 46 Nr. 4 GmbHG) zu erfolgen hat. Die Möglichkeit der Einziehung hat dann den Charakter einer Vertragsstrafe, die zwar im Gegensatz zu § 55 Abs. 2 AktG im GmbHG nicht ausdrücklich zugelassen, aber auch nicht ausgeschlossen ist.[250] Die Einziehung darf nicht im Widerspruch zu den Grundsätzen der Kapitalaufbringung und der Kapitalerhaltung vollzogen werden. Der einzuziehende Geschäftsanteil muß daher voll eingezahlt sein, und das Einziehungsentgelt darf nicht aus dem nach § 30 Abs. 1 GmbHG gebundenen Vermögen gezahlt werden.[251]

Bei der zwangsweisen Ausschließung des Gesellschafters stellt sich jedoch nach herrschender Meinung stets die Frage nach einer Abfindung des Betroffenen.[252] Ausnahmsweise kann der satzungsrechtliche Abfindungsausschluß im Fall

---

248 Hachenburg/*Ulmer*, GmbHG, § 3 Rn 90, 91.

249 Hachenburg/*Ulmer*, GmbHG, § 3 Rn 96.

250 Hachenburg/*Ulmer*, GmbHG, § 3 Rn 95; so schon *Buchholz*, JherJb. 1924, 260, 327.

251 *Lutter/Hommelhoff*, § 34 Rn 11, 12.

252 Hachenburg/*Ulmer*, GmbHG, § 34 Rn 68.

der Zwangseinziehung aus wichtigem Grund zulässig sein. Der Sache nach handelt es sich in derartigen Fällen um eine nach dem Recht der Vertragsstrafe (§§ 339 ff. BGB) zu beurteilende, an das Vorliegen einer Vertragsverletzung gebundene Verfallklausel. Voraussetzung für ihr Eingreifen ist nach § 339 BGB ein schuldhafter Verstoß des Betroffenen gegen vertraglich übernommene Handlungs- oder Unterlassungspflichten.[253]

bb) Vereinbarung der Abtretungspflicht oder der statutarischen Kaduzierung

Statt der Zwangseinziehung kann die Satzung auch vorsehen, daß der Betroffene zur Abtretung seines Geschäftsanteils an die GmbH verpflichtet ist.[254] Auch in diesem Fall gelten aber die Regeln der Abfindungszahlung.[255] Für die Vereinbarung einer Abtretungspflicht in der Satzung als Alternative zur Zwangseinziehung sprechen die Schranken, die der Einziehung aus Gründen der Kapitalaufbringung und -erhaltung gesetzt sind. Sie greifen nicht ein, wenn das Erwerbsrecht in der Weise ausgestaltet wird, daß der Anteil nicht auf die GmbH übergehen soll, sondern auf Mitgesellschafter oder Dritte und diese an Stelle der GmbH zur Zahlung der Nebenleistung verpflichtet werden.[256]

Schließlich kann die Satzung auch die Kaduzierungsregeln für anwendbar erklären.[257] Kaduzierung ist eine Möglichkeit, den Verlust der Mitgliedschaft zu erzwingen, ohne daß dem Gesellschafter hieraus Ersatzansprüche erwachsen.[258] Da nach überwiegender Meinung[259] die Gesellschaft den Anteil durch die Kaduzierung erwirbt, ist eine Kaduzierung wegen der Nichterfüllung von Nebenleistungspflichten nur möglich, wenn die Stammeinlage voll erbracht ist. Allerdings könnte das Kaduzierungsverfahren auch in der Weise gesellschaftsvertraglich modifiziert werden, daß der Gesellschaft nur ein Verwertungsrecht zusteht. Dann besteht gegen die Anwendung der Kaduzierungsregeln bei der Säumnis mit Nebenpflichten auch dann keine Bedenken, wenn der Anteil nicht voll eingezahlt ist.[260]

---

253 Hachenburg/*Ulmer*, GmbHG, § 34 Rn 99.

254 *Lutter/Hommelhoff*, § 34 Rn 23, 24.

255 *Lutter/Hommelhoff*, § 34 Rn 31; Hachenburg/*Ulmer*, GmbHG, § 34 Rn 118.

256 Hachenburg/*Ulmer*, GmbHG, § 34 Rn 114; *Lutter/Hommelhoff*, § 34 Rn 23.

257 *Lutter/Hommelhoff*, § 34 Rn 23, 24; Hachenburg/*Müller*, GmbHG, § 21 Rn 82; bzgl. des Kaduzierungsverfahrens auch *Buchholz*, JherJb. 1924, 260, 329.

258 *Lutter/Hommelhoff*, § 21 Rn 14.

259 Hachenburg/*Müller*, GmbHG, § 21 Rn 59; *Lutter/Hommelhoff*, GmbHG, § 21 Rn 15; a. A. *BGHZ* 42, 85, 92, Gesellschaft habe lediglich ein Verfügungsrecht.

260 Hachenburg/*Müller*, GmbHG, § 21 Rn 82.

c) Gesellschafterausschluß ohne Regelung in der Satzung

Auch ohne jegliche Ausschließungsklausel ist nach heute herrschender Meinung der Ausschluß bei Vorliegen eines wichtigen Grundes in der Person des Gesellschafters gleichwohl und unabdingbar zulässig.[261] Hierbei werden sehr hohe Anforderungen an den Ausschließungsgrund gestellt, da die Ausschließung nur das letzte und äußerste Mittel sein darf, das nicht in Frage kommt, wenn andere Wege zur Beseitigung des Mißstandes vorhanden sind.[262] *K. Schmidt* greift zur Definition des wichtigen Grundes auf eine Formulierung zurück, die bei der gescheiterten großen GmbH-Reform Gesetzesbestandteil hätte werden sollen. Danach liegt ein wichtiger Grund vor, wenn die Person oder das Verhalten des auszuschließenden Gesellschafters die Erzielung des Gesellschaftszwecks unmöglich macht oder erheblich gefährdet und deswegen sein Verbleib in der Gesellschaft bei einer Gesamtwürdigung untragbar erscheint.[263] Ob finanzielle Unregelmäßigkeiten einen wichtigen Grund darstellen, wird dabei immer eine Einzelfallentscheidung bleiben und im Regelfall nur gerichtlich zu klären sein.

3. Rechtsfolgen in der Personengesellschaft

a) Leistungsklage und Anwendbarkeit schuldrechtlicher Vorschriften

Die Rechtsfolgen von Leistungsstörungen im Zusammenhang mit der Verpflichtung zur Zahlung von Beiträgen und Einlagen im Personengesellschaftsrecht sind sehr umstritten. Die besondere Schwierigkeit dieser Frage liegt im Personengesellschaftsrecht darin, daß diese Problematik meist unter dem Gesichtspunkt behandelt wird, ob der Gesellschaftsvertrag unter die gegenseitigen Verträge im Sinne der §§ 320 ff. BGB fällt oder jedenfalls rechtsähnlich den gegenseitigen Verträgen behandelt werden muß.[264] Der *BGH* hat die Grundsatzfrage bezüglich der Rechtsnatur des Gesellschaftsvertrages meist unentschieden gelassen, die Anwendbarkeit der §§ 320 ff. BGB jedoch immer abgelehnt.[265] Richtig scheint der Ansatz von *K. Schmidt*, der zwischen dem gestörten Beitrags- oder Einlageverhältnis und dem Organisationsverhältnis im ganzen unterscheidet. Nach ihm sollen die §§ 320 ff. BGB nur hinsichtlich des Organisationsverhältnisses keine Anwendung finden.[266] Die Konsequenz dieser Differenzierung ist, daß gesellschaftsrechtliche Geldleistungspflichten ohne konkrete Gegenleistungspflicht ge-

---

261 *Lutter/Hommelhoff*, § 34 Rn 26 mit weiteren Nachweisen; *BGHZ* 16, 317, 322.

262 *BGHZ*, 16, 317, 322.

263 *K. Schmidt*, Gesellschaftsrecht, S. 1062.

264 MünchKomm/*Ulmer*, § 706 Rn 19 ff.

265 *BGH* NJW 1951, 308; *BGH* WM 1959, 53, 54; *BGH* WM 1967, 419, 420.

266 *K. Schmidt*, Gesellschaftsrecht, S. 579.

mäß den §§ 275 ff. BGB zu behandeln sind.[267] Die Gesellschaft kann daher Leistungsklage erheben und sich auch auf die Verzugsregeln berufen.

b) Gesellschafterausschluß

Auch im Personengesellschaftsrecht kann die Nichtleistung des Nachschusses unter Umständen zu einem Ausschluß des Gesellschafters führen. In der BGB-Gesellschaft kann der Gesellschafter aus der Gesellschaft bei Vorliegen eines wichtigen Grundes in seiner Person gemäß § 737 BGB ausgeschlossen werden. In der Personenhandelsgesellschaft kann die Ausschließung bei Vorliegen eines wichtigen Grundes in der Person des Gesellschafters durch gerichtliches Urteil gemäß § 140 HGB betrieben werden.

4. Abfindungsproblematik

Es wurde bereits angedeutet, daß der Verlust der Mitgliedschaft im Regelfall mit Ausnahme beim Preisgaberecht und dem Kaduzierungsverfahren Abfindungsfragen aufwirft. Enthält der Gesellschaftsvertrag keine Abfindungsklausel, so ist der Abfindungsbetrag nach dem vollen wirtschaftlichen Verkehrswert des Geschäftsanteils zu bemessen.[268] Da es für GmbH-Anteile und Gesellschaftsanteile an einer Personengesellschaft keinen geregelten Markt gibt, setzt die Ermittlung des Wertes im Regelfall eine Unternehmensbewertung durch Sachverständigengutachten voraus.[269] Aufgrund der Satzungsautonomie sind jedoch zur Vereinfachung der Berechnung der Abfindungshöhe, aber auch zur Einschränkung des Kapitalabflusses Abfindungsklauseln in Gesellschaftsverträgen grundsätzlich zulässig und zu empfehlen, wobei im einzelnen umstritten ist wie weit Abfindungsbeschränkungen gehen dürfen.[270] Mit Ausnahme bei der Nachschußpflicht im Sinne der §§ 26 ff. GmbHG muß daher die vertragliche Ausgestaltung der Rechtsfolgen bei Nichtleistung der Nachschüsse unter besonderer Berücksichtigung der Abfindungsproblematik erfolgen.

---

267 *K. Schmidt*, Gesellschaftsrecht, S. 583; so auch *Ulmer* allerdings mit einer anderen Begründung, MünchKomm/*Ulmer*, § 706 Rn 21.

268 *Lutter/Hommelhoff*, § 34 Rn 31; Hachenburg/*Ulmer*, GmbHG, § 34 Rn 68, 73; *K. Schmidt*, Gesellschaftsrecht, S. 1064.

269 *Lutter/Hommelhoff*, § 34 Rn 32.

270 *K. Schmidt*, Gesellschaftsrecht, S. 1064.

VII. Bilanzierungsunterschiede zwischen der Nachschußpflicht gemäß den §§ 26 ff. GmbHG und § 3 Abs. 2 GmbHG

1. Nachschüsse gemäß den §§ 26 ff. GmbHG

a) Aktivierung

§ 42 Abs. 2 GmbHG stellt Besonderheiten bei der Bilanzierung von Nachschüssen auf. Die Vorschrift verlangt für die Aktivierung, daß die Einziehung der Nachschüsse beschlossen ist und den Gesellschaftern kein Recht mehr zusteht, sich von der Zahlung der Nachschüsse durch Verweisung auf den Geschäftsanteil zu befreien. Weiterhin darf der Ausweis eines Aktivpostens nur insoweit erfolgen, als mit der Zahlung gerechnet werden kann. Damit ist klargestellt, daß bei Nachschußansprüchen in besonderer Weise die Bonität des Gesellschafters zu berücksichtigen ist. Fehlt diese, so würde, da der Ansatz eines Aktivpostens Voraussetzung für den Ausweis eines Nachschußkapitals ist, den Gläubigern ein Nachschußkapital vorgetäuscht, das in Wirklichkeit nicht aufzubringen ist. Auf die Zahlungswilligkeit des Gesellschafters kommt es hingegen nicht an.[271] Die Aktivierung des durch die Einforderung entstandenen Anspruchs der Gesellschaft ist unter den Forderungen (§ 266 Abs. 2 Pos. B. II HGB) vorzunehmen. Der Ausweis hat gesondert unter der Bezeichnung „Eingeforderte Nachschüsse“ zu erfolgen.[272]

b) Passivierung

§ 42 Abs. 2 Satz 3 GmbHG sieht den Ansatz eines dem Aktivposten entsprechenden Passivpostens innerhalb der Kapitalrücklage vor. Der Zweck dieser Regelung besteht darin, die durch den aktivistischen Ausweis der Nachschußansprüche dokumentierte Vermögensmehrung der Gesellschaft von der Gewinnverteilung auszuschließen.[273] Der Ausweis des Passivpostens hat gesondert als eigener Unterposten innerhalb der Kapitalrücklage (§ 272 Absatz 2 HGB) zu erfolgen. Zulässig soll auch ein Davon-Vermerk sein, wenn die Kapitalrücklage nicht weiter untergliedert wird.[274] Über die Bezeichnung des Postens besteht keine Einigkeit. Die Bezeichnung als „Nachschußkapital“ scheint jedoch überwiegend akzeptiert zu sein.[275] In *Adler/Düring/Schmalz* wird zudem empfohlen, diesen Posten im

---

271 *ADS*, § 42 Rn 20.

272 *ADS*, § 42 Rn 19.

273 *ADS*, § 42 Rn 21.

274 *ADS*, § 42 Rn 22; anders Beck Bil.-Komm./*Förschle/Kofahl*, § 272 Rn 75.

275 *ADS*, § 42 Rn 22; Beck Bil.-Komm./*Förschle/Kofahl*, § 272 Rn 75.

Anhang als freiwillige Zusatzangabe besonders zu erläutern (§ 284 HGB), da in der Praxis von der Nachschußregelung nur selten Gebrauch gemacht wird.[276]

Der Passivposten ist, sofern die Voraussetzungen für die Aktivierung vorliegen, von den Geschäftsführern bei Aufstellung des Jahresabschlusses zu bilden. Die Bildung der Rücklage ist gesetzlich vorgeschrieben und unterliegt nicht der Kompetenz der Geschäftsführer oder der Gesellschafterversammlung. Der gesonderte Posten ist auch dann beizubehalten, wenn die Gesellschafter ihre Nachschüsse geleistet haben. Eine Auflösung des Passivpostens ist keinesfalls zulässig, da sie zur Folge hätte, daß die eingezahlten Nachschüsse als Gewinn ausgeschüttet werden könnten, was ihrem Zweck nicht entspricht. Teilweise wird vertreten, daß in diesem Fall eine Umbuchung auf den Posten „Andere Zuzahlungen der Gesellschafter in das Eigenkapital" (§ 272 Abs. 2 Nr. 4 HGB) vorzunehmen sei.[277] Diese Ansicht ist abzulehnen, da durch die Umbuchung insbesondere die besonderen Rückzahlungsmodalitäten des § 30 Abs. 2 GmbHG, aber auch die vereinbarten Verwendungsmöglichkeiten für Nachschüsse umgangen werden könnten.[278]

c) Auflösung der Kapitalrücklage

Eine Auflösung des in der Kapitalrücklage ausgewiesenen Nachschußkapitals kommt in Betracht, wenn der Betrag für einen bestimmten Zweck verwendet wird. Bei Rückzahlung an die Gesellschafter ist § 30 Abs. 2 GmbHG zu beachten. Entnahmen aus der Kapitalrücklage sind - abgesehen vom Sonderfall der Kapitalerhöhung aus Gesellschaftsmitteln, die lediglich als Umbuchung ausgewiesen wird - als Ergebnisverwendung im Sinne des § 268 HGB anzusehen. Sind Beträge aus der Kapitalrücklage entnommen worden, ist die Bilanz daher zwingend unter Berücksichtigung der vollständigen oder teilweisen Verwendung des Jahresergebnisses aufzustellen.[279] Wichtig ist dabei, daß zwar durch die Verwendung des Nachschußkapitals ein Bilanzgewinn erzeugt oder ein Bilanzverlust vermieden werden kann. Einen Jahresfehlbetrag in der Gewinn- und Verlustrechnung kann man jedoch mit dem Nachschußkapital nicht verhindern. Letzteres ergibt sich daraus, daß Entnahmen aus der Kapitalrücklage gemäß § 275 Abs. 4 HGB in der Gewinn- und Verlustrechnung erst nach dem Posten „Jahresüberschuß/Jahresfehlbetrag" dargestellt werden dürfen.[280]

In der Bilanz kann man hingegen die Auflösung der Kapitalrücklage nicht unbedingt erkennen. Im AktG ist vorgeschrieben, daß der für das Geschäftsjahr aus

---

276 *ADS*, § 42 Rn 22.

277 So *Küting*, in: Küting/Weber, Handbuch der Rechnungslegung, Bd. I a, § 272 Rn 111.

278 *ADS*, § 42 Rn 25; Beck Bil.-Komm./*Förschle/Kofahl*, § 272 Rn 77

279 Beck Bil.-Komm./*Budde/Raff*, § 270 Rn 10.

280 Vgl. auch zur Aktiengesellschaft § 158 Abs. 1 Satz 1 Nr. 2 AktG.

der Kapitalrücklage entnommene Betrag zu dem Posten „Kapitalrücklage" in der Bilanz oder im Anhang gesondert anzugeben ist (§ 152 Abs. 2 Nr. 2 AktG).[281] Eine entsprechende Regelung fehlt im HGB, so daß für die GmbH eine genaue Überleitung vom Jahresüberschuß (-fehlbetrag) zum Bilanzgewinn (-verlust) nicht ausdrücklich vorgesehen ist.[282] Ob die GmbH dennoch vergleichbar dem AktG Veränderungen der Kapitalrücklage dokumentieren muß, wird nicht einheitlich beantwortet. Die Befürworter einer Anlehnung an das AktG verweisen auf die Grundsätze der ordnungsgemäßen Buchführung und § 264 Abs. 2 HGB.[283] Andere bejahen zwar, daß eine gleichartige Gliederung sachgerecht sei. Weil das BiRiLiG eine Vorschrift über die Darstellung der Ergebnisverwendung bei der GmbH jedoch nicht vorgesehen habe, soll diese nicht zwingend sein.[284]

Folgt man nicht der Ansicht, daß die GmbH vergleichbar der aktienrechtlichen Regelungen eine Überleitung zwischen Jahres- und Bilanzergebnis aufstellen muß, so kann dies den externen Leser sehr viel Mühe kosten, eine Differenz zwischen Jahres- und Bilanzergebnis nachzuvollziehen, insbesondere wenn Kapitalrücklagen im gleichen Geschäftsjahr gebildet und aufgelöst werden. Die Undurchsichtigkeit wird dadurch verstärkt, daß der Ausweis der Veränderung der Kapitalrücklage in der Gewinn- und Verlustrechnung zwar grundsätzlich erst nach dem Posten „Jahresüberschuß/ Jahresfehlbetrag" gemacht werden darf, die Darstellung der Veränderung aber auch vollständig unterlassen werden kann.[285]

2. Nachschüsse gemäß § 3 Abs. 2 GmbHG

a) Aktivierung

Hat die Gesellschaft einen Geldanspruch gegen Gesellschafter infolge einer Nebenleistungspflicht, so ist dieser gemäß § 42 Abs. 3 GmbHG in der Regel gesondert auszuweisen[286] oder im Anhang anzugeben. Als dritte Möglichkeit sieht das Gesetz allein den Vermerk der Mitzugehörigkeit bei denjenigen Posten der

---

281 Beck Bil.-Komm./*Budde/Raff*, § 270 Rn 11.

282 *Borchert* in: Küting/Weber, Handbuch der Rechnungslegung, Bd. I a, § 275 Rn 153, 154; Beck Bil.-Komm./Förschle, § 275 Rn 311.

283 *Borchert* in: Küting/Weber, Handbuch der Rechnungslegung, Bd. I a, § 275 Rn 154.

284 Beck Bil.-Komm./*Förschle*, § 275 Rn 311.

285 Vgl. die Ausführungen von *Borchert* in: Küting/Weber, Handbuch der Rechnungslegung, Bd. I a, § 275 Rn 154.

286 Bei einem gesonderten Ausweis in der Bilanz wird auf der Aktivseite unter dem Posten § 266 Abs. 2 B.II. HGB ein eigener Bilanzposten mit arabischer Zahl aufgenommen mit der Bezeichnung „Forderungen gegen Gesellschafter", vgl. *ADS*, § 42 Rn 49.

Bilanz vor, unter denen die Beträge ausgewiesen sind.[287] Hinsichtlich des Rangverhältnisses zwischen den drei Möglichkeiten des Ausweises bestehen unterschiedliche Auffassungen. Vorzugswürdig erscheint den Regelfall in dem gesonderten Ausweis oder der Angabe im Anhang zu sehen. Ein Abweichen vom Regelfall ist nach dem Grundsatz der Klarheit und Übersichtlichkeit (§ 243 HGB), sowie den allgemeinen Grundsätzen für die Gliederung (insbesondere § 265 Abs. 3 HGB) möglich.[288]

b) Passivierung oder ergebniswirksame Vereinnahmung

Im Gegensatz zum Nachschußkapital gibt es bei Nebenleistungen keine gesetzlichen Vorschriften, wie diese zu bilanzieren sind. Nebenleistungen können daher erfolgsneutral durch Einstellung in die Kapitalrücklage[289] oder aber im Gegensatz zu Nachschüssen gemäß § 26 GmbHG ergebniswirksam vereinnahmt werden. Bei der Beurteilung, ob eine Leistung in die Kapitalrücklage fließen soll, kommt es daher auf die Zwecksetzung des jeweiligen Zuschusses an, die sich aus einer ausdrücklichen Vereinbarung zwischen Gesellschaft und Gesellschafter oder aus der Art des Zuschusses ergeben kann.[290] Gesellschafterzuschüsse zur Verhinderung eines Jahresfehlbetrages oder zur Abdeckung eines außerordentlichen Aufwands erfordern zwingend eine erfolgswirksame Vereinnahmung des Zuschußbetrags, da eine erfolgsneutrale Erfassung durch Einstellung in die Kapitalrücklage nach § 275 Abs. 4 HGB den Saldo der Gewinn- und Verlustrechnung unverändert läßt.[291] Problematisch wird es, wenn Nebenleistungen zur Abdeckung eines Bilanzverlustes oder zur Finanzierung bestimmter Aufgaben vereinbart werden. Hier ist allein aus der Zwecksetzung nicht zu erkennen, ob diese Zuzahlungen in die Kapitalrücklage erfolgen sollen. Es ist umstritten, ob in diesen Fällen

---

287 Diese Ausweisform ist vor allem bei kleineren Kapitalgesellschaften denkbar, die im Rahmen einer verkürzten Bilanz nur die mit römischen Zahlen bezeichneten Posten des § 266 Abs. 2 und 3 HGB gesondert auszuweisen haben, vgl. *ADS*, § 42 Rn 54.

288 *ADS*, § 42 Rn 48.

289 In der Kapitalrücklage wird das Eigenkapital der Gesellschaft ausgewiesen, das nicht zum gezeichneten Kapital gehört, aus Kapitaleinzahlungen der Anteilseigner stammt und nicht aus dem erwirtschafteten Ergebnis resultiert. Auch die bloße Forderung gegen den Gesellschafter ist einlagefähig und kann daher Gegenstand einer in die Kapitalrücklage einzustellenden Zuzahlung eines Gesellschafters gemäß § 272 Abs. 2 Nr. 4 HGB sein; vgl. *ADS*, § 272 Rn 135; Beck Bil.-Komm./*Förschle/Kofahl*, § 272 Rn 67 (abw. von Voraufl.); *Küting* in: Küting/Weber, Handbuch der Rechnungslegung, Bd. I a, § 272 Rn 104.

290 *ADS*, § 272 Rn 137; insoweit falsch Hachenburg/*Müller*, § 26 Rn 26, der davon ausgeht, daß Nebenleistungen immer in die Kapitalrücklage einzustellen seien.

291 *Küting* in: Küting/Weber, Handbuch der Rechnungslegung, Bd. I a, § 272 Rn 98; Beck Bil.-Komm./*Förschle/Kofahl*, § 272 Rn 67; mißverständlich *ADS*, § 272 Rn 137, da dort der Eindruck erweckt wird, daß trotz erfolgsneutraler Einstellung ein Jahresfehlbetrag verhindert werden könnte.

nur bei einer ausdrücklichen Vereinbarung zwischen den Gesellschaftern eine Dotierung in der Kapitalrücklage möglich ist.[292] Führt der Ertragszuschuß zu einem Ergebnisüberschuß, kann jedoch die Zuzahlung in Form der Nebenleistungspflicht in das Eigenkapital durch Dotierung in die Gewinnrücklage gelangen.

Werden Nachschüsse in Form von Nebenleistungen in die Kapitalrücklage gebucht, so unterliegt die Auflösung der Kapitalrücklage keinen gesetzlichen, sondern allenfalls gesellschaftsvertraglichen Regelungen.[293] Ein gesonderter Ausweis der Auflösung in der Gewinn- und Verlustrechnung und Bilanz ist wie beim Nachschuß gemäß § 26 GmbHG nicht gesetzlich vorgesehen.[294]

D. Zusammenfassung

Eine Nachschußpflicht ist im werbenden Stadium der Gesellschaft ausdrücklich im GmbH-Recht in den §§ 26 ff. GmbHG geregelt. Ausgehend von diesen Vorschriften fallen unter den Begriff der Nachschußpflicht gesellschaftsvertraglich vereinbarte Geldzahlungen, die über das vereinbarte Grundkapital hinaus gezahlt werden und keinerlei Auswirkung auf mitgliedschaftliche Rechte haben. In diese Systematisierung muß ebenfalls die Nachschußpflicht in Form der Nebenleistungspflicht gemäß § 3 Abs. 2 GmbHG einbezogen werden. Insoweit hat sich die Praxis durchgesetzt, die - entgegen dem Grundgedanken des historischen Gesetzgebers - auch die Vereinbarung von Geldzahlungspflichten als Nebenleistungspflicht für zulässig erachtet. Im Genossenschaftsrecht kann zum Zeitpunkt der werbenden Gesellschaft keine Nachschußpflicht im Sinne des Themas vereinbart werden. Dies ergibt sich aus dem Grundsatz der Satzungsstrenge in Verbindung mit der abschließenden Aufzählung der finanziellen Leistungspflichten im Genossenschaftsgesetz. Das Genossenschaftsgesetz sieht zum Zeitpunkt der werbenden Gesellschaft nur die Erhöhung des Geschäftsanteils oder eine Erweiterung der Pflichtbeteiligungen vor (§ 16 Abs. 2 Nr. 3 und 4 GenG). Da diese Leistungsvermehrungen Einfluß auf die mitgliedschaftlichen Rechte haben können (§ 19

---

292 *Küting* in: Küting/Weber, Handbuch der Rechnungslegung, Bd. I a, § 272 Rn 99; a. A. *ADS*, § 272 Rn 137: Nach *Adler/Düring/Schmalz* soll, wenn eine ausdrückliche Zwecksetzung fehlt und auch nicht im Wege der Auslegung gewonnen werden kann, davon auszugehen sein, daß die Zuzahlungen in das Eigenkapital geleistet werden sollten; Beck Bil.-Komm./*Förschle/Kofahl*, § 272 Rn 67 lehnen generell ab, für bestimmte Aufwendungen zweckgebunden eine Kapitalrücklage zu bilden, dafür könnten nur sonstige Gewinnrücklagen verwendet werden.

293 *ADS*, § 272 Rn 79; vgl. aber § 30 Abs. 1 GmbHG bei einer Auflösung, um das Geld den Gesellschaftern auszuzahlen.

294 Vgl. zur Auflösung der Kapitalrücklage oben S. 64 ff.

GenG), ähneln sie eher einer Kapitalerhöhung und sind mit dem Rechtsinstitut der Nachschußpflicht nicht vergleichbar.

Bei der Nachschußpflicht gemäß den §§ 26 ff. GmbHG sind viele Einzelheiten von der Ausgestaltung, Durchsetzung bis zur Bilanzierung gesetzlich vorgeschrieben. Ein Vergleich dieser zwingenden Gestaltungsmerkmale mit den in der Praxis, unter Berücksichtigung der höchstrichterlichen Rechtsprechung, üblichen Ausgestaltungen zu den Nachschußpflichten in Form der Nebenleistungspflicht und im Personengesellschaftsrecht ergibt, daß die zwingenden Bestimmungen der §§ 26 ff. GmbHG weitgehend Besonderheiten dieser Nachschußpflicht und nicht als Grundprinzipien dieses Finanzierungsinstrumentes zu verstehen sind.

Um eine Nachschußpflicht der Gesellschafter im werbenden Stadium einer Gesellschaft zu begründen, bedarf es immer einer ausdrücklichen Regelung im Gesellschaftsvertrag. Dies ergibt sich einmal aus dem Gesetz (§§ 26 ff., 3 Abs. 2 GmbHG) und hängt weiterhin damit zusammen, daß im Gesellschaftsrecht finanzielle Leistungsvermehrungen immer unter dem Gesichtspunkt des Belastungsverbots und der Kernbereichslehre zu überprüfen sind. Um den Anforderungen einer ausdrücklichen Regelung gerecht zu werden, muß die bezweckte zusätzliche Belastung im Gesellschaftsvertrag deutlich zum Ausdruck kommen. Dabei muß neben dem Wortlaut auch die Systematik des Vertrages für die Eindeutigkeit der Regelung sprechen.

Mit Ausnahme bei der unbeschränkten Nachschußpflicht gemäß § 27 GmbHG - die dem Gesellschafter durch das Preisgaberecht die Möglichkeit eröffnet, seine Haftung auf den Geschäftsanteil zu beschränken - bedarf es für eine wirksame Nachschußregelung weiterhin, daß der Umfang der möglichen Leistungsvermehrung in der Satzung geregelt wird. Bei der beschränkten Nachschußpflicht gemäß § 28 GmbHG ergibt sich dies ausdrücklich aus dem Gesetz, das die Wirksamkeit der Beschränkung von der Angabe eines bestimmten Höchstbetrages abhängig macht. Bei der Nachschußpflicht in Form der Nebenleistungspflicht und im Personengesellschaftsrecht ergibt sich diese Voraussetzung vor dem Hintergrund, daß völlig unbestimmte und grenzenlose Verpflichtungen der Gesellschafter einer schrankenlosen Unterwerfung des Schuldners unter den Willen des Gläubigers gleichkommen und daher infolge eines Verstoßes gegen die guten Sitten nichtig sind (§ 138 BGB). Um die Nichtigkeit der Satzungsbestimmung zu vermeiden, müssen die betroffenen Gesellschafter das Ausmaß der auf sie zukommenden Verpflichtungen aus dem Gesellschaftsvertrag erkennen können. Dazu ist erforderlich, daß im Gesellschaftsvertrag Kriterien angegeben werden, die das Erhöhungsrisiko eingrenzen. Wann und ob dies zu bejahen ist, kann nicht losgelöst vom konkreten Fall abstrakt festgelegt werden und wird immer eine Einzelfallentscheidung bleiben. Zusammenfassend kann man jedoch feststellen, daß die relativ streng klingende Grundregel im Ergebnis bei der Nachschußpflicht in Form der Nebenleistungspflicht und in der Personengesellschaft einen weiten Gestaltungsspielraum läßt und auf diese Weise letztendlich unbeschränkte Nachschußpflichten ohne ein Preisgaberecht vereinbart werden können. Im übrigen ist im Zusammenhang mit dem Umfang der Nachschußpflicht zu beachten, daß Nachschüsse im Regelfall unter Beachtung des Gleichbehandlungsgrundsatzes auszugestalten sind und ohne gesellschaftsvertragliche Regelung keine Ausfallhaftung der gegenwärtigen Gesellschafter bei nicht eintreibbaren Nachschüssen von Mitgesellschaftern besteht. Hat die GmbH eigene Anteile, so mindert sich bei einer beschränkten Nachschußpflicht der Gesamtnachschuß, da die Nachschußpflicht zwar eigene Anteile belastet, ein Einzahlungsanspruch der Gesellschaft jedoch nicht zum Tragen kommt.

Eine Besonderheit der Nachschußpflicht gemäß den §§ 26 ff. GmbHG ist die zwingend erforderliche Beschlußfassung der Gesellschafterversammlung bezüglich der Einforderung des Nachschusses. Dabei ist die Beschlußfassung für die Entstehung des Nachschußanspruchs konstitutiv. Bei der Nachschußpflicht gemäß § 3 Abs. 2 GmbHG und im Personengesellschaftsrecht sind hingegen auch direkte Nachschußklauseln ohne Gesellschafterbeschluß zulässig. Wird die Geltendmachung der Nachschußpflicht im Gesellschaftsvertrag von einem Gesellschafterbeschluß abhängig gemacht, so kann dieser Beschluß je nach Vertragsgestaltung auch konstitutiv für die Entstehung des Nachschußanspruchs sein.

Die Bestimmtheit der Nachschußklausel wird immer dann wichtig, wenn die Einforderung von Nachschüssen entgegen dem konkreten Willen des betroffenen Gesellschafters durch Mehrheitsbeschluß oder den Geschäftsführer zulässig sein soll. Dies hängt damit zusammen, daß im Gesellschaftsrecht eine nachträgliche Leistungsvermehrung immer nur mit Zustimmung des betroffenen Gesellschafters zulässig ist (vgl. § 53 Abs. 3 GmbHG und § 707 BGB in Verbindung mit der Kernbereichslehre und dem Belastungsverbot). Die Zustimmung des Gesellschafters in eine spätere Leistungserhöhung kann allerdings auch in antizipierter Form vorliegen, wenn bereits der Gesellschaftsvertrag diese Möglichkeit vorsieht und der Gesellschafter dennoch der Gesellschaft beitritt. Damit eine antizipierte Zustimmung allein durch die Aufnahme einer Nachschußklausel im Gesellschaftsvertrag bejaht werden kann, müssen der Umfang der Nachschußpflicht hinreichend genau bestimmt sein und insofern die Grenzen für die Machtbefugnis festliegen. Die Notwendigkeit der Bestimmtheit kann auch nicht durch Übertragung der Leistungsbestimmungsrechte auf Organe der Gesellschaft oder Dritte umgangen werden. Insoweit finden zwar grundsätzlich die §§ 315, 317 BGB Anwendung, jedoch in modifizierter Form in Hinblick auf den Schutz des Kernbereichs der Mitgliedschaft und des Belastungsverbotes.

Beschlußmängel können immer bei Verstoß gegen den Gleichbehandlungsgrundsatz oder die Treuepflicht vorliegen. Am häufigsten werden jedoch in der Praxis Beschlußmängel infolge fehlender Rechtsgrundlage für den Erhöhungsbeschluß geltend gemacht. Ein solcher Fall liegt vor, wenn es entweder gänzlich an einer Nachschußklausel fehlt, die den konkreten Einforderungsfall abdeckt oder die Klausel infolge ihrer Unbestimmtheit nichtig ist. Hinsichtlich der Rechtsfolge unterscheiden sich jedoch diese beiden Varianten nicht: Fehlt es an einer wirksamen Satzungsbestimmung zur Nachschußpflicht, so bleibt es bei der Grundregel, abgeleitet entweder aus dem Schutzzweck des § 707 BGB oder des § 53 Abs. 3 GmbHG, daß Leistungsvermehrungen des betroffenen Gesellschafters nur mit dessen Zustimmung erfolgen dürfen. Der Beschluß ist mithin ohne Zustimmung des Betroffenen schwebend unwirksam und wird bei Verweigerung der Zustimmung endgültig unwirksam.

Da die Nachschußpflicht mitgliedschaftlicher Natur ist, trifft sie immer diejenigen Personen, die im Augenblick der Fälligkeit der Nachschußforderung der Gesellschaft gegenüber als Gesellschafter gelten. Im GmbH-Recht haftet bei Fälligkeit vor Anteilsveräußerung auch der frühere Gesellschafter neben dem Erwerber für die rückständige Pflicht (§ 16 Abs. 3 GmbHG). Bei der beschränkten Nachschußpflicht gemäß § 28 GmbHG besteht zusätzlich eine Ausfallhaftung des Rechtsvorgängers im Kaduzierungsverfahren für die vom Anteilserwerber nicht zu erlangenden Nachschüsse.

Die Möglichkeit der Rückzahlung von Nachschüssen wird im GmbH-Recht eingeschränkt. Auszahlungen dürfen gemäß § 30 Abs. 1 GmbHG nur vorgenommen werden, wenn das Vermögen nicht zur Erhaltung des Stammkapitals erforderlich ist. Für Nachschüsse gemäß den §§ 26 ff. GmbHG werden in § 30 Abs. 2 GmbHG weitere Voraussetzungen gefordert.

Mit Ausnahme bei der unbeschränkten Nachschußpflicht gemäß § 27 GmbHG gibt es ohne ausdrückliche vertragliche Ausgestaltung keine Möglichkeit der Gesellschafter, sich von einer fälligen Nachschußpflicht einseitig zu befreien. Insoweit ist das gesetzlich geregelte Preisgaberecht bei der unbeschränkten Nachschußpflicht gemäß § 27 GmbHG eine Spezialregelung und eröffnet dem Gesellschafter die Möglichkeit, durch die Preisgabe seine Haftung auf den Geschäftsanteil zu beschränken. Bei allen anderen Nachschußpflichten bleibt den Gesellschaftern nur die Möglichkeit, sich von künftigen Nachschüssen durch Anteilsveräußerung oder Kündigung zu befreien. Dabei existiert im GmbH-Recht ohne vertragliche Regelung allenfalls ein außerordentliches Kündigungsrecht aus wichtigem Grund. Bei der beschränkten Nachschußpflicht gemäß § 28 GmbHG ist auch die Befreiung von künftigen Nachschüssen durch Kündigung nur eingeschränkt möglich, da die Rechtsvorgänger im Rahmen des Kaduzierungsverfahrens zur Zahlung des Nachschusses herangezogen werden können. Eine Kündigung kann Abfindungsprobleme hervorrufen und im Rahmen des Personengesellschaftsrechts eine Nachschußpflicht des ausscheidenden Gesellschafters gemäß § 739 BGB auslösen.

Die Durchsetzung der Nachschußpflicht durch die Gesellschaft ist bei der Nachschußpflicht gemäß den §§ 26 ff. GmbHG genau gesetzlich geregelt. Bei der unbeschränkten Nachschußpflicht gemäß § 27 GmbHG kann die Gesellschaft gegen den Gesellschafter im Wege der Leistungsklage vorgehen oder auf das fingierte Preisgaberecht zurückgreifen und den Geschäftsanteil verwerten. Bei der beschränkten Nachschußpflicht gemäß § 28 GmbHG kann die Gesellschaft ebenfalls im Wege der Leistungsklage gegen den Gesellschafter vorgehen. Sie kann jedoch auch das Kaduzierungsverfahren einleiten. Bei der Nachschußpflicht in Form von Nebenleistungspflichten und im Personengesellschaftsrecht sind die Rechtsfolgen bei Nichtleistung der Nachschüsse hingegen nicht geregelt. Die Gesellschaft hat auch bei diesen Nachschußpflichten immer die Möglichkeit, Leistungsklage zu erheben und sich auf die Regelungen zum Verzug zu berufen. In schwerwiegenden Fällen kann die Nichtleistung des Nachschusses zu einem Gesellschafterausschluß aus wichtigem Grund führen. Ansonsten können die Durchsetzung der Nachschußpflicht und die Folgen der Nichtleistung gesellschaftsvertraglich geregelt werden. Im GmbH-Recht bietet sich dabei die Amortisation gemäß § 34 GmbHG, die Vereinbarung der Abtretungspflicht oder der statutarischen Kaduzierung an. Bei der Vertragsgestaltung ist zu beachten, daß der Verlust der Mitgliedschaft mit Ausnahme beim Preisgaberecht und dem Kaduzierungsverfahren im Regelfall im Gesellschaftsrecht mit Abfindungsfragen verbunden ist und daher an Abfindungsklauseln gedacht werden sollte.

Bei der Nachschußpflicht gemäß den §§ 26 ff. GmbHG bestehen gesetzliche Sonderregelungen hinsichtlich der Bilanzierung (§ 42 Abs. 2 GmbHG). Bei der Aktivierung ist insbesondere die Bonität der einzelnen Gesellschafter zu berücksichtigen. Weiterhin müssen Nachschüsse immer erfolgsneutral durch Einstellung als eigener Unterposten in die Kapitalrücklage verbucht werden. Diese Kapitalrücklage kann innerhalb eines Geschäftsjahres wieder aufgelöst werden, um einen Bilanzgewinn zu erzeugen oder einen Bilanzverlust zu vermeiden. Der Jahresfehlbetrag oder –überschuß in der Gewinn- und Verlustrechnung kann jedoch mit dem Nachschußkapital nicht beeinflußt werden, da Entnahmen aus der Kapitalrücklage immer erst nach diesen Positionen dargestellt werden dürfen (§ 275 Abs. 4 HGB). Die Nachschußpflicht in Form der Nebenleistung gemäß § 3 Abs. 2 GmbHG muß hingegen nur als Forderung gegen die Gesellschafter in der Bilanz auf der Aktivseite kenntlich gemacht werden (§ 42 Abs. 3 GmbHG). Die Zuzahlungen können sowohl erfolgsneutral durch Einstellung in die Kapitalrücklage als auch ergebniswirksam vereinnahmt werden. Ohne diesbezügliche vertragliche Vereinbarung kommt es auf die Zwecksetzung der Nachschüsse an.

Kapitel 3:
Die Nachschußpflicht in der Liquidation der Gesellschaft

A. Schwerpunkt der Darstellung

Auch in der Liquidation der Gesellschaft kann man theoretisch zwischen gesellschaftsvertraglich vereinbarten und gesetzlich vorgesehenen Nachschußpflichten unterscheiden. Eine rein auf gesellschaftsvertraglicher Grundlage basierende Nachschußpflicht kommt in diesem Lebensabschnitt der Gesellschaft nur bei der GmbH oder für den Kommanditisten in Betracht. Diese Nachschußpflicht soll nicht mehr Gegenstand der Untersuchung sein, da sie in ihren Rechtsgrundlagen und Voraussetzungen derjenigen zum Zeitpunkt der werbenden Gesellschaft entspricht und im übrigen in der gesellschaftsvertraglichen Praxis kaum verbreitet sein dürfte.

Interessanter hingegen ist die Frage, inwieweit Gesellschafter auch ohne gesellschaftsvertragliche Regelung in diesem Lebensabschnitt der Gesellschaft für Fehlbeträge haften. Gesetzlich vorgesehene Nachschußpflichten im Liquidationsstadium findet man im Recht der Genossenschaften und der Personengesellschaften, nicht hingegen im GmbHG. Die Regelungen des Genossenschaftsgesetzes sind eindeutig und bereiten in der Praxis keine Schwierigkeiten. Im Personengesellschaftsrecht hingegen ist das Haftungskonzept der Gesellschafter in der Liquidation der Gesellschaft weitgehend umstritten oder man könnte auch sagen unerforscht. In Anbetracht dessen liegt in diesem Kapitel der Schwerpunkt der Untersuchung auf der Erarbeitung eines Haftungskonzepts für die Gesellschafter bei einer überschuldeten Personengesellschaft in Liquidation.

B. Terminologie: Liquidation, Abwicklung und Auseinandersetzung

Nach der Auflösung der Gesellschaft findet im Recht der Personenhandelsgesellschaften (§ 145 HGB) und der Genossenschaften (§ 83 GenG) die „*Liquidation*"[295], im Recht der BGB-Gesellschaft die „*Auseinandersetzung unter den Gesellschaftern*" (§ 730 BGB) statt. Den Begriff der „*Abwicklung*" findet man nach Auflösung einer Aktiengesellschaft (§ 264 ff. AktG). Alle diese Bezeichnungen haben gemeinsam, daß sie das gesetzlich geregelte Verfahren nach Auflösung der Gesellschaft umschreiben. Insofern können und werden diese Begriffe in der Praxis und Literatur ohne inhaltliche Differenzierung verwendet.[296] Im Recht

295 Vgl. auch § 66 GmbHG.

296 *Hillers*, S. 15, 16. Wenig hilfreich ist der etwas verwirrende Ansatz von *Habersack* in: Staub, Großkomm. HGB § 145 Rn 6, der die Liquidation der Gesellschaft von der Ausein-

der Personenhandelsgesellschaften ist zudem ausdrücklich geregelt, daß die Gesellschafter *„eine andere Art der Auseinandersetzung“* vereinbaren können (§ 145 HGB). Der Begriff der Auseinandersetzung kann daher nicht nur das gesetzlich geregelte, sondern auch ein abweichendes vertraglich geregeltes Verfahren nach Auflösung der Gesellschaft umschreiben. In dieser Arbeit sollen die genannten Begriffe dergestalt verwandt werden, daß sie das gesetzlich geregelte Verfahren nach der Auflösung der Gesellschaft umschreiben. Sie sind weiterhin vom wirtschaftlichen Vorgang der Abwicklung der Gesellschaft zu unterscheiden.[297]

C. Die Nachschußpflicht bei der Genossenschaft

I. Abgrenzung zwischen Einzahlungen auf den Geschäftsanteil und über diesen hinausgehend

Während es keine Nachschußpflicht im Sinne des Themas bei der werbenden Genossenschaft gibt[298], werden die Einzahlungspflichten der Genossen gemäß § 87 a GenG in der Liquidation der Genossenschaft unter den Begriff der Nachschußpflicht gefaßt.[299] Die Vorschrift unterscheidet zwischen Einzahlungen auf den Geschäftsanteil und Einzahlungen, die über den Geschäftsanteil hinausgehen. Sie ist im Jahre 1973 völlig geändert worden. In der alten Fassung ließ sie die unbeschränkte Erhöhung des Geschäftsanteils nach der Auflösung zu, wenn dadurch lediglich der Zweck verfolgt wurde, den Konkurs abzuwenden und die Inanspruchnahme der Genossen aus ihrer Nachschußpflicht im Konkursverfahren zu vermeiden. Diese weite Regelung schien dem Gesetzgeber bedenklich. Er stellte die gesamte Regelung unter den in § 87 a Abs. 4 GenG formulierten Grundsatz, daß Beschlüsse über eine Heranziehung der Genossen zu weiteren Zahlungen nicht gefaßt werden dürfen, wenn das Vermögen der Genossen auch unter Berücksichtigung weiterer Zahlungen die Schulden nicht deckt. Die im bisherigen Recht vorgesehene Erhöhung der Geschäftsanteile als Mittel der Sanierung wurde ausgeschlossen und als primäres Sanierungsmittel die Volleinzahlung der Geschäftsanteile vorgesehen (§ 87 a Abs. 1 GenG).[300] Soweit diese Zahlungen nicht ausreichen, kann jeder Genosse zu weiteren Zahlungen herangezogen werden (Abs. 2), die in ihrer Höhe bis zum Gesamtbetrag der vom Genossen gehaltenen Geschäftsanteile gehen dürfen, so daß der Genosse dann insgesamt der Genossen-

---

andersetzung zwischen den Gesellschaftern unterscheiden möchte, wobei letztere bei einer Liquidation gemäß §§ 149 ff. in der Liquidation der Gesellschaft aufginge.

297 *K. Schmidt*, ZHR 1989, 270, 276.

298 Vgl. oben S. 30 ff.

299 Vgl. *Müller*, GenG, Überschrift zu § 87 a „Nachschüsse im Liquidationsstadium“.

300 *Müller*, GenG, § 87 a, Rn 1.

schaft den doppelten Betrag seiner Geschäftsanteile zugewendet hat. Nur diese zweite Nachzahlungspflicht verdient den Namen „Nachschußpflicht“, da sie den Genossen zu einer weiteren Zahlung entgegen der vertraglich angegebenen Höchstbeteiligung durch die Festlegung der Höhe des Geschäftsanteils verpflichtet.

II. Die Voraussetzungen der Nachschußpflicht

1. Anforderungen an das Statut und Umfang der Nachschußpflicht

Reichen die Einzahlungen nach § 87 a Abs. 1 GenG auf den Geschäftsanteil zur Deckung des Fehlbetrages nicht aus, können die Mitglieder nach Absatz 2 aufgrund eines entsprechenden Beschlusses der Generalversammlung bis zum Gesamtbetrag ihrer Geschäftsanteile zu weiteren Zahlungen verpflichtet werden. Für die eingetragene Genossenschaft ohne Nachschußpflicht im Insolvenzverfahren bedarf dies allerdings einer Regelung in der Satzung (§ 87 Abs. 2 Satz 2 GenG), um den Mitgliedern die zusätzliche Haftung erkennbar zu machen.[301] Im Fall der satzungsmäßigen Beschränkung der Nachschußpflicht im Insolvenzverfahren über das Genossenschaftsvermögen auf den ersten Geschäftsanteil (§ 121 Satz 3 GenG) soll § 87 a Abs. 2 GenG dennoch uneingeschränkt für alle übernommenen Geschäftsanteile gelten.[302] Die Obergrenze der möglichen Inanspruchnahme ist dabei der Gesamtbetrag aller Geschäftsanteile, zu deren Zeichnung das einzelne Mitglied laut Satzung verpflichtet ist. Im Unterschied zu § 87 Abs. 1 GenG werden auch die pflichtwidrig nicht übernommenen Geschäftsanteile bei der Berechnung der Nachzahlungspflicht berücksichtigt (§ 87 Abs. 2 Satz 5 GenG). Es besteht keine Ausfallhaftung der Genossen bei Zahlungsunfähigkeit einzelner Mitgenossen.

Mitglieder, die nach § 87 a GenG zu Leistungen herangezogen worden sind, müssen, wenn es dennoch zu einem Insolvenzverfahren über das Genossenschaftsvermögen kommt, zusätzlich die in der Satzung vorgesehene Nachschuß-

---

301 *Hettrich/Pöhlmann*, GenG, § 87 a Rn 3; Lang/Weidmüller/Metz/Schaffland/*Schaffland*, GenG, § 87 a Rn 10; Amtliche Begründung BT-Drucksache 7/97, 28.

302 *Hettrich/Pöhlmann*, GenG, § 87 a Rn 3; Lang/Weidmüller/Metz/Schaffland/*Schaffland*, GenG, § 87 a Rn 10; *Müller*, GenG, § 87 a Rn 13; der Wortlaut des Gesetzes und die vom Wortlaut gedeckte herrschende Meinung ist dennoch bedenklich in Hinblick auf die Schutzfunktion des § 87 a Abs. 2 S. 2 GenG, da der Genosse auch vor dem Irrtum zu schützen ist, daß sich seine Nachschußpflicht in der Liquidation entsprechend der Verpflichtung im Insolvenzverfahren nur auf den ersten Geschäftsanteil beschränkt. Rechtspolitische Bedenken hat ebenfalls *Müller*, GenG, § 87 a Rn 1, da die zusätzliche Belastung des Genossen bis zum Gesamtbetrag der von ihm gehaltenen Geschäftsanteile so ohne jede statutarische Vorwarnung auf ihn zukommen kann.

pflicht im Insolvenzverfahren erfüllen. Sie werden dann bei Verteilung eines vorhandenen Restvermögens vorrangig berücksichtigt (§§ 91 Absatz 1 Satz 2, 105 Absatz 4 Satz 2 GenG).

2. Beschlußfassung

Die Beschlüsse über Nachschußzahlungen sind gemäß § 87 a Abs. 3 GenG mit einer Mehrheit von drei Vierteln der abgegebenen Stimmen zu fassen, die Satzung kann aber eine höhere Beschlußmehrheit - auch Einstimmigkeit - verlangen.[303] Beschlüsse nach § 87 a Abs. 1 und 2 GenG dürfen nur gefaßt werden, soweit die weiteren Zahlungen zur Deckung des Fehlbetrages, der durch die Aufstellung der Liquidationseröffnungsbilanz, einer späteren Jahresbilanz oder auch Zwischenbilanzen (vgl. § 87 a Abs. 1 Satz 1 GenG) ermittelt wird, erforderlich sind und durch die zusätzlichen Gelder die Schulden gedeckt werden können. Dies bedeutet nicht, daß jeder Beschluß, der den Mitgliedern mehr abverlangt, als zur Deckung des Fehlbetrages benötigt wird, fehlerhaft ist. Insoweit besteht ein gewisser Bewertungsspielraum für die bei der Berechnung angesetzten Werte der vorhandenen Vermögensgegenstände und Verbindlichkeiten. Ein Beschlußmangel liegt nur vor, wenn die Grundsätze ordnungsgemäßer Bewertung verletzt sind.[304] Insoweit ist der Wortlaut des § 87 a Abs. 1 GenG mißverständlich, da das Gesetz davon ausgeht, daß Nachschüsse auch beschlossen werden können, wenn *„bei pflichtgemäßem Ermessen“* anzunehmen ist, daß das Vermögen nicht ausreichen wird. Die Ausübung des pflichtgemäßen Ermessens kann in der Praxis nur bedeuten, daß infolge einer Rechnung - auch wenn diese keine Bilanz im Sinne des HGB darstellt - Fehlbeträge aufgrund einer Bewertung der Aktiva und Passiva ermittelt werden. Auch bei dieser Rechnung müssen ordnungsgemäße Bewertungen vorgenommen werden. Die gesetzliche Alternative des „pflichtgemäßen Ermessens“ erscheint jedoch auch eher einen hypothetischen Fall zu umschreiben, da die Generalversammlung im Zweifel immer erst nach der Aufstellung einer Bilanz zu einem Beschluß zu bewegen sein wird. Soweit Beschlüsse nach Maßgabe des

---

303 *Müller*, GenG, § 87 a Rn 14, *Hettrich/Pöhlmann*, GenG, § 87 a Rn 4; a. A. Lang/Weidmüller/Metz/Schaffland/*Schaffland*, GenG, § 87 a Rn 16.

304 Vgl. *Müller*, GenG § 87 a Rn 16; abzulehnen ist die Ansicht von Lang/Weidmüller/Metz/Schaffland/*Schaffland*, GenG, § 87 a Rn 17, der von einem Ermessensspielraum ausgeht, da zum Zeitpunkt der Beschlußfassung nicht mit Sicherheit berechnet werden könne, welcher konkrete Betrag zur Deckung bereits genüge und spätere Beschlußfassungen vermieden werden sollten. Diese Ansicht überzeugt nicht, da lediglich ein Bewertungsspielraum einen objektivierten und überprüfbaren Maßstab bietet.

§ 87 a Abs. 1 oder 2 GenG gefaßt werden, ohne daß die tatbestandlichen Voraussetzungen erfüllt sind, ist der Beschluß anfechtbar.[305]

D. Die Nachschußpflicht in der Personengesellschaft

I. Überblick

Bei Personengesellschaften wird von der Nachschußpflicht der Gesellschafter in der Liquidation gemäß § 735 BGB gesprochen, obwohl der Gesetzeswortlaut diesen Begriff nicht erwähnt. Im Zusammenhang mit dieser Vorschrift ist in Literatur und Rechtsprechung so ziemlich alles streitig oder ungeklärt. Das ist darauf zurückzuführen, daß das Liquidationsrecht der Personen(handels)gesellschaften seit Jahren eine Art „Mauerblümchendasein" führt. Für die gesellschaftsrechtliche Praxis dürfte eine Liquidation, so wie sie das Gesetz vorsieht, eine Seltenheit sein. Sie kann immer nur ultima ratio sein, denn die Zerschlagung des Unternehmens ist für die Gesellschafter in aller Regel wirtschaftlich unsinnig[306], da mit ihr eine zweckmäßige Zusammenfassung von Rechten und Sachen entflochten wird.[307] Aufgrund der anscheinend wenig praxisrelevanten Bedeutung des gesetzlichen Liquidationsrechts steht dieses Rechtsgebiet auch nicht gerade im Mittelpunkt rechtswissenschaftlicher Forschungsarbeit.[308]

Noch einheitlich wird die ausschließliche Geltung des § 735 BGB im Innenverhältnis der Gesellschaft bejaht und damit der Charakter als Anspruchsgrundlage für die Gesellschaftsgläubiger oder Gläubiger der Gesellschafter abgelehnt.[309] Nicht mehr einheitlich wird aber bereits die Frage beantwortet, ob § 735 BGB auch auf die Personenhandelsgesellschaft Anwendung findet. Weiterhin wird diskutiert, ob er einen Anspruch der Gesellschaft gegen ihre Gesellschafter oder der Gesellschafter untereinander begründet. Und schließlich gehen die Meinungen darüber auseinander, ob die Entstehung der Nachschußpflicht - neben der Überschuldung - einen Gesellschafterbeschluß zur Voraussetzung hat oder ob die Liquidatoren bei noch ausstehenden Schulden der Gesellschaft immer ermächtigt sind, die Gesellschafter zu einer Nachzahlung heranzuziehen.

---

305 *Müller*, GenG, § 87 a Rn 16; bei offensichtlichen Verstößen wird auch Nichtigkeit bejaht, vgl. Lang/Weidmüller/Metz/Schaffland/*Schaffland*, GenG, § 87 a Rn 17-19.

306 *Heidner*, DStR 1992, 201 ff.

307 So ist der Nutzungswert von Maschinen beispielsweise im lebenden Unternehmen höher als der Veräußerungserlös, so daß bei der Einzelveräußerung von Gegenständen meist Verluste realisiert werden müssen. Auch fällt der Goodwill des Unternehmens weg.

308 *Butzer*, Jura 94, 628 ff.; grundlegend insoweit die Dissertationen von *Hillers* und *Ensthaler*.

309 MünchHdb.GesR I/*Gummert*, § 16 Rn 93, Soergel/*Hadding*, § 735 Rn 4; MünchKomm/*Ulmer*, § 735 Rn 2; Palandt/*Thomas*, § 735 Rn 1.

Hintergrund dieser Kontroverse ist letztendlich auch die schwierige Frage, inwieweit die vordringende neue Gesamthandsdoktrin, die Personengesellschaften immer mehr als eigenständige Träger von Rechten und Pflichten ansieht, auch im Liquidationsrecht anzuerkennen ist. Rechtsfolge wäre dann, die Liquidation als ein auf Vollabwicklung dieses Rechtsträgers gerichteten Verfahrens zu begreifen und nicht als Verfahren der Verwaltung und Verteilung eines den Gesellschaftern gehörenden Sondervermögens. Eine sehr progressive Ansicht zum Liquidationsrecht der Personenhandelsgesellschaft - auch als „Generalangriff" gegen das bisherige Konzept bezeichnet[310] - vertritt seit mehr als zehn Jahren *K. Schmidt*[311]. Sein Ansatz hat erstaunlicherweise in der Literatur als auch in der Rechtsprechung zu den Personenhandelsgesellschaften sehr lange keinen Anklang gefunden. Inzwischen sind jedoch zumindest Literaturstimmen zu finden, die sich dem Liquidationsmodell von *K. Schmidt* offen anschließen.[312]

II. Keine Anwendung des § 735 BGB auf den Kommanditisten

Der Kommanditist nimmt gemäß § 167 Abs. 3 HGB nur bis zum Betrag seines Kapitalanteils und seiner noch rückständigen Einlage an dem Verlust der Gesellschaft teil und hat daher auch in der Liquidation keine Nachschußpflicht. Die über seine Pflichteinlage hinausgehenden Verluste verbleiben endgültig bei den Komplementären.[313] Soll der Kommanditist im Innenverhältnis in Abweichung von § 167 Abs. 3 HGB über seine Pflichteinlage hinaus für die Verluste einstehen

---

310 MünchHdb.GesR I/*Butzer*, § 76 Rn 4.

311 *K. Schmidt*, ZHR 1989, 270 ff; Schlegelberger/*K. Schmidt*, § 155 Rn 21.

312 Vgl. *Habersack* in: Staub, Großkomm. HGB, § 145 Rn 8 ff.; zumindest bei Nachschüssen zur Berichtigung von Gesellschaftsschulden *K. Schmidt* folgend *van Gerkan* in: Röhricht/Graf von Westphalen, HGB, § 149 Rn 9 ff.

313 Heymann/*Horn*, HGB, § 167 Rn 8; *BGHZ* 86, 126. § 167 Abs. 3 HGB führt nach herrschender Meinung nur zu einer Begrenzung der Verlustdeckung und steht einer sonstigen Verlustzuweisung auf den Kapitalanteil des Kommanditisten nicht entgegen, Heymann/*Horn*, HGB, § 167 Rn 13; *OLG Karlsruhe* WM 1982, 340; *BGHZ* 86, 126. Diese Ansicht wird von *Martens* kritisiert, da sie zu erheblichen Folgeproblemen führe. Die Verlustzuweisung könne zu bilanzrechtlichen Unklarheiten führen, da dem negativen Kapitalanteil des Kommanditisten keine Forderung der Gesellschaft entspreche. Problematisch soll auch die Rechtsstellung des ausscheidenden Gesellschafters mit positivem Kapitalanteil sein, wenn ein Kommanditist einen negativen Kapitalanteil hat. In diesen Fällen stelle sich die Frage, ob die ausscheidenden Gesellschafter ausgleichspflichtig sind. Weiterhin könnten im Liquidationsverfahren Probleme auftauchen, als auch bei der steuerrechtlichen Behandlung des negativen Kapitalanteils, vgl. Schlegelberger/*Martens*, § 167 Rn 15 ff.

müssen, so muß dies infolge des hohen Risikos und der Abweichung vom Normalfall im Gesellschaftsvertrag eindeutig vereinbart worden sein.[314]

III. Anwendung des § 735 BGB auf die Personenhandelsgesellschaft

1. Standpunkt der Rechtsprechung

Zu der Frage, inwieweit § 735 BGB auf Personenhandelsgesellschaften Anwendung findet, hat sich die höchstrichterliche Rechtsprechung soweit ersichtlich nicht ausdrücklich geäußert. In einigen Entscheidungen gehen aber die Gerichte und vor allem der Bundesfinanzhof von der Geltung dieser Norm auch im Recht der Personenhandelsgesellschaft aus.[315] Eine nähere Betrachtung der nicht sehr zahlreichen Entscheidungen zur Liquidation der Personenhandelsgesellschaft zeigt, daß die Gerichte zwar bejahen, daß ein Ausgleich der Kapitalkonten zwischen den Gesellschaftern stattzufinden habe. Auf welcher gesetzlichen Grundlage diese Ansicht beruht und ob sie auch die Einziehung von Fehlbeträgen zur Befriedigung von Drittgläubigern beinhaltet, bleibt allerdings unausgesprochen. Insoweit sind folgende Ausführungen des *BGH*[316] zur Liquidation einer KG exemplarisch: *„Die Durchführung des Ausgleichs zwischen den Gesellschaftern - zwischen den Inhabern positiver und negativer Kapitalanteile – gehört aber nicht mehr zur Liquidation. Sie ist vielmehr Aufgabe der Gesellschafter und setzt im allgemeinen erst nach beendeter Liquidation ein.“*[317]

---

314 § 735 BGB gilt auch nicht für die stille Gesellschaft, Palandt/*Thomas*, § 735 Rn 1; *BGH* WM 77, 973. Sie ist eine Innengesellschaft. Es findet daher keine Auseinandersetzung in Ansehung des Gesellschaftsvermögens statt. Die Auseinandersetzung des Inhabers mit dem stillen Gesellschafter entspricht nicht den Grundsätzen einer Gesamthandsgesellschaft im Auflösungsfall, sondern der Auseinandersetzung zwischen der Gesellschaft und einem ausscheidenden Gesellschafter. *K. Schmidt* geht sogar so weit, die §§ 738 ff. BGB mit einigen Modifikationen analog auf die stille Gesellschaft anzuwenden, Schlegelberger/*K. Schmidt*, § 340 Rn 3 ff. Allerdings schließt er die Haftung für Fehlbeträge gemäß § 739 BGB aus, so daß auch nach ihm keine Nachschußpflicht des stillen Gesellschafters (auch nicht bei der atypisch stillen Gesellschaft, Schlegelberger/*K. Schmidt*, § 340 Rn 61) entsteht, Schlegelberger/*K. Schmidt*, § 340 Rn 35. Gleiches gilt bei der Auflösung von Unterbeteiligungsverhältnissen, Schlegelberger/*K. Schmidt*, § 340 Rn 68.

315 *OLG Hamm* BB 84, 1466 ff.; *BFH* DStR 1984, 468 ff.; *BFH*E 171, 392 = BB 1993, 2514, Orientierungssatz 7 (nicht veröffentlicht), vgl. dazu unten Fn 331.

316 *BGH* DB 1984, 180.

317 So auch *BGH* NJW 1957, 989 (zur OHG); *BGH* WM 1966, 706 (zur KG); *OLG Köln* DStR 1991, 1228 (zur KG).

2. Die Literatur, der Gesetzgeber und eigener Ansatz

In der Literatur wird neuerdings, ohne diesen Punkt weiter zu problematisieren, dem Ansatz von *K. Schmidt*[318] gefolgt und davon ausgegangen, daß § 735 BGB auf die Personenhandelsgesellschaft Anwendung findet.[319] Die Vertreter dieser Ansicht haben in der Regel keine systematische Erklärung[320] oder verweisen auf die Rechtsnatur der aufgelösten Gesellschaft.[321] Betrachtet man sich die Motive zum HGB, so ging selbst der Gesetzgeber davon aus, daß ein Ausgleich unter den Gesellschaftern nach Ermittlung der Passivsalden in Anlehnung an § 735 BGB zu erfolgen habe, ohne allerdings die Anwendung dieser Norm ausdrücklich zu bejahen. Die Heranziehung des § 735 BGB durch den Gesetzgeber ergibt sich daraus, daß er im Zusammenhang mit der Frage, *„ob ein Ausfall, der durch Zahlungsunfähigkeit eines mit einem Passivsaldo belasteten Gesellschafters veranlaßt wird, von allen Gesellschaftern nach den Grundsätzen über die Verteilhung des Gesellschaftsverlustes oder nur von den Inhabern eines Aktivsaldos zu tragen ist"*, auf § 735 BGB verweist: *„Das BGB entscheidet die Frage im ersteren Sinne (§ 735 a.E.), und hierbei muß es auch für das Handelsrecht bewenden."*[322]

Die Geltung des § 735 BGB auch im Recht der Personenhandelsgesellschaft ist im Grunde sehr einfach zu begründen: Geht man mit der h. M. davon aus, daß der Kapitalanteil das Ergebnis vermögensrechtlicher Rechte und Pflichten der Gesellschafter untereinander aufzeigt, kann auch die Pflicht zum Ausgleich eines negativen Kapitalkontos nur aus dem Gesellschaftsrecht hergeleitet werden. Es muß daher nach einem Rechtssatz im Gesellschaftsrecht gesucht werden, der bewirkt, daß ein negativer Kapitalanteil ausgeglichen wird. In den §§ 105 ff. HGB läßt er sich nicht finden. Die §§ 145 ff. HGB sehen zwar Sonderregelungen für die Liquidation vor, eine ausdrückliche Nachschußregelung, wie sie § 735 BGB bestimmt, fehlt jedoch. Demnach finden auf die offene Handels- und Kommanditgesellschaft gemäß § 105 Abs. 3 i. V. m. § 161 Abs. 2 HGB die Vorschriften des Bürgerlichen Gesetzbuches über die Gesellschaft Anwendung, soweit nicht im HGB ein anderes vorgeschrieben ist.[323] Die Diskussion bzgl. der Anwendung des § 735 BGB hat

---

318 Vgl. oben Fn 311.

319 *Habersack* in: Staub, Großkomm. HGB, § 145 Rn 8 ff.; *von Gerkan* in: Röhricht/Graf von Westphalen, § 149 Rn 9 ff. bejahend hinsichtlich § 735 Satz 1 1. Fall; *Huber*, ZGR 1988, 1, 62; *Hillers*, S. 269 ff.; mit dogmatische Begründung bereits *Ensthaler*, S. 115 ff. und *Knöchlein*, DNotZ 1961, 361, 367.

320 *von Gerkan* in: Röhricht/Graf von Westphalen § 149 Rn 9, 10.

321 *Habersack* in: Staub, Großkomm. HGB, § 145 Rn 9.

322 Denkschrift zum Entwurf eines Handelsgesetzbuchs und eines Einführungsgesetzes, 1895, S. 94 (Entwurf I), S. 278 (Entwurf II), abgedruckt in *Schubert/Schmiedel/Krampe*, Quellen zum Handelsgesetzbuch von 1897, Bd. II/1 S. 94; Bd. II/2, S. 1038.

323 Schlegelberger/*K. Schmidt*, § 149 Rn 26.

sich vor allem infolge der zweiten Alternative dieser Vorschrift entzündet. Danach können Nachzahlungen *„zur Rückerstattung der Einlagen"* eingefordert werden. Üblicherweise wird bei dieser Alternative darauf verwiesen, daß das HGB die Rückerstattung von Einlagen gerade nicht vorsehe, sondern § 155 HGB bestimme, daß das nach der Liquidation übrigbleibende Vermögen anhand der Kapitalanteile der Liquidations-Schlußbilanz unter die Gesellschafter zu verteilen sei.[324]

Der Wortlaut des § 155 HGB verbietet jedoch nicht die Anwendung des § 735 BGB im Recht der Personenhandelsgesellschaft. Eine vollständige Erstattung der Einlagen findet auch bei der BGB-Gesellschaft nicht statt. Der Wert der geleisteten Einlagen bildet nur einen Berechnungsposten hinsichtlich der Verteilung des Gesellschaftsvermögens. Hinzu kommt der Anspruch auf Auszahlung des anteiligen Gewinns (§§ 734, 722 BGB). Weiterhin sind die Gesellschafter verpflichtet, die Verluste der werbenden Zeit (§ 722 BGB) und die Liquidationsverluste (§ 730 Abs. 2 BGB i.V.m. § 722 BGB) anteilig zu übernehmen. Erst die Verrechnung der einzelnen Posten ergibt den Auseinandersetzungsanspruch. Ist dieser Wert nicht im Gesellschaftsvermögen vorhanden, kommt die Nachschußpflicht des § 735 BGB zum Tragen. Stehen keine Gesellschaftsschulden gegenüber Drittgläubigern mehr aus, reicht das Vermögen aber dennoch nicht zur vollständigen Erstattung der Einlagen, so können Nachschußansprüche infolge der Verlusttragungspflicht nur dann bestehen, wenn einzelne Gesellschafter mit einem höheren Betrag für die Verluste einstehen mußten, als nach dem vereinbarten Verlustverteilungsschlüssel von ihnen zu tragen gewesen wäre.

Das Kapitalkonto des Gesellschafters einer Personenhandelsgesellschaft ist nichts anderes als eine laufende Rechnung seiner Einlagen, Gewinnanteile, Verlustanteile und Entnahmen. Der Kapitalanteil der Liquidations-Schlussbilanz ist damit der Schluß-Saldo dieser laufenden Rechnung und kann als Kurzfassung der §§ 733 bis 735 BGB bezeichnet werden.[325] Der sachliche Unterschied zur BGB-Gesellschaft besteht lediglich darin, daß sich bei der Personenhandelsgesellschaft die Verteilung gedanklich auf dem Papier vollzieht. Ein Abwicklungsgewinn oder –verlust ist bilanziell zu ermitteln und nach dem geltenden Gewinn- und Verlustverteilungsschlüssel auf die Kapitalkonten der Gesellschafter aufzuteilen.[326] Die generelle Ausgleichspflicht eines negativen Kapitalkontos kann daher auch im Personenhandelsgesellschaftsrecht mit § 735 BGB begründet werden.

---

324 *van Gerkan* in: Röhricht/Graf von Westphalen, HGB, § 149 Rn 11; *BGH* WM 1966, 706; *Schilling* in: Staub, Großkomm. HGB, 1970, § 155 Rn. 3.

325 Schlegelberger/*K. Schmidt*, § 155 Rn 21, *Ensthaler*, S. 115 ff., 119.

326 *Knöchlein*, DNotZ 1961, 361, 367.

IV. Die Nachschußpflicht als Sozialanspruch der Gesellschaft

1. Der aktuelle Meinungsstand

a) Zur BGB-Gesellschaft

Bei der BGB-Gesellschaft wird in Rechtsprechung und Literatur[327] mehrheitlich die Ansicht vertreten, daß es sich bei § 735 BGB um einen Sozialanspruch der Gesellschaft handelt. So hat der *BGH*[328] bereits im Jahre 1966 im Zusammenhang mit der Abwicklung einer BGB-Gesellschaft entschieden: *„Zur abschließenden Abwicklung der gesellschaftlichen Beziehungen ist demnach nur noch notwendig, Gesellschaftsschulden gegenüber Drittgläubigern zu bereinigen, zu diesem Zweck (...) die erforderlichen Nachschüsse von den Gesellschaftern einzuziehen und schließlich die Ausgleichsansprüche zu erledigen, die der Beklagte möglicherweise noch gegen die Klägerin geltend machen kann. (...) Der Nachschußanspruch würde an sich der Gesellschaft zustehen; diese hätte ihrerseits den Beklagten zu befriedigen."* Zwei *OLG Entscheidungen*[329] jüngeren Datums bestätigen die Linie des BGH. Nach dem *OLG Köln* steht *„der Anspruch auf den Nachschuß nach § 735 BGB (...) der Gesellschaft, also der Gesamthand, nicht dagegen dem oder den anderen Gesellschaftern zu."* Neben diesen wenigen eindeutigen Urteilen gibt es einige Entscheidungen[330], die sich mit der Frage, ob § 735 BGB einen Sozialanspruch begründet, nicht ausdrücklich beschäftigen, sondern vielmehr das Problem behandeln, wann ein Gesellschafter trotz fehlender Schlußabrechnung Zahlung an sich selbst verlangen kann. Bei den zitierten Entscheidungen geht es jedoch immer um die Abwicklung einer Zwei-Personen-BGB-Gesellschaft, bei der im Regelfall im Abwicklungsstadium die Zahlung an die Gesamthand ein überflüssiger Umweg wäre. Demnach darf man aus diesen Urteilen nicht die Konsequenz ziehen, bei § 735 BGB handele es sich um einen Anspruch zwischen den Gesellschaftern ohne Berücksichtigung der Gesamthand.

b) Zur Personenhandelsgesellschaft

Bei der Personenhandelsgesellschaft wiederum tun sich Rechtsprechung und Literatur schwer, einen einheitlichen Standpunkt zu dieser Frage zu entwickeln.

---

327 Palandt/*Sprau*, § 735 Rn 2, § 705 Rn 29; MünchKomm/*Ulmer*, § 735 Rn 5; Erman/*Westermann*, § 735 Rn 1; a. A. *Kraft/Kreutz*, S. 159.

328 *BGH* WM 1967, 275.

329 *Goette*, Anmerkung zu BGH (Beschl.: Nichtannahme der Revision) und OLG München DStR 1996, 31 (das Urteil ist nur als Kommentierung von Goette, Richter am BGH, veröffentlicht); *OLG Köln* NZG 1999, 152.

330 *BGH* DStR 1991, 128; *BGH* DStR 1993, 922; *BGH* ZIP 1993, 1307 ff., *BGH* NJW 1995, 188.

Dies ist einerseits befremdend, nachdem die Diskussion bei der BGB-Gesellschaft im großen und ganzen einheitlich behandelt und ein Sozialanspruch bejaht wird. Andererseits ist diese Entwicklung kaum verwunderlich, wenn man bedenkt, daß sich die Rechtsprechung im Grunde gar nicht dazu äußert nach welcher Norm die Kapitalkonten ausgeglichen werden sollen und ansonsten den Standpunkt des historischen Gesetzgebers vertritt, daß es nicht Sache der Liquidatoren sei, den „*Passivsaldo eines Gesellschafters zur Ausgleichung der wechselseitigen Ansprüche der Gesellschafter oder zur Tilgung von Gesellschaftsschulden einzuziehen*", denn „*es handelt sich dabei nicht um Ansprüche der Gesellschaft als solcher.*"[331]

In der Literatur hingegen setzt sich - wie bereits angedeutet wurde[332] - die Einordnung des § 735 BGB als Sozialanspruch auch bei der Personenhandelsgesellschaft immer mehr durch.[333] Hintergrund dieser Entwicklung ist die von *K. Schmidt* zur Personenhandelsgesellschaft entwickelte These, daß auch in der Liquidation die Gesamthandsgesellschaft als Rechtssubjekt ernst zu nehmen sei.[334] Demnach müsse das Abwicklungsverfahren auf die Beseitigung eines Rechtsträgers bezogen und nicht wie herkömmlicherweise als ein Verfahren zur Verteilung eines Sondervermögens angesehen werden.

---

331 Begründung zu dem Entwurf eines Handelsgesetzbuchs für das Deutsche Reich von 1895, S. 94, abgedruckt in *Schubert/Schmiedel/Krampe*, Quellen zum Handelsgesetzbuch von 1897, Bd.II/1, S. 94; diesem Ansatz folgend: *BGH* DB 1984, 180 (zur KG), *BGH* NJW 1957, 989 (zur OHG); *BGH* WM 1966, 706 (zur KG); *OLG Köln* DStR 1991, 1228 (zur KG).

Vgl. aber den anderen Ansatz des *BFH* in *BFH*E 171, 392 = BB 1993, 2514, Orientierungssatz 7 (nicht veröffentlicht): „*Handelsrechtlich ist eine KG vollbeendet, wenn einer der in § 131 HGB i.V.m. § 161 Abs. 2 HGB geregelten Auflösungsgründe besteht und die Liquidation abgeschlossen sowie das Gesamthandsvermögen vollständig abgewickelt worden ist. Hat die Gesellschaft durch ihre geschäftliche Betätigung ihr Aktivvermögen verloren und sind Nachschüsse der Gesellschafter zur Begleichung der Schulden im Rahmen der Abwicklung nicht mehr zu erlangen (§ 155 Abs. 1 HGB, § 735 BGB), so hat sie ihr Ende auch steuerrechtlich gefunden.*"

332 Vgl. oben Fn 312.

333 Schlegelberger/*K. Schmidt*, § 149 Rn 26 ff.; *Habersack* in: Staub, Großkomm. HGB, § 145 Rn 8 ff; *von Gerkan* in: Röhrricht/Graf von Westphalen, HGB, § 149 Rn 10 m. w. N, ablehnend jedoch bzgl. der Rückerstattung von Einlagen, vgl. Rn 11; a. A. MünchHdb.GesR I/*v. Falkenhausen*, § 55 Rn 41; MünchHdb.GesR II/*Schmid*, § 53 KG Rn 14; *Kraft/Kreutz*, S. 159, S. 209.

334 *K. Schmidt*, ZHR 1989, 271, 275.

2. Die Abwicklung eines Rechtsträgers: Der Mythos Gesamthand

a) Die Grundlagen

Ursache vieler Probleme im Personengesellschaftsrecht - und damit auch im Stadium der Liquidation - ist letztendlich die gesetzliche Konzeption, zwischen den echten Rechtssubjekten (den natürlichen und juristischen Personen) und den reinen Rechtsgemeinschaften (den Bruchteilsgemeinschaften) eine besondere dritte Kategorie zu installieren: die Gesamthand.[335] Dabei muß man sich vergegenwärtigen, daß der breit angelegte Streit um die Rechtsfähigkeit von Gesamthandsgesellschaften zwar auch bei der OHG, KG, Partnerschaft und EWIV theoretisch von Bedeutung ist, jedoch die praktischen Auswirkungen vor allem die BGB-Gesellschaft treffen, da § 124 Abs. 1 HGB für die erstgenannten Gesellschaften eine Teilrechtsfähigkeit gesetzlich anordnet.[336] Neben Fragen nach der Rechtsnatur der Gesamthand mit dem breiten Spektrum zwischen organisatorisch verselbständigtem Sondervermögen der Gesellschafter[337] und juristischer Person[338], bildet einen wesentlichen Diskussionsgegenstand auch die Haftungsverfassung der BGB-Gesellschaft.[339] Dennoch soll hier lediglich der Meinungsstand skizziert werden, da letztendlich nach allen Theorien die Nachschußpflicht als Sozialanspruch der Gesellschaft einzuordnen ist.

Die Gesamthand ist ein altes deutschrechtliches Institut und außerhalb der deutschen Sprachgrenzen im wesentlichen unbekannt.[340] Auch die Verfasser des

---

335 Bei der Betrachtung der Gesamthand wird in dieser Arbeit ausschließlich auf die Gesamthandsgesellschaft eingegangen unter Außerachtlassung der Güter- und Erbengemeinschaft. Letztere spielen für die Einordnung der Rechtsnatur des § 735 BGB auch keine Rolle. Vielmehr wird im Erb- und Familienrecht die Auseinandersetzung dieser Gemeinschaften speziell geregelt (§§ 1474 ff, 2042 ff BGB) und im übrigen nicht auf die Vorschriften zur Gesellschaft, sondern der Bruchteilsgemeinschaft verwiesen (§§ 1477 Abs. 1, 2042 Abs. 2 BGB).

336 Vgl. aber die neue Rechtsprechung des *BGH*, nach der auch die BGB-Gesellschaft rechts- und parteifähig ist, soweit sie als Teilnehmer am Rechtsverkehr eigene Rechte und Pflichte begründet, *BGH, II. Zivilsenat*, ZIP 2001, 330.

337 *Zöllner* in: Festschrift f. Gernhuber, S. 563 ff., 572; *ders.*, in: Festschrift f. Kraft, 1998, S. 701 ff.; *Hueck* in: Festschrift f. Zöllner, S. 275 ff., 293; *Cordes*, JZ 1998. 545, 551; *Berndt/Boin*, NJW 1998, 2854, 2855.

338 Insbesondere *Raiser*, AcP 1994, 495, 503 ff.; *ders.*, AcP 1999, 104, 138.

339 Vgl. Fundstellen und Auswertung der Beiträge bei *Ulmer*, ZIP 1999, 554, 555. Vgl. auch die neue Rechtsprechung des *BGH, II. Zivilsenat*, in der er neuerdings eine akzessorische Gesellschafterhaftung bejaht, *BGH* ZIP 2001, 330, 336.

340 *Prütting*, ZIP 1997, 1725, 1726; kurzer geschichtlicher Überblick bei *Coing*, Europäisches Privatrecht, S. 354 ff.; ausführlich zur Geschichte: *Buchda, Gerhard*, Geschichte und Kritik der deutschen Gesamthandlehre, Marburg 1936.

BGB waren sich zwar in der Konstituierung des Gesellschaftsvermögens als Gesamthandsvermögen einig. Uneinheitlich wurde jedoch die Frage diskutiert *„wie die Rechtsgemeinschaft der gesammten Hand theoretisch zu konstruieren sei, und was man als das charakteristische Merkmal derselben anzusehen habe“*.[341] In den Protokollen heißt es daher weiter *„die Kom. glaubte, zu der wissenschaftlichen Streitfrage über das Wesen der gesamten Hand nicht Stellung nehmen zu sollen“*.[342] Von der Gesellschaft als einer Organisation, die als solche am Rechtsverkehr teilnimmt, ist in der gesetzlichen Regelung des BGB so gut wie keine Rede. Dies liegt daran, daß seine Verfasser die Gesellschaft als ein ausschließlich schuldrechtliches Rechtsverhältnis konzipierten. Dem ersten Entwurf lag *„die gemeinrechtliche Auffassung vom Begriffe und Wesen der Sozietät zu Grunde“*.[343] In den Motiven heißt es dazu: *„Der Vertrag bezweckt und erzeugt nur ein obligatorisches Rechtsverhältnis unter den Kontrahenten. Im Verkehr mit Dritten kommt dem Gesellschaftsverhältnisse an sich keine Bedeutung zu. Der Verkehr vollzieht sich und die dadurch hervorgerufenen rechtlichen Beziehungen und Wirkungen bestimmen sich nach allgemeinen Grundsätzen, namentlich nach denjenigen über Stellvertretung und Vollmacht. Es besteht kein geschlossenes Gesellschaftsvermögen“*.[344] Da die Verfasser des BGB sich mit dem „Wesen der gesamten Hand“ nicht näher beschäftigen wollten, ist es auch nicht verwunderlich, daß es im BGB keine Bestimmung über die Haftung der Gesellschafter für die Gesellschaftsverbindlichkeiten gibt.[345]

Ausgehend von der deutschrechtlichen Gesamthandslehre[346] wurde die Gesamthand vor allem durch *Flume* als eine kollektiv berechtigte und verpflichtete Personeneinheit verstanden. Das Vermögen soll dieser eigenen personenrechtlich verschmolzenen Gesamthand zugeordnet werden, so daß sie als eine eigenständige Beteiligte rechtlich relevanter Vorgänge im Gesamthandsbereich anzusehen ist.[347] *Flume* hat den Begriff der *„Gruppe“* eingebracht. Danach ist die Gesamthand als Gruppe *„nicht eine außer den Personen der Gesamthänder noch bestehende Wesenheit“*. Für ihn ist die Gruppe der Gesamthand keine *„persona mystica“*, sondern die Gruppe als Rechtssubjekt ist nichts anderes als die Mitglieder der

---

341 *Mugdan* II, 990.

342 *Mugdan* II, 990

343 *Mugdan* II, 330.

344 *Mugdan* II, 330; vgl. auch Denkschrift, *Mugdan* II, 1259. Die Ausgestaltung der Gesellschaft als rein obligatorisches Schuldverhältnis zwischen den Gesellschaftern ohne eigentliches Gesellschaftsvermögen wurde auch in den Protokollen zu dem ersten und zweiten Entwurf des BGB bestätigt, vgl. *Mugdan* II, 989 ff.

345 *Flume*, ZHR 1972, 177, 179.

346 Vgl. näher dazu *Buchda*, Geschichte und Kritik der deutschen Gesamthandlehre, S. 166 ff.

347 *Flume*, ZHR 1972, 177, 184 ff.

Gruppe in ihrer Verbundenheit.[348] Die gegenteilige Auffassung[349] sieht in der Gesamthand kein personenrechtliches, sondern allein ein vermögensrechtliches Prinzip. Die einzelnen Gesamthänder sind Beteiligte an einem ihnen gemeinsam zustehenden Vermögen. Alle sich aus der gesamthänderischen Bindung ergebenden Rechtsfragen der Verwaltung, Verfügung und Prozeßführung sind vermögensrechtliche Regelungen.[350] Dem Handeln der geschäftsführenden Gesellschafter wird bei einheitlicher Verpflichtung eine doppelte Wirkung beigemessen: In bezug auf das Sondervermögen entsteht eine Gesamthandsschuld, die Gesellschafter persönlich werden gesamtschuldnerisch verpflichtet.[351]

b) Die Gesamthandsdoktrin der Gegenwart

In der Literatur hat sich inzwischen sehr stark die Meinung durchgesetzt, daß die Gesamthand nicht nur als reines Vermögenszuordnungsprinzip zu verstehen ist, sondern auch als personenrechtlicher Verbund, der eigene Rechte und Pflichten haben kann.[352] Es wird von einer handlungsfähigen Gruppe im Rechtsverkehr gesprochen. Die Gesamthandsgesellschaft nimmt insofern eine Art Mittelstellung zwischen natürlichen und juristischen Personen ein. Der Unterschied zur juristischen Person besteht im wesentlichen darin, daß sie keine eigene, von der Gesamtheit ihrer Mitglieder unabhängige Rechtspersönlichkeit aufweist, sondern die Gesamthand als Gruppe der in ihr vereinigten Personen verstanden wird.[353] Diese Erkenntnis folgt aus dem Charakter des Gesellschaftsvertrages, der nicht nur als Schuldverhältnis, sondern als Organisationsvertrag zugleich die Grundlage für den Personenverband, das heißt die aus den Gesellschaftern bestehende und im Rechtsverkehr durch ihre Organe handlungsfähige Organisationseinheit, bildet. Das gilt nicht nur für die BGB-Gesellschaft, sondern grundsätzlich auch für die OHG und KG. § 124 HGB soll dabei nur die Teilnahme der Gesellschaft am Rechtsverkehr erleichtern und hat in Bezug auf die materiell-rechtliche Zuständigkeit der Gesamthand lediglich klarstellende Funktion.[354]

---

348 *Flume*, ZHR 1972, 177, 189.

349 *Hueck*, Gesellschaftsrecht, S. 66; *Larenz*, S. 389 ff.; *Kübler*, S. 53; *Zöllner*, Festschrift f. Gernhuber, S. 565 ff., 576; *Michalski*, NZG 2000, 355, 356; *Kraft/Kreutz*, S. 104; vgl. weitere Nachweise bei *Ulmer*, ZIP 1999, 511 Fn. 20 und *Hueck*, Festschrift f. Zöllner, S. 275 ff., 277 Fn 277.

350 *Prütting*, ZIP 1997, 1725, 1726.

351 *Henze*, BB 1999, 2260.

352 *Reiff*, ZIP 1999, 517, 518. Zweifelnd *Hueck*, Festschrift f. Zöllner, S. 275 ff., 277 mit umfangreichen Nachweisen für Vertreter der traditionellen Auffassung in Fn 8.

353 MünchKomm/*Ulmer*, § 705 Rn 130; *Flume*, ZHR 1972, 177, 192.

354 *Habersack* in: Staub, Großkomm. HGB, § 124 Rn 3.

Dem durch die Literatur entwickelten modernen Verständnis der Gesamthand verschließt sich auch nicht der Gesetzgeber. So werden die BGB- und Personenhandelsgesellschaften im UmwG als *„Rechtsträger neuer Rechtsform"* bezeichnet (§ 191 Abs. 2 UmwG). In dem neu gefaßten § 1059 a Abs. 2 BGB wird hinsichtlich der Übertragbarkeit des Nießbrauchs eine *„rechtsfähige Personengesellschaft"* der juristischen Person gleichgestellt. In § 14 BGB wird ebenfalls von der *„rechtsfähigen Personengesellschaft"* gesprochen. Schließlich ist gemäß § 11 Abs. 2 Nr. 1 InsO nunmehr auch die BGB-Gesellschaft insolvenzfähig[355] und damit als Träger der Insolvenzmasse anzusehen.[356]

In der Rechtsprechung wurde bis vor kurzem zur Rechtsfähigkeit der BGB-Gesellschaft keine eindeutige Stellung bezogen. Der *BGH* hat sich jedoch von dem Verständnis der Gesamthand als einem rein vermögensrechtlichen Prinzip bereits deutlich in einer Entscheidung aus dem Jahr 1991[357] abgewandt:

„Als Gesamthandsgemeinschaft ihrer Gesellschafter kann die (Außen)Gesellschaft bürgerlichen Rechts nach heutiger Auffassung als Teilnehmer am Rechtsverkehr grundsätzlich, das heißt soweit nicht spezielle rechtliche Gesichtspunkte entgegenstehen, jede Rechtsposition einnehmen." [358]

Unter Zugrundelegung dieser Formel konnte die BGB-Gesellschaft vom *BGH* als Genossenschaftsmitglied[359], als Gründerin einer Aktiengesellschaft[360] oder auch als Mitglied einer anderen BGB-Gesellschaft[361] angesehen werden.[362] Der

---

355 Mit dieser Regelung hat der Gesetzgeber die langjährige Kritik am geltenden Recht ernst genommen. Die Gesetzesänderung entspricht der Tatsache, daß BGB-Gesellschaften zunehmend als Unternehmensträger am Geschäftsverkehr teilnehmen und sich damit rechtlich und wirtschaftlich mehr und mehr der OHG annähern. Durch die insolvenzrechtliche Gleichstellung der BGB-Gesellschaft mit den Personenhandelsgesellschaften sollte jedoch nach dem ausdrücklichen Bekunden des Gesetzgebers die Frage nach der materiellrechtlichen Rechtsnatur nicht präjudiziert werden, *Balz/Landfermann*, S. 84, 85.

356 Vgl. auch *BGH* ZIP 2001, 330, 332.

357 *BGH* NJW 1992, 499, 500.

358 Vgl. bereits im Ansatz ähnlich *BGH* NJW 1981, 1213: *„Die Ansicht des BerGer., ...; mag auf der früher weitgehend vertretenen Auffassung beruhen, die Eigenart der gesamthänderischen Verpflichtung erschöpfe sich darin, daß für sie zwei Vermögensmassen haften; sie steht aber im Widerspruch dazu, daß als Folge des Gesamthandprinzips die Gesellschafter in ihrer Verbundenheit „als Gesellschaft", diese allerdings ohne Verselbständigung gegenüber den Mitgliedern, mit Wirkung für und gegen das Gesellschaftsvermögen im Rechtsverkehr handeln können... Vertragspartnerin war daher die Gesellschaft geworden..."*.

359 *BGHZ* 116, 86, 88 (II. Zivilsenat).

360 *BGHZ* 118, 83, 99 (II. Zivilsenat).

361 *BGH* NJW 1998, 376 (II. Zivilsenat).

BGH[363] entschied sogar, daß für die *„Eingehung einer Scheckverpflichtung, die Gesellschaft bürgerlichen Rechts als rechtsfähig anzuerkennen“* sei. Andererseits wurde die Markenrechtsfähigkeit der BGB-Gesellschaft gemäß § 7 Nr. 3 MarkenG vom *BGH* unter Hinweis auf die Intention des Gesetzgebers in einer neueren Entscheidung abgelehnt.[364]

Nachdem der Trend in der höchstrichterlichen Rechtsprechung in Richtung Gruppenlehre und damit der Ablehnung der traditionellen Ansicht nicht zu übersehen war[365], zeichnete sich wegen einer neueren Entscheidung des *II. Zivilsenats des BGH*[366] ein erneutes Aufflammen des Streits um Rechtsnatur und Rechtssubjektivität der Gesamthand ab. In dieser Entscheidung ging es um die rechtliche Bedeutung und Zulässigkeit von Haftungsbeschränkungszusätzen im Namen einer BGB-Gesellschaft, namentlich einer „GbRmbH“. Der *BGH* hielt solche einseitig gesetzten Haftungsbeschränkungen für schlechthin ungeeignet, die persönliche Gesellschafterhaftung aus rechtsgeschäftlichen Verbindlichkeiten auszuschließen oder zu beschränken. Er gab seine alte Rechtsprechung[367] und damit die sogenannte Doppelverpflichtungstheorie auf.[368] Die Entscheidung führte zu Verwir-

---

362 Vgl. auch *BayObLG* BB 2000, 2380, 2381: das *BayOblG* bezieht sich auf die *BGH* Rechtsprechung und will mit diesem Argument unter anderem den Beitritt einer GbR als Kommanditistin einer KG begründen.

363 *BGHZ* 136, 254, 257 (XI. Zivilsenat).

364 *BGH* DB 2000, 2117 (I. Zivilsenat); a. A. *Fezer*, Festschrift f. Boujong, S. 123 ff., 129; *ders.*, Markenrecht, § 7 Rn 36.

365 Allerdings eher auf der Linie der traditionellen Theorie: *BGH* NJW 1998, 1079, 1080; *OLG München* ZIP 1999, 535, 536.

366 *BGH* DStR 1999, 1704.

367 Vgl. *BGH* NJW 1981, 1213; *BGH* NJW-RR 90, 701, 702 mit weiteren Nachweisen.

368 Nach dieser Theorie wird in bezug auf rechtsgeschäftliche Verbindlichkeiten eine besondere Verpflichtung der Gesellschafter neben derjenigen der Gesellschaft für erforderlich gehalten. Vertreter dieser Theorie bejahen allerdings für den Regelfall das konkludente Zustandekommen der Gesellschafterverpflichtung beim Vertragsschluß namens der BGB-Gesellschaft. Ein abweichender Wille der Gesellschafter, ihre Haftung auf das Gesellschaftsvermögen zu beschränken, müsse für den Vertragspartner klar erkennbar sein. Ein auf die Haftung nur des Gesellschaftsvermögens hinweisender Zusatz im Namen der BGB-Gesellschaft hat damit die Aufgabe, das Fehlen einer persönlichen Haftung der Gesellschafter für die Gesellschaftsverbindlichkeiten deutlich zu machen, um die Entstehung eines abweichenden, am typischen Fall gemeinsamer Haftung von BGB-Gesellschaft und Gesellschaftern orientierten Rechtsscheins mit persönlichen Haftungsfolgen für die Gesellschafter auszuschließen, *Ulmer*, ZIP 1999, 509, 512. Eine Haftungsbeschränkung wäre daher auf diese Art und Weise im Prinzip machbar gewesen und war der Grund dafür, daß alle in den letzten Jahren mit dieser Frage befaßten Instanzgerichte den Namenszusatz nicht grundsätzlich für unzulässig erklärten, *OLG* Jena ZIP 1998, 1797, 1798; *BayOblG* ZIP 1998, 1959, 1960; *OLG München* ZIP 1999, 535; *LG München* ZIP 1998, 1800.

rung, da der *BGH* sich auf die These von der unbeschränkten Gesellschafterhaftung einer BGB-Gesellschaft „*kraft Gesetzes*“ zurückzog[369] und zur Begründung eine zweispurige Argumentation, nämlich die traditionelle Lehre und die Akzessorietätstheorie, heranzog.[370] Insofern blieb unklar, ob der *BGH* sich in der Zukunft von der Gruppenlehre wieder abwenden und auf den Boden der traditionellen Theorie zurückziehen wolle.[371]

Die Unklarheiten hat der *II. Zivilsenat*[372] nunmehr beendet, indem er an seine frühere Rechtsprechung anknüpfte - nach der die BGB-Gesellschaft jede Rechtsposition einnehmen kann, soweit keine speziellen Gesichtspunkte dagegen sprechen[373] - und entschied, daß die BGB-Gesellschaft, soweit sie in diesem Rahmen eigene Rechte und Pflichten begründet, rechtsfähig im Verhältnis zu Dritten sei. Als Konsequenz dieser Einsicht bejaht der *BGH* die Parteifähigkeit der BGB-Gesellschaft im Zivilprozess und, soweit die Gesellschafter auch persönlich für Verbindlichkeiten der Gesellschaft haften, eine akzessorische Gesellschafterhaftung.[374]

c) Zusammenfassung und Ausgangspunkt für die Bejahung einer Nachschußpflicht als Sozialanspruch der Gesellschaft

Das Rätsel „Gesamthand“ ist heute noch nicht abschließend in Rechtsprechung und Lehre gelöst. Man kann aber sagen, daß der überwiegende Teil der Literatur und auch die höchstrichterliche Rechtsprechung die Gesamthandsgesellschaft als eine von den einzelnen Gesellschaftern zu trennende Einheit ansehen, die auch im

---

369 Er führte aus, es gebe einen allgemeinen Grundsatz des Bürgerlichen Rechts und des Handelsrechts, „*daß derjenige, der als Einzelperson oder in Gemeinschaft mit anderen Geschäfte betreibt, für die daraus entstehenden Verpflichtungen mit seinem gesamten Vermögen haftet, solange sich aus dem Gesetz nicht Anderes ergibt oder mit dem Vertragspartner keine Haftungsbeschränkung vereinbart wird*“.

370 Die dogmatische Verworrenheit der Entscheidung kritisierend: *Ebbing*, NZG 2000, 347, 351; *Ulmer*, ZGR 2000, 339, 343 ff.; bezeichnend die jüngste Entscheidung des *OLG Bamberg* NZG 2000, 364 ff.: das Gericht bezieht sich zwar auf die neue Rechtsprechung des *BGH* zur X GbRmbH, erkennt aber nicht die eigentliche Bedeutung der Entscheidung, indem es weiterhin auf die Erkennbarkeit nach außen bzgl. der Wirksamkeit einer Haftungsbeschränkung abstellt, ohne das Erfordernis einer individualvertraglich getroffenen Vereinbarung zwischen Gesellschaft bzw. den Gesellschaftern und dem Dritten zu verlangen; kritisch dazu die Anmerkung von *Reiff*, NZG 2000, 365 ff.

371 *Goette* DStR 1999, 1707, 1708; *Kindl*, WM 2000, 697, 700. Die angebliche Annahme der Akzessorietätshaftung durch den *BGH* bereits nach diesem Urteil bejahend *Reiff*, NZG 2000, 281, 285; *Altmeppen*, ZIP 1999, 1759, 1760; *Henze*, BB 1999, 2260, 2262.

372 *BGH* ZIP 2001, 330 ff.

373 Vgl. oben Fn 357.

374 *BGH* ZIP 2001, 330, 332, 336.

materiellen Recht als Anknüpfungspunkt eigener Rechtsträgerschaft dient. Dabei bleibt anerkannt, daß die Gesamthandsgesellschaft nicht zur juristischen Person verselbständigt ist; sie hat keine eigene, von der Gesamtheit ihrer Mitglieder unabhängige Rechtspersönlichkeit.[375] Diese Einordnung ändert sich auch nicht nach der neuen Rechtsprechung des *BGH*, da nach dieser die Rechtsfähigkeit der Gesellschaft nur *„im Verhältnis zu Dritten"* gilt und nicht die Gesellschaft *„als solche"*, sondern die *„Gruppe ihrer gesamthänderisch verbundenen Mitglieder"* als Träger von Rechten und Pflichten anzusehen ist.[376] Insbesondere bleibt nach der neuen BGH-Rechtsprechung weiterhin zu überlegen, inwieweit die Gesellschaft auch im Verhältnis zu den Gesellschaftern als rechtsfähig anzusehen ist.

Die hier nur angedeuteten Streitfragen zur Rechtsnatur der Gesamthand sollen jedoch nicht weiter vertieft werden. Eine Bejahung ihrer Rechtsfähigkeit hat zwar den Vorteil, daß man sich auf die These von *K. Schmidt* zurückziehen kann, in der Liquidation der Gesamthandsgesellschaft gehe es wie bei Kapitalgesellschaften um die Vollabwicklung eines Rechtsträgers, dem daher auch der Nachschußanspruch zuzuordnen sei. In dieser Arbeit soll aber der Versuch gemacht werden, unabhängig von einer dogmatischen Klärung der Grundproblematik der Rechtsfähigkeit der Gesamthand, einen Nachschußanspruch als Sozialanspruch der Gesellschaft aus gesetzessystematischen und praktischen Erwägungen zu begründen. Dieser Ansatz ist in mehrfacher Hinsicht gerechtfertigt:

- Selbst nach der traditionellen Theorie, und hier liegt eigentlich ein großes Manko dieser Theorie, existieren nämlich Sozialrechtsbeziehungen,[377] das heißt Rechtsbeziehungen zwischen dem einzelnen Gesellschafter und „der Gesellschaft", die es aber eigentlich nach dieser Theorie nicht gibt und daher die Gesellschafter in ihrer gesamthänderischen Verbundenheit meint.[378] Wichtig im Zusam-

---

375 *Prütting*, ZIP 1997, 1725, 1727.

376 *BGH* ZIP 2001, 330, 332.

377 Wenn die Gesamthand ein bloßes Vermögenszuordnungsprinzip sein soll, so kann man damit vielleicht noch das Vorhandensein von vermögenswerten Sozialansprüchen begründen, mit dem Argument, daß die gesamthänderische Rechtszuständigkeit der Gesellschafter die dingliche Beteiligung am Gesellschaftsvermögen umfasse und damit auch im Innenverhältnis vermögenswerte Gegenstände von diesem Prinzip erfaßt würden. Die Begründung für die Ausdehnung des vermögensrechtlich verstandenen Gesamthandsprinzip auf nicht vermögenswerte Rechte und Pflichten aus dem Gesamthandsvertrag kann diese Theorie jedoch nicht mehr liefern. Daher wird zur Begründung dieser Ausdehnung seitens der individualistischen Gesamthandvermögenslehre nur auf die prägende Kraft des Gesamthandsprinzips für Personengesellschaften verwiesen, vgl. *Kraft/Kreutz*, S. 125. Die Vorzüge der Theorie von der kollektiven Einheit der Gesamthand (sog. Gruppenlehre) liegen hier klar auf der Hand.

378 *Hueck*, OHG, S. 259 ff.; kritisch gegenüber der Bejahung von Ansprüchen und Verpflichtungen der Gesamthand gegenüber Gesellschaftern, *Buchner*, AcP 1969, 483, 503 ff. *Buch-*

menhang mit dem Nachschußanspruch ist demnach nur, daß auch nach der traditionellen Sondervermögenstheorie die Verselbständigung der Gesamthandsgesellschaft dergestalt bejaht wird, Rechtsbeziehungen zwischen ihr und ihren einzelnen Mitgliedern anzuerkennen.[379]

- Weiterhin gewinnt man bei der Lektüre der Literatur zur Gesamthand bisweilen den Eindruck, daß es sich bei der Frage der „Rechtsfähigkeit" der Gesamthandsgesellschaft teilweise mehr um einen Streit um Begriffe und nicht um Ergebnisse handelt. In Literatur und Rechtsprechung scheint der eingeschlagene Weg nicht mehr umkehrbar zu sein, die Trennung der Gesamtheit der Gesellschafter von dem einzelnen Gesellschafter anzuerkennen. Wird dem Begriff der „Rechtsfähigkeit" diese organisationsrechtliche Bedeutung beigemessen, dann bezeichnet er nicht mehr alleine die Rechtszuständigkeit und verliert die Nähe zur juristischen Person.[380]

- Letztendlich ist der Versuch, die systematische Einordnung der Nachschußpflicht losgelöst von der Frage der Rechtsfähigkeit der Gesamthandsgesellschaft vorzunehmen, auch deshalb gerechtfertigt, da selbst eine Bejahung der Rechtsfähigkeit der Gesamthandsgesellschaft streng genommen nicht die Frage beantwortet, ob § 735 BGB einen Anspruch der Gesellschafter oder der Gesellschaft begründet. Es entspricht der herrschenden Meinung in Rechtsprechung und Literatur, daß bei Vermögenslosigkeit der Personengesellschaft diese vollbeendet sei.[381] Die Bejahung der Rechtsfähigkeit besagt aber noch nicht, welche Ansprüche der Gesellschaft zur Ermittlung des Vermögens zu berücksichtigen sind. Auch bei Bejahung der Rechtsfähigkeit kann man sich auf den Standpunkt stellen, daß der Saldenausgleich unter den Gesellschaftern und die Befriedigung der Gesell-

---

ner lehnt das Bestehen von Ansprüchen und Verpflichtungen der Gesamthand grundsätzlich ab und geht davon aus, daß es sich bei diesen Ansprüchen einzig und allein um Ansprüche der Gesellschafter gegen die übrigen Gesellschafter handelt.

379 *Hueck*, OHG, S. 258 ff.

380 *Kübler*, Gesellschaftsrecht, § 6 III, S. 54; Insofern ist *Kübler* beizustimmen, daß der Begriff der „Rechtsfähigkeit" im Bereich der Gesamthand vielleicht doch mehr Verwirrung schafft als Hilfe bringt; noch plakativer *Zöllner*, Festschrift f. Gernhuber, S. 563 ff., 567: *„Auch wenn der Theorienstreit keineswegs auf semantische Fragen reduziert werden kann, ist es als Ausgangspunkt für jeden, der in dem eminent komplexen Fragenkreis eine Stellungnahme wagt, nützlich, sich bewußt zu machen, daß so hoch abstrakte Begriffe wie Rechtsträgerschaft, Rechtsfähigkeit; Rechtssubjektivität, Rechtszuständigkeit u.ä. in der Gefahr odiosester Mißverständnisse schweben. Man muß kein Nachfahre des Lord Chandos sein, um ein gelegentliches Faulen dieser Worte im Munde (und auf dem Papier) gewahr zu werden."*

381 *BGH* BB 1957, 489; *BGHZ* 24, 90; *BGH* NJW 1983, 1188; Soergel/*Hadding*, Vor § 730 Rn 3; MünchHdb.GesR I/*Gummert*, § 16 Rn 93.

schaftsdrittgläubiger nicht mehr in den Zuständigkeitsbereich der Gesellschaft fallen, sobald das Reinvermögen verbraucht ist.

Abschließend sei daher auf folgendes hingewiesen: Da in dieser Arbeit die Rechtsnatur der Gesamthand nicht im Vordergrund steht und sowohl nach der traditionellen Sondervermögenstheorie als auch der neueren Gruppenlehre die Gesellschafter in ihrer gesamthänderischen Bindung von dem einzelnen Gesellschafter zu trennen sind, steht der Begriff der „Gesellschaft" in den vorliegenden Ausführungen auch immer für die Gesellschafter in ihrer gesamthänderischen Bindung. Eine Form von Rechtsfähigkeit soll dieser Begriff somit in dieser Betrachtung nicht zum Ausdruck bringen.

3. Gründe zur Bejahung eines Sozialanspruchs

a) Gesetzessystematik

Wenn man mit der Systematik des Gesetzes argumentieren will, so kommt man in der Regel nicht umhin, auch nach den Motiven des Gesetzgebers zu forschen. Im Bereich des Gesellschaftsrecht hilft einem der Blick zurück jedoch nicht unbedingt weiter. Es wurde bereits darauf hingewiesen[382], daß der Gesetzgeber Ende des 19. Jahrhunderts die Gesamthandsgesellschaft weder als Rechtssubjekt noch als Organisationseinheit verselbständigt von den Gesellschaftern verstanden hat, so daß sich aus den Motiven zum BGB und HGB wenig für die Rechtsnatur des Nachschußanspruchs aus heutiger Sicht ableiten läßt. Dennoch soll bereits an dieser Stelle darauf hingewiesen werden, daß sich zumindest durch die neue Insolvenzordnung die Gründe, die den Gesetzgeber des HGB bewogen haben, den Saldenausgleich nicht als Aufgabe der Liquidatoren zu verstehen, überlebt haben. Die ablehnende Begründung des historischen Gesetzgebers lautet hierzu wie folgt:

> „*Von rückständigen Einlagen abgesehen, ist es nicht Sache der Liquidatoren, den Passivsaldo eines Gesellschafters zur Ausgleichung der wechselseitigen Ansprüche der Gesellschafter oder zur Tilgung von Gesellschaftsschulden einzuziehen. Es handelt sich dabei nicht um Ansprüche der Gesellschaft als solcher; die entgegengesetzte Auffassung würde zu dem Ergebnisse führen, daß die fraglichen Ansprüche auch im Konkurse der offenen Handelsgesellschaft von dem Konkursverwalter geltend zu machen wären.*"[383]

---

382 Vgl. dazu oben S. 84 ff.

383 Begründung zu dem Entwurf eines Handelsgesetzbuchs für das Deutsche Reich von 1895 (Denkschrift zum RJA – EI), S. 94, abgedruckt in: *Schubert/Schmiedel/Krampe*, Quellen zum Handelsgesetzbuch von 1897, Bd. II/1 S. 94.

In der neuen Insolvenzordnung wird gemäß § 93 InsO genau diese Aufgabe letztendlich dem Insolvenzverwalter übertragen, indem die persönliche Haftung der Gesellschafter für die Verbindlichkeiten der Gesellschaft während des Insolvenzverfahrens nur noch von diesem geltend gemacht werden kann.[384] Auch wenn der Insolvenzverwalter auf diese Weise zwar nur Ansprüche der Gläubiger geltend macht, soll die Ermächtigungsfunktion in ihrer praktischen Auswirkung dazu führen, daß die persönliche Haftung der Gesellschafter wie ein Anspruch der Gesellschaft im Insolvenzverfahren behandelt wird.[385]

Das entscheidende Argument für die Bejahung eines Sozialanspruchs, wenn man mit der Systematik des Gesetzes zu argumentieren versucht, ist jedoch folgendes: Vertritt man die Ansicht, daß der Personenverbund erlischt, sobald das liquide Gesellschaftsvermögen verteilt ist, so muß man sich die Frage stellen, welche Bedeutung § 735 BGB überhaupt haben soll. Die Vertreter, die die Bejahung eines Sozialanspruchs ablehnen, verweisen darauf, daß § 735 BGB einen Anspruch auf Saldenausgleich zwischen den Gesellschaftern begründe. Für einen solchen Anspruch ist diese Vorschrift jedoch sowohl hinsichtlich des Ausgleichs von Gesellschaftsschulden gegenüber Drittgläubigern als auch bezüglich der Erstattung der Einlagen entbehrlich.

Hinsichtlich der Tilgung von Gesellschaftsschulden steht jedem Gesellschafter ein Ausgleichsanspruch gegen die Mitgesellschafter gemäß § 426 BGB zu. Der Anspruch aus § 426 Abs. 1 Satz 1 BGB entsteht von vornherein mit der Entstehung der Gesamtschuld und nicht erst durch die Befriedigung eines Gläubigers. Bestehen Gesellschaftsschulden gegenüber Drittgläubigern, haben die Gesellschafter daher als Gesamtschuldner wechselseitig die Pflicht, bei der Befriedigung der Gläubiger mitzuwirken. Der Anspruch auf Mitwirkung steht jedem Gesellschafter schon vor der eigenen Leistung zu und geht auf Befreiung von dem Teil der Schuld, den der Mitschuldner im Innenverhältnis zu tragen hat. Nach Befriedigung des Gläubigers wird aus dem Befreiungsanspruch ein Anspruch auf Ausgleich des Geleisteten.[386] Aber selbst vor der Befriedigung der Gläubiger hat der einzelne Gesellschafter die Möglichkeit, seinen Freistellungsanspruch infolge der Besonderheiten des Vollstreckungsrechts durch eine Geldzahlung der anderen Gesellschafter zu sichern, so daß auch unter diesem Aspekt auf einen zusätzlichen Individualanspruch aus § 735 BGB verzichtet werden kann. Der intern Freizustellende kann die Verpflichtung als Befreiungsanspruch nach § 887 ZPO vollstrecken und in diesem Verfahren einen Vorschuß zur Befriedigung des Gläu-

---

384 vgl. dazu im einzelnen S. 99 ff.

385 Vgl. dazu unten S. 163.

386 Palandt/*Heinrichs*, § 426 Rn 4; *Reiff*, NZG 2000, 365, 366.

bigers nach § 887 Abs. 2 ZPO verlangen.[387] Demnach ist § 735 BGB als Ausgleichsanspruch für die Gesellschafter, die Gesellschaftsschulden bezahlt haben oder bezahlen wollen, letzteres aber nur in Höhe der auf sie intern fallenden Quote, infolge der Vorschriften zur Gesamtschuld entbehrlich.

Aber auch zur Einlagenerstattung ist § 735 BGB nicht erforderlich. § 735 BGB soll nicht zur Vollerstattung der Einlagen führen, da gemäß § 722 BGB und § 121 HGB die persönlich haftenden Gesellschafter am Verlust der Gesellschaft uneingeschränkt teilnehmen.[388] Die Verlustverteilung findet bei der BGB-Gesellschaft und der Personenhandelsgesellschaft nach Köpfen (§ 722 BGB, § 121 HGB) bzw. nach angemessenem Verhältnis der Anteile in der Kommanditgesellschaft (§ 168 HGB) statt. In keinem Fall findet aber ohne ausdrückliche gesellschaftsvertragliche Vereinbarung eine Verlusttragung in Höhe der Einlagen statt.[389] Ist das Eigenkapital zur Schuldentilgung aufgebraucht worden und haben einzelne Gesellschafter entgegen der gesetzlichen Vorschriften (und keiner anderen gesellschaftsvertraglichen Regelung) zu einem größeren Anteil mit Einlagen gehaftet, als sie es nach dem Verlustverteilungsschlüssel müßten, so haben diese wiederum einen Anspruch gegen ihre Mitgesellschafter infolge der Regeln über die Gesamtschuld. Weiterhin werden Gesellschafter mit höheren Einlagen bereits über § 733 Abs. 2 Satz 1 BGB in der Weise bedacht, daß das nach der Berichtigung der Schulden übrig bleibende Vermögen vorrangig an sie auszubezahlen ist.

b) Förderung des Liquidationszwecks

aa) Der Fortbestand der Gesellschaft trotz Auflösung, soweit der Liquidationszweck dies erfordert

Die Vorschriften des HGB und BGB tragen dem Umstand Rechnung, daß der Eintritt eines Auflösungsgrundes im Regelfall nicht zur sofortigen Beendigung der Gesellschaft oder der gesamthänderischen Bindung führt, wenn man in der Terminologie der traditionellen Theorie spricht.[390] Nach überwiegender Auffassung verändert die Gesellschaft allerdings ihren Zweck: An die Stelle des werbenden Zwecks, bei OHG und KG auf den Betrieb eines Handelsgewerbes gerichtet, tritt

387 MünchKomm/*Selb*, § 426 Rn 10; *BGH* NJW 1958, 497 mit Anmerk. v. *Lange*, der darauf verweist, daß diese rechtliche Konstruktion erhebliche Risiken für die Mitschuldner verbirgt, denn der klagende Gesamtschuldner kann das Geld ohne die Gläubiger zu befriedigen kassieren, und die übrigen Gesamtschuldner bleiben weiterhin einer Haftung gegenüber den Gläubigern ausgesetzt.

388 Vgl. hierzu oben S. 80 ff. Die Vorschriften gelten gemäß § 730 II BGB und § 156 HGB auch in der Liquidation der Gesellschaft.

389 *Mugdan* II, S. 999.

390 So schon *Wimpfheimer*, S. 31, 33 ff., 74, 95 ff.

der Abwicklungszweck.[391] Die Vorschriften ordnen daher im Falle der Auflösung die Auseinandersetzung unter den Gesellschaftern (§ 730 BGB) oder die Durchführung der Liquidation (§ 145 HGB) an.[392] Zu diesem Zweck *„gilt die Gesellschaft als fortbestehend“* (§ 730 Abs. 2 BGB) bzw. findet *„auf das Rechtsverhältnis der bisherigen Gesellschafter untereinander*[393] *sowie der Gesellschaft zu Dritten“* (§ 156 HGB) die Vorschriften während des Bestehens der Gesellschaft Anwendung, soweit *„der Zweck der Auseinandersetzung es erfordert“* (§ 730 Abs. 2 BGB) bzw. sich *„aus dem Zwecke der Liquidation“* nichts anderes ergibt (§ 156 HGB). Demnach bestehen trotz Auflösung die Gesellschaft bzw. die gesamthänderische Bindung und daher auch Sozialbeziehungen zwischen der Gesamthand und den Gesellschaftern weiter mit der einzigen Einschränkung, daß dies infolge des Abwicklungszwecks erforderlich ist.

bb) Die Abwicklung aller Außen- und Innenbeziehungen als Liquidationszweck

Was soll nun aber dieser Abwicklungszweck sein? Nach *K. Schmidt* zielt das Liquidationsverfahren auf die Vollbeendigung der Personengesellschaft als Rechtsträger ab. Nach ihm soll daher die Abwicklung aller Vermögensverhältnisse der Gesellschaft, und dazu gehörten auch die sich aus den §§ 733 ff. BGB ergebenden Ansprüche zwischen der Gesellschaft und den Gesellschaftern, in das Liquidationsverfahren fallen.[394] Er kritisiert, daß die herkömmliche Ansicht, die die Vollbeendigung der Gesellschaft nach Verteilung des gesamten Reinvermögens befürwortet, den Liquidationszweck nur in der Verwendung und Verteilung eines den Gesellschaftern zustehenden Sondervermögens sieht.[395]

So fortschrittlich die These von *K. Schmidt* auch ist, sie soll hier nicht aufgegriffen werden, sondern ein Ansatz gefunden werden, der die Rechtsnatur der

---

391 *Habersack*, in: Staub, Großkomm. HGB, § 145, Rn 2; *Wimpfheimer*, S. 82; *K. Schmidt* hingegen vertritt das sogenannte „Kontinuitätsmodell“, wonach das Liquidationsverfahren nicht den (werbenden) Gesellschaftszweck ersetzt, sondern ihn nur überlagert, indem es Einfluß auf die Rechte und Pflichten der Gesellschafter nimmt und den Handlungsrahmen der Organe bestimmt, vgl. *K. Schmidt*, ZHR 1989, 270, 281 ff.

392 Vgl. zur Terminologie S. 73.

393 Spitzfindig könnte man hier argumentieren der Wortlaut *„Gesellschafter untereinander“* oder auch *„die Auseinandersetzung unter den Gesellschaftern“* (§730 BGB) deute bereits auf Individualansprüche hin. Dem kann man aber entgegnen, daß erstens der Gesetzgeber in seiner Wortwahl ohnehin nicht sehr systematisch war und zweitens dieses Argument ein Zirkelschluß ist, da die Formulierung *„Gesellschafter untereinander“* noch nicht besagt, ob die Ansprüche der Gesamtheit der Gesellschafter gegen einen Gesellschafter zustehen oder tatsächlich Individualansprüche begründen soll.

394 *K. Schmidt*, ZHR 1989, 270, 294 ff.

395 *K. Schmidt*, ZHR 1989, 270, 274, 283; zur herkömmlichen Ansicht vgl. Münch.Komm/ *Ulmer* § 730 Rn 2-4.

Gesamthandsgesellschaft nicht in den Vordergrund stellt. Nach den Regelungen zur BGB-Gesellschaft erfolgt *„die Auseinandersetzung“* im Regelfall *„in Gemäßheit der §§ 732 bis 735“* (§ 731 BGB). § 735 BGB sieht die Einforderung von Fehlbeträgen vor, wenn das Gesellschaftsvermögen zur Berichtigung der gemeinschaftlichen Schulden und zur Rückerstattung der Einlagen nicht ausreicht. Damit zielt zumindest das Auseinandersetzungsverfahren der BGB-Gesellschaft eindeutig darauf ab, daß die Verhältnisse der Gesellschafter im Verhältnis zu Dritten und auch untereinander ausgeglichen und beendet werden. Bei der Personenhandelsgesellschaft sind die §§ 733 bis 735 BGB ebenfalls zu berücksichtigen und finden bei der Berechnung des Liquidationskapitalanteils ihre Anwendung.[396] Zumindest die Ermittlung der Liquidationskapitalanteile der Gesellschafter gehört damit auch bei der Personenhandelsgesellschaft unstreitig zum Liquidationsverfahren (§ 155 HGB). Die Ermittlung der Liquidationskapitalanteile ist jedoch kein Selbstzweck, sondern soll letztendlich zu einem Ausgleich dieser Salden führen. Damit kann man vertreten, daß auch im Recht der Personenhandelsgesellschaft das Ziel der Abwicklung darin besteht, alle Verhältnisse der Gesellschafter untereinander aber auch im Außenverhältnis zu beenden. Eine andere Frage ist, ob es dazu grundsätzlich einer Gesellschaft bedarf oder ob dieses Ziel auch durch die Verfolgung von Individualansprüchen der Gesellschafter erreicht werden kann.

cc) Die Erforderlichkeit des Fortbestehens der Gesellschaft zur endgültigen Abwicklung der Außen- und Innenbeziehungen

Wurde eingangs darauf hingewiesen, daß die Gesellschaft bzw. gesamthänderische Bindung in der Liquidation weiterbesteht, soweit der Liquidationszweck es erfordert und in einem zweiten Schritt festgestellt, daß als Liquidationszweck grundsätzlich die Beendigung aller Rechtsverhältnisse der Gesellschafter gegenüber Dritten aber auch untereinander anzusehen ist, so muß man sich nun als dritten Schritt fragen, ob zu der Erreichung dieses Zwecks im Regelfall der Fortbestand der Gesellschaft erforderlich ist mit der Konsequenz, daß weiterhin Sozialbeziehungen und damit auch ein Nachschußanspruch als Sozialanspruch der Gesellschaft zu bejahen ist.

Das Hauptargument der Gegner der Nachschußpflicht ist insoweit kein dogmatisches, sondern ein Verweis auf die angebliche Überflüssigkeit der Konstruktion, das Fortbestehen der Gesellschaft nach Verteilung des Reinvermögens und eine Nachschußpflicht zu bejahen. Sie argumentieren, daß noch ausstehende Drittgläubigeransprüche Gegenstand der Gesellschafteraußenhaftung seien[397] und im übrigen die Erstattung der Einlagen auch zwischen den Gesellschaftern erfolgen

---

396 Vgl. oben S. 80 ff.

397 *BGH* NJW 1957, 989.

könne. Dieser Argumentation kann man jedoch wie folgt begegnen: Die theoretisch klare Unterscheidung zwischen der Abwicklung im Außenverhältnis und dem internen Ausgleich kann im Einzelfall Schwierigkeiten bereiten. Dies erklärt auch, warum in der Praxis zu den Aufgaben der Abwickler gezählt wird, im Rahmen der Schlußabrechnung die genannten Ansprüche zu berücksichtigen und das auf jeden Gesellschafter entfallende Guthaben oder den Fehlbetrag zu berechnen.[398] Es gibt Fallgestaltungen, bei denen eine Abwicklung ohne eine gedachte Gesellschaftskasse und damit einer Zahlung an die Gesellschafter in ihrer gesamthänderischen Bindung praktisch kaum durchführbar ist. Ein kleines Beispiel soll dies verdeutlichen:

Haben A 100 DM, B 40 DM, C 20 DM, D 10 DM und E 10 DM als Einlagen geleistet und sind nach Abwicklung der Gesellschaftsschulden noch 10 DM vorhanden, müssen 170 DM Verlust verteilt werden. Demnach müßte A 66 DM und B 6 DM erhalten. C müßte 14 DM und D und E 24 DM zahlen. Wenn man sich nun auf den Standpunkt stellt, § 735 BGB begründe nur Ansprüche zwischen den Gesellschaftern und habe mit der Gesamthand nichts zu tun, so stellt sich die Frage, wer muß welchen Betrag an wen zahlen, wenn nicht in eine „Kasse“, die dann verteilt wird. Was passiert mit den 10 DM Liquidationsgewinn? Muß er nach Köpfen zwischen A und B verteilt werden mit der Konsequenz, daß A und B eventuell gegen die Gesamthand auf Auszahlung klagen, und dann noch gegen die Gesellschafter C, D und E vorgehen müssen. Können, wenn D und E bereits an A vollständig gezahlt haben, diese eine Zahlung gegenüber B verweigern ? Oder darf A gegen D und E nur 22 DM und gegen C nur 12 DM geltend machen? Stellt sich nach vollständiger Befriedigung des A heraus, daß B kein Geld mehr von den übrigen Gesellschaftern erlangen kann, so findet § 735 S. 2 BGB Anwendung. Bedeutet dies, daß nun B wiederum auch gegen A klagen muß?

---

398 MünchKomm/*Ulmer*, § 730 Rn 4; vgl. auch die Ausführungen zur Personenhandelsgesellschaft bei *Hillers*, S. 252: Der Verlustanteil des Gesellschafters wird derart ermittelt, daß sowohl Drittgläubigeransprüche gegen die Gesellschaft als auch Sozialverbindlichkeiten wie Gesellschaftsschulden auf die einzelnen Gesellschafterkonten verteilt werden. Selbst die Einlage wird bei der Berechnung des Verlustes wie eine Gesellschaftsverbindlichkeit von den vorhandenen Aktiva abgezogen und damit das Maß des auszugleichenden Verlustes, der von allen Gesellschaftern im Verhältnis des Verlustbeteiligungsschlüssels zu tragen ist, erhöht. Um so unverständlicher, daß mit Beendigung der Verteilung angeblich diese bis dahin wie Gesellschaftsschulden behandelten Ansprüche aus der gesamthänderischen Bindung „fallen“ und den Charakter von Individualansprüchen erhalten sollen. Vgl. auch zur Berechnung *Huber*, Vermögensanteil, S. 268, der für die Ablehnung des Nachschußanspruchs als Sozialanspruch auch keine Erklärung abgibt, bzw. sich darauf beschränkt festzustellen, daß mit der Auszahlung des Liquidationserlöses der Gesellschaftszweck und der Liquidationszweck erledigt seien.

Allein das Beispiel zeigt wie unpraktikabel im Regelfall die Ablehnung eines Sozialanspruchs sein kann und unter Umständen eine Flut von Einzelprozessen auslöst. Demnach muß gerade auch aus praktischen Erwägungen entgegen der h. M. dieser Anspruch als gesetzliches Grundmodell der Gesamthand zustehen, die die Ansprüche geltend macht und das Geld entsprechend wieder verteilt. Eine geordnete Abwicklung in dem kleinen Beispiel könnte allenfalls dann erreicht werden, wenn die Liquidatoren nicht nur eine Bilanz aufstellen, in der die Kapitalanteile der Gesellschafter ausgewiesen sind, sondern vielmehr einen detaillierten Liquidationsplan erstellen, der die genaue Anweisung enthält, welcher Gesellschafter an wen etwas zu zahlen hat. Sollten die Liquidatoren aber eine solche Vorgehensweise wählen, ist darin zugleich nach der hier vertretenen Ansicht entweder eine Abtretung der Ansprüche an die ausgleichsberechtigten Gesellschafter oder eine Ermächtigung zur Zahlung an Dritte mit Erfüllungswirkung (§§ 362 ff. BGB) zu sehen.

Wie unpraktikabel das Modell der herrschenden Meinung ist, bestätigt eine Entscheidung des *BGH* aus dem Jahre 1977[399]. Hier sollte dem Liquidator einer KG angeblich ausnahmsweise auch die Aufgabe übertragen worden sein, den endgültigen Ausgleich unter den Gesellschaftern herbeizuführen. Der *BGH* stützte sich dabei unter anderem auf das Argument, daß sich diese Ausnahme aus den Besonderheiten einer Massengesellschaft ergeben könnte und führte dann aber gesellschaftsvertragliche Vereinbarungen an. Bei näherer Betrachtung besagen die angeblich vertraglichen Regelungen nichts über eine Übertragung zusätzlicher Aufgaben an den Liquidator. Die Klausel bestimmte, daß allein die persönlich haftende Gesellschafterin Liquidator sei. Weiterhin stand in der Klausel: „*Das sich durch die Liquidation ergebende Vermögen wird, soweit es über die buchmäßigen Kontenstände hinausgeht, nach Maßgabe des Gewinnverteilungsschlüssels verteilt, das gleiche gilt für einen etwaigen Liquidationsverlust.*" Diese Bestimmung sollte lediglich die Abbedingung der gesetzlich vorgesehenen Verlustverteilung nach Köpfen gemäß § 121 Abs. 3 HGB bewirken. In dieser Klausel eine ausdrückliche vertragliche Ermächtigung für den Liquidator zu sehen, überinterpretiert den Wortlaut der Klausel bei weitem. Die Entscheidung demonstriert damit den hilflosen Versuch des *BGH*, eine praktikable Lösung zu begründen, die nach Ansicht der Verfasserin sowieso gesetzlich vorgesehen ist.[400] Es liegt auf der Hand, daß das Modell der h. M. an einem übersichtlichen Verfahren mit wenigen

399 *BGH* NJW 1978, 424.

400 Diese Rechtsprechung des *BGH* wird im übrigen inzwischen so interpretiert, daß angeblich bei Massenkommanditgesellschaften eine Ermächtigung zum Kontenausgleich der Liquidatoren stillschweigend angenommen werden könne, vgl. *OLG Köln* DStR 1991, 1229 (das Ergebnis dieser Entscheidung wurde vom *BGH* durch Nichtannahmebeschluß vom 8. 7. 1991, II ZR 24/91 bestätigt).

Gesellschaftern ausgerichtet ist und bei einer Gesellschaft mit einer größeren Anzahl von Gesellschaftern versagen muß.[401]

c) Die Brücke zum Insolvenzverfahren

Die Bejahung der Nachschußpflicht als Sozialanspruch ist auch im Einklang mit den Zielen der neuen Insolvenzordnung. Der Gesetzgeber wollte unter anderem mit der neuen Insolvenzordnung einen Beitrag zur Überwindung der Masselosigkeit im Insolvenzverfahren über das Vermögen von Personengesellschaften leisten und dem Grundsatz der gleichmäßigen Gläubigerbefriedigung Rechnung tragen.[402] Dazu führte er § 93 InsO ein, der regelt, daß bei Personengesellschaften „*die persönliche Haftung eines Gesellschafters für die Verbindlichkeiten der Gesellschaft während der Dauer des Insolvenzverfahrens nur vom Insolvenzverwalter geltend gemacht werden*“ kann.

Mit der Bejahung des Nachschußanspruchs als Sozialanspruch der Gesellschaft werden die genannten Ziele weitgehend ohne die dogmatisch schwer zu erklärende Ermächtigungsfunktion des § 93 InsO erreicht.[403] Stehen die Ansprüche auf Erstattung von Fehlbeträgen der Gesellschaft zu, so müssen diese Ansprüche ohnehin vom Insolvenzverwalter geltend gemacht werden. Das ergibt sich einmal daraus, daß nach Eröffnung des Insolvenzverfahrens die Verwaltungs- und Verfügungsbefugnis des Schuldners über das zur Insolvenzmasse gehörende Vermögen auf den Insolvenzverwalter übergeht (§ 80 Abs. 1 InsO). Man kann dieses Ergebnis sogar mit dem Wortlaut des § 93 InsO begründen. § 735 BGB bewirkt, daß in der Liquidation - und das Insolvenzverfahren ist ein besonders geregeltes Liquidationsverfahren - die Gesellschafter persönlich für Gesellschaftsverbindlichkeiten gegenüber der Gesellschaft haften, nämlich für Gesellschaftsverbindlichkeiten gegenüber Drittgläubigern aber auch für die Ausgleichsverpflichtungen gegenüber

---

401 So auch *Hillers* zur BGB-Gesellschaft, S. 254; zur Personenhandelsgesellschaft, S. 277; *Hillers* will hingegen aus der Gesellschaftstreupflicht ableiten, daß die Gesellschaft anstelle von Umwegszahlungen in das Gesellschaftsvermögen, die alsdann an die Gläubiger ausgekehrt werden, dem Gesellschafter, der auch persönlich für die Gesellschaftsschuld hafte, nachzulassen habe, unmittelbar im Verhältnis zum Gesellschaftsgläubiger dessen Ansprüche gegen die Gesellschaft zu tilgen. Neben den Fällen der Unübersichtlichkeit hält *Hillers* eine Zahlung in das Gesellschaftsvermögen immer dann für notwendig, wenn die interne Übernahme von Verbindlichkeiten dem Interesse der Gesellschaft und der Gesellschafter nicht genüge, etwa deshalb, weil die Zahlungsfähigkeit des Gesellschafters zweifelhaft sei oder sich seine Vermögensverhältnisse bis zur Fälligkeit der von ihm zu tilgenden Gläubigerverbindlichkeiten so zu verschlechtern drohen, daß die Zahlung des Gesellschafters unsicher werde, S. 254, 277.

402 Begründung des Regierungsentwurfs, abgedruckt in: *Balz/Landfermann*, S. 175, 176.

403 Vgl. zu der Nachschußpflicht im Insolvenzverfahren unten S. 141 ff. und zu den praktischen Problemen im Zusammenhang mit § 93 InsO unten S. 163 ff.

den Gesellschaftern.[404] Gemäß § 93 InsO kann aber eine *„persönliche Haftung eines Gesellschafters für die Verbindlichkeiten der Gesellschaft während des Insolvenzverfahrens nur vom Insolvenzverwalter geltend gemacht werden"*. Der Gesetzgeber hat zwar im Zusammenhang mit § 93 InsO nicht an diese Konstruktion gedacht. Sie ist aber unter den Wortlaut der Vorschrift subsumierbar. Denn § 93 InsO nennt nicht ausdrücklich die persönliche Haftung für Gesellschaftsverbindlichkeiten gegenüber den Gesellschaftsgläubigern, so daß auch die persönliche Haftung gegenüber der Gesellschaft gemeint sein kann.

Die hier vertretene Lösung läßt auch erklären, warum der Insolvenzverwalter trotz § 93 InsO im Regelfall nicht die vollen Ansprüche der Gläubiger geltend machen kann. In der Begründung des Regierungsentwurfs heißt es dazu: *„Im Ergebnis sollen die persönlich haftenden Gesellschafter durch die Überleitung der Ausübung der Haftungsansprüche auf den Verwalter nicht schlechter gestellt werden, als sie nach geltendem Recht stehen. So darf der Verwalter keine Zahlungen einfordern, die über den Betrag hinausgehen, der bei Berücksichtigung des Liquidationswertes der bereits vorhandenen Insolvenzmasse zur Befriedigung aller Insolvenzgläubiger erforderlich ist; denn ein solcher Überschuß müßte anschließend wieder an die Gesellschafter zurückgezahlt werden (vgl. die §§ 227, 298 des Entwurfs[405]).“*[406] Diese vom Ergebnis her betrachtet begrüßenswerte Überlegung wird bei Bejahung einer Nachschußpflicht völlig plausibel, da sich bereits aus § 735 BGB ergibt, daß der Insolvenzverwalter nur die zur Gläubigerbefriedigung benötigten Beträge einfordern kann.

d) Die akzessorische Gesellschafterhaftung

Die Bejahung der Nachschußpflicht führt dazu, daß bei Auflösung der Personenhandelsgesellschaft ein vertretbares Konzept bzgl. der akzessorischen Gesellschafterhaftung gemäß § 128 HGB zumindest für den Regelfall, das heißt ohne Abbedingung des § 735 BGB, gefunden ist. Geht man mit der früher herrschenden Meinung davon aus, daß die Gesellschaft mit Verteilung des Reinvermögens vollbeendet und der Rest der Auseinandersetzung, nämlich Gläubigerbefriedigung und Verrechnung der Einlagen, Aufgabe der Gesellschafter sei, so kann man kaum sagen, daß die Gesellschafter im Außenverhältnis gemäß § 128 HGB akzessorisch für die Gesellschaftsschulden haften: Ohne Gesellschaft besteht keine Gesell-

---

404 Insoweit sind die Ausführungen von *Larenz*, es gebe keine Norm, die eine persönliche Haftung für Sozialverbindlichkeiten vorsehe, mit der Folge, daß für Sozialverbindlichkeiten die Gesellschafter immer nur mit ihrem Gesellschaftsvermögen haften würden, nicht ganz richtig, vgl. *Larenz*, S. 398. § 735 BGB kann diese persönliche Haftung im Stadium der Auflösung bewirken.

405 § 227 RegE entspricht § 199 InsO.

406 Begründung zum Regierungsentwurf, abgedruckt in: *Balz/Landfermann*, S. 176.

schaftsschuld und damit auch keine akzessorische Gesellschafterhaftung. Dennoch ist einleuchtend, daß die Gesellschafterhaftung im Fall der Vermögenslosigkeit der Gesellschaft nicht ebenfalls untergehen kann, da sie gerade für diesen Fall zur Sicherung der Gesellschaftsgläubiger konzipiert wurde.

Eine dogmatische Begründung für dieses Ergebnis findet man - vielleicht wegen der Eindeutigkeit im Ergebnis - in der Literatur zur Personenhandelsgesellschaft nicht.[407] Der *BGH*[408] hat im Zusammenhang mit einer Gesellschafterbürgschaft für eine KG-Schuld entschieden, daß der Sicherungszweck der Bürgschaft Vorrang vor ihrer Abhängigkeit von der Hauptschuld habe. Die Grundsätze der Akzessorietät hätten *„zurückzutreten, wenn die Hauptschuld aus Gründen untergeht oder ermäßigt wird, die auf den Vermögensverfall des Hauptschuldners zurückzuführen"* sind. Nach *K. Schmidt* wird bei dieser Sachlage aus der aktuellen eine fiktive Akzessorietät, da Haftungsumfang und –inhalt immer noch nach der erloschenen Hauptschuld bestimmt werden.[409] Diese Begründung kann man auf die Gesellschafterhaftung gemäß § 128 HGB übertragen, denn auch sie stellt eine Sicherheit für eine Gesellschaftsschuld dar. Durch die Bejahung der Nachschußpflicht als Sozialanspruch der Gesellschaft wird insofern zumindest für den gesetzlichen Regelfall ein Rückgriff auf die Grundsätze einer fiktiven Akzessorietät entbehrlich, als die Gesellschaft bei noch ausstehenden Schulden intern Sozialansprüche hat und daher mangels Vermögenslosigkeit nicht vollbeendet und erloschen sein kann.

Ein Problem stellt sich jedoch, wenn die Gesellschafter lediglich intern die Verlustbeteiligung ausschließen und die Außenhaftung davon unberührt bleibt. In diesen Fällen kommt man nicht umhin mit dem Kunstgriff der fiktiven Akzessorietät zu arbeiten oder mit der Begründung, daß die Grundsätze der Akzessorietät gegenüber dem Sicherungszweck zurücktreten müssen.[410] Allein um die Grund-

---

407 Mit Ausnahme *K. Schmidt*, Gesellschaftsrecht, S. 320, Fn 66, der allerdings auch nur in der Fußnote auf die Entscheidung des *BGH* zur Bürgschaft, *BGH* ZIP 1982, 294, verweist.

408 *BGH* ZIP 1982, 294, 295.

409 *K. Schmidt*, ZIP 1982, 297; *ders.*, Gesellschaftsrecht, S. 320 Fn 66; die Akzessorietät trotz Vollbeendigung bejahend allerdings ohne Begründung *Habersack* in: Staub, Großkomm. HGB, § 128 Rn 7.

410 Auch bei Einordnung des Verzichts auf eine interne Inanspruchnahme als pactum de non petendo (vgl. Palandt/*Heinrichs*, § 202 Rn 8) kann eine Vollbeendigung der Gesellschaft infolge Vermögenslosigkeit nicht verhindert werden. Dies würde zwar bedeuten, daß der Anspruch der Gesellschaft grundsätzlich entstanden ist, die Gesamthand und Gesellschafter aber vereinbart haben, daß der Anspruch nicht geltend gemacht wird und der Gesellschafter damit ein dauerndes Leistungsverweigerungsrecht hat. Da dieser Anspruch der Gesellschaft infolge des dauernden Leistungsverweigerungsrechts der Gesellschafter keinen Wert hat, wird er nicht die Vollbeendigung der Gesellschaft infolge Vermögenslosigkeit verhindern können.

sätze der Akzessorietät streng durchhalten zu können, läßt sich die Ablehnung der Abdingbarkeit des § 735 BGB nicht rechtfertigen.[411]

e) Identität der Personengesellschaften

Die BGB-Gesellschaft wurde vom Gesetzgeber als Grundform der Personengesellschaften ausgestaltet.[412] Diese Schlußfolgerung zieht man daraus, daß die §§ 705 ff. BGB auf andere Personengesellschaften häufig subsidiär anzuwenden sind und dort grundlegende Regelungen zu finden sind, die systematisch zum allgemeinen Gesellschaftsrecht oder doch zumindest zu den allgemeinen Regeln des Personengesellschaftsrecht gezählt werden können. Auch wird die Identität zwischen BGB-Gesellschaft und Personenhandelsgesellschaften bei „Umwandlungen" der Gesellschaftsformen nach allen Ansichten, allerdings mit unterschiedlicher Begründung, bejaht. So wird eine BGB-Gesellschaft automatisch zur OHG, wenn sie ein vollkaufmännisches Gewerbe aufnimmt. Umgekehrt wird eine OHG oder KG, deren Gewerbe auf den Stand eines Kleingewerbes herabsinkt, mit ihrer Löschung aus dem Handelsregister zu einer BGB-Gesellschaft. Selbst die Eintragung der Gesellschaft in den Fällen des § 2 HGB reicht aus, die BGB-Gesellschaft in eine OHG zu transformieren. Diese „Umwandlungen" berühren die Identität der Gesellschaft nicht; es ist keine Übertragung des Gesellschaftsvermögens mit den dazugehörenden Rechten und Pflichten erforderlich, da der Rechtsträger des Gesellschaftsvermögens identisch bleibt.[413] Wenn nun aber die BGB-Gesellschaft die Grundform darstellt und bei ihr nach h. M. die Nachschußpflicht gemäß § 735 BGB als Sozialanspruch der Gesellschaft eingeordnet wird, läßt sich kaum eine Begründung finden, warum dies bei den Personenhandelsgesellschaften anders sein soll. Daher sollte man dem Grundsatz der Identität der Personengesellschaften Rechnung tragen und eine einheitliche Anwendung der Norm verfolgen.

4. Gefahr der doppelten Inanspruchnahme

Einen Vorwurf könnte man der Einordnung des Nachschußanspruchs als Sozialanspruch jedoch machen. Sie setzt den Gesellschafter der Gefahr einer doppelten Inanspruchnahme aus, da die Außenhaftung anders als im Insolvenzverfahren in der Liquidation gerade nicht aufgehoben wird.[414] Andererseits ist der Gesellschafter auch einer doppelten Inanspruchnahme ausgesetzt, wenn man den Ausgleich der Fehlbeträge gemäß § 735 BGB als Individualanspruch der Gesellschafter

---

411 Vgl. dazu im einzelnen unten S. 103.

412 *Reiff*, NZG 2000, 281, *K. Schmidt*, Gesellschaftsrecht, S. 1696.

413 *Kübler*, S. 54; *BGH* ZIP 2001, 330, 331.

414 Schlegelberger/*K. Schmidt*, § 156 Rn 18.

versteht. Zur Absicherung der Gesellschafter sollte dennoch in jedem Fall gesellschaftsvertraglich abgesichert werden, daß Nachschüsse entweder auf ein Sperrkonto oder direkt an die Gläubiger zu zahlen sind.

V. Abdingbarkeit des § 735 BGB

Nach der h. M. stehen die gesetzlichen Regelungen in der Liquidation zur Disposition der Gesellschafter und damit auch § 735 BGB.[415] In diesem Zusammenhang schlägt *Ensthaler* vor, daß § 735 BGB nur in bezug auf die Ausgleichsverpflichtung für Einlagenverluste disponibel sein sollte, nicht aber hinsichtlich der Nachschußverpflichtung für ungedeckte Gesellschaftsschulden gegenüber Drittgläubigern.[416] Er begründet diese These damit, daß bei Bejahung eines wirksamen Haftungsausschlusses die Gesellschafter letztendlich befugt wären, über den Inhalt der Ansprüche von Gesellschaftsgläubigern zu verfügen. Dies wiederum fußt in der Ansicht, daß eine Gesellschaft bei Vermögenslosigkeit vollbeendet ist und damit streng genommen auch keine akzessorische Gesellschafterhaftung mehr bestehen kann. Im Ergebnis muß man aber die Meinung von *Ensthaler* ablehnen. Sein Ansatz ist - wenn überhaupt - nur für die Personenhandelsgesellschaft, bei der die Gesellschafter akzessorisch und auch für Altschulden haften (§§ 128, 130 HGB), zu vertreten. In diesen Fällen scheint jedoch ein Rückgriff auf die Hilfskonstruktion der fiktiven Akzessorietät[417] praktikabler, als die Abdingbarkeit des § 735 BGB generell auszuschließen.

Bei der BGB-Gesellschaft konnte man als eine akzessorische Gesellschafterhaftung noch ausdrücklich von der Rechtsprechung abgelehnt wurde sowieso nicht davon sprechen, daß durch den Ausschluß des § 735 BGB ein Vertrag zulasten der Gläubiger geschlossen wurde. Denn sowohl nach der aufgegebenen Doppelverpflichtungstheorie[418] als auch nach der traditionellen Theorie[419] wird neben der

---

415 MünchKomm/*Ulmer*, § 730 Rn 49, § 731 Rn 1; *Hillers*, S. 142; *Wolf*, WM 2000, 704, 707.

416 *Ensthaler*, S. 62.

417 Vgl. dazu oben S. 100 ff.

418 Nach der Doppelverpflichtungstheorie wird durch die Vertretungsmacht des handelnden Gesellschafters ein Schuldbeitritt der übrigen Gesellschafter mit ihrem Privatvermögen zur Gesamthandsverbindlichkeit begründet. Der Schuldmitübernehmer tritt im Normalfall als Gesamtschuldner mit in das Schuldverhältnis ein, wobei zwischen Gesellschaft und Gesellschafter mangels Gleichrangigkeit der Forderungen von einer unechten oder scheinbaren Gesamtschuld gesprochen wird, vgl. MünchKomm/*Ulmer* § 714 Rn 33, 45. Da der Schuldbeitritt keine akzessorische Haftung des Beitretenden begründet, sondern sich die Verpflichtung des Schuldbeitretenden vom Zeitpunkt des Beitritts ab eigenständig gemäß den §§ 422 ff. BGB entwickelt, kann unter Zugrundelegung der Doppelverpflichtungstheorie im Fall der BGB-Gesellschaft die Nachschußpflicht gemäß § 735 BGB ausgeschlossen werden. Dieser Ausschluß wirkt sich nicht auf die Haftung im Außenverhältnis aus.

Haftung mit dem Gesellschaftsvermögen eine persönliche Haftung der Gesellschafter als Gesamtschuldner mit dem Privatvermögen begründet, die einmal entstanden nicht von der Existenz einer Gesellschaftschuld abhängig ist. Nach der neuen Rechtsprechung des *II. Zivilsenats*[420] soll zwar neuerdings auch eine akzessorische Gesellschafterhaftung in der BGB-Gesellschaft gelten und der jeweilige Bestand der Gesellschafterhaftung für die persönliche Haftung maßgebend sein. Andererseits soll dies nur dann bejaht werden, wenn der Gesellschafter auch persönlich für Verbindlichkeiten der Gesellschaft haftet. Demnach haften trotz dieser neuen Rechtsprechung die BGB-Gesellschafter nicht unbedingt mit ihrem Privatvermögen für Altschulden und können in jedem Fall entgegen der Rechtslage in der Personenhandelsgesellschaft (vgl. § 130 HGB) eine Haftung für Altschulden ausschließen. Diesen Weg würde man den BGB-Gesellschaftern versperren, wenn durch § 735 BGB immer eine Haftung für Altschulden in Form von Nachschußpflichten bestehen würde.

---

419 Nach der traditionellen Theorie werden gemäß § 714 BGB die Gesellschafter auf zweifache Weise, einmal in ihrer Verbundenheit als Gesellschafter mit dem Gesellschaftsvermögen und zum anderen auch als Einzelpersonen mit ihrem Privatvermögen, vertreten und dementsprechend auch verpflichtet, vgl. *Larenz*, S. 397. Die Haftung mit dem Privatvermögen entspricht der Gesamtschuld, die ebenfalls einmal begründet nicht von der Existenz der Haftung mit dem Gesellschaftsvermögen abhängig ist.

Demnach würde allerdings mangels Vereinbarung mit dem Gläubiger eine Haftung des später eintretenden Gesellschafters nicht nur mit dem Privatvermögen, sondern auch mit dem Gesellschaftsvermögen für Altschulden ausscheiden. Dies hätte wiederum die befremdliche Konsequenz, daß das Gesellschaftsvermögen dem Gläubiger überhaupt nicht mehr haftet, da gemäß § 736 ZPO zur Vollstreckung in das Gesellschaftsvermögen ein Titel gegen alle Gesellschafter erforderlich ist. Daher besteht auch unter den Vertretern der individualistischen Theorie Einigkeit, daß der neu eintretende Gesellschafter für Altschulden mit dem Gesellschaftsvermögen haftet. Er soll insoweit Rechtsnachfolger eines ausscheidenden Gesellschafters sein, wenn dieser seinen Anteil übertragen hat oder als dessen Gesamtrechtsnachfolger oder aller Gesellschafter hinsichtlich der auf ihn übergegangenen Beteiligungen, wenn er als weiteres Mitglied aufgenommen wurde. Mit dem Eintritt wächst ihm das Gesellschaftsvermögen an und damit auch die „auf dem Gesellschaftsvermögen lastenden" Verbindlichkeiten. Eine Haftung mit dem Privatvermögen bleibt jedoch auch nach dieser Theorie ausgeschlossen, vgl. Zöller/*Stöber*, ZPO, § 736 Rn 2; *Hueck*, Festschrift f. Zöllner, S. 275 ff., 293, 294; *Zöllner* in: Festschrift f. Kraft, S. 701 ff., 714; Staudinger/*Keßler*, 12. Auflage, § 736 Rn 17; RGRK/*v.Gamm* § 736 Rn 4; *BGH* NJW 1979, 1821; *BGH* NJW 1981, 1095, 1096; kritisch dazu *BGH* ZIP 2001, 330, 331.

420 *BGH* ZIP 2001, 330, 336.

VI. Die Geltendmachung des Nachschußanspruchs

1. Der Grundsatz der Liquidationsbefangenheit

a) Der Ausgangspunkt in Rechtsprechung und Literatur

Ursache vieler rechtlicher Probleme in der Liquidation der Personengesellschaft ist die angeblich bestehende Liquidationsbefangenheit gesellschaftsvertraglicher Forderungen und Verbindlichkeiten der Gesellschafter. Im Liquidationsstadium werden von Rechtsprechung und Literatur sowohl bei der BGB-Gesellschaft[421] als auch der Personenhandelsgesellschaft[422] die Befugnis zur separaten Geltendmachung von gesellschaftsrechtlichen Ansprüchen des Gesellschafters im Verhältnis zur Gesellschaft, aber auch untereinander, abgelehnt.[423] *Hillers* bezeichnet daher den Grundsatz der Liquidationsbefangenheit gesellschaftsvertraglicher Forderungen und Verbindlichkeiten des Gesellschafters als gesichertes Gemeingut des Gesellschaftsrechts.[424] Folgende Sätze des *BGH*[425] geben die grundsätzliche Position zu diesem Thema wieder:

„*Nach Beendigung einer Gesellschaft bürgerlichen Rechts sind die früheren Gesellschafter grundsätzlich gehindert, ihre jeweiligen Ansprüche gegen die Gesellschaft oder gegeneinander isoliert geltend zu machen. Diese jeweiligen Forderungen sind vielmehr als unselbständige Rechnungsposten in eine Auseinandersetzungsbilanz einzustellen, ein Zahlungsanspruch besteht nur hinsichtlich des abschließenden Saldos (...). Auch wenn eine abschließende Auseinandersetzungsrechnung noch nicht erstellt ist, kann der einzelne Gesellschafter Ansprüche jedenfalls dann isoliert geltend machen, wenn die Gefahr von Hin- und Herzahlungen während des Auseinandersetzungsverfahrens, der durch die genannte Rechtsprechung des Senats begegnet werden soll (...) nicht besteht. Das ist u. a. dann der Fall, wenn bereits vor Abschluß der Auseinandersetzung feststeht, daß*

---

421 Statt aller MünchKomm/*Ulmer*, § 735 Rn 6, § 730 Rn 27.

422 *BGH* NJW 1962, 1863, 1864; *BGH* NJW 1968, 2005; MünchHdb.GesR I/*Butzer* § 77 Rn 30, 31.

423 Dieser Grundsatz soll auch bei der Partenreederei gelten. Der *BGH* rechtfertigt dies damit, daß die Liquidation der aufgelösten Reederei im Gesetz nicht ausdrücklich geregelt sei, so daß ergänzend die allgemeinen gesellschaftsrechtlichen Regeln heranzuziehen seien, soweit das Partenreedereirecht dem nicht entgegenstehe, *BGH* NJW 1991, 3148, 3150.

424 *Hillers*, S. 128.

425 *BGH* NJW 1995, 188 zur Auseinandersetzung einer Zweipersonen-GbR.

einem Gesellschafter ein bestimmter Betrag in jedem Fall zusteht (...) oder wenn es nur noch um die Verteilung des letzten Aktivposten geht."[426]

Die angeblich bestehende Liquidationsbefangenheit soll auf alle erdenklichen Ansprüche, die im Zusammenhang mit der Gesellschaft stehen, Anwendung finden. Sie wird ohne Unterscheidung zwischen Sozial-[427], Individual-[428] und Drittbeziehungen[429] zwischen den Gesellschaftern bejaht. Im übrigen wird bei allen zitierten Entscheidungen eine Ausnahme von diesem Grundsatz gemacht, wenn ein Anspruch der Gesellschaft oder des Gesellschafters mit Sicherheit feststeht. Der *BGH* rechtfertigt das Ergebnis seiner Rechtsprechung mit § 242 BGB, denn es widerspreche Treu und Glauben, müßte ein Gesellschafter einem Mitgesellschafter eine Leistung gewähren, die dieser unter Umständen später ganz oder zum Teil wieder zu erstatten hätte.[430]

In der Literatur wird der Rückgriff auf § 242 BGB inzwischen teilweise abgelehnt. *Hillers* hält den Rückgriff auf den „dolo petit"-Einwand zur Begründung der Liquidationsbefangenheit nicht für geeignet. Die Begründung ginge in doppelter Weise über den aus § 242 BGB entnommenen Grundsatz hinaus, niemand dürfe etwas verlangen, was er alsbald zurückzuerstatten habe: Denn nicht nur die sichere Rückzahlung des Geleisteten, sondern schon die Möglichkeit einer Rückzahlung am Schluß der Liquidation, begründe nach der Rechtsprechung des *BGH* in der Liquidation der Gesellschaft die „dolo petit"-Einrede; und zum anderen sei es nicht erforderlich, daß die Rückzahlungen des Geforderten alsbald zu erfolgen habe.[431] *Hillers* leitet daher die Liquidationsbefangenheit aus der Funktion des Gesellschaftsvermögens, in der Liquidation vorrangig als Haftungsfonds für Drittgläubigerverbindlichkeiten und erst nachrangig für die Tilgung der gesellschaftsvertraglichen Ansprüche der Gesellschafter zu dienen, ab (Haftungsfondsan-

---

426 Zustimmend MünchKomm/*Ulmer*, § 735 Rn 6, 27; *Goette*, DStR 1993, 1490; *Goette*, DStR 1996, 31; *Grezelius*, EWiR 1993, 971; *Müller*, EWiR 1995, 127; *Müller*, EWiR 1993, 767 ff.

427 Ansprüche gegen die Gesellschaft auf Aufwendungsersatz, vgl. *BGH* NJW 1962, 1863, 1864; Ansprüche der Gesellschaft auf Schadensersatz, *BGH* NJW-RR 1992, 543 ff; zu Sozialansprüchen allgemein *Habersack* in: Staub, GroßKomm. HGB, § 149 Rn 21.

428 Ansprüche gegen die Mitgesellschafter aus § 426 BGB, *BGH* NJW 1962, 1863, 1864; bei Ansprüchen, die sich nicht primär gegen das Gesellschaftsvermögen richten, aber ihren Ursprung in der Gesellschaft haben, lehnt der *BGH* weitgehend die Liquidationsbefangenheit ab, vgl. *BGH* WM 1962, 390, 391; *WM* 1962, 881, 882; *WM* 67, 275, 276; *Hillers* S. 365, 366; aber a. A. *BGH WM* 1968, 1086.

429 Bzgl. der Ansprüche gegen die Gesellschaft, vgl. *BGH* WM 1970, 280; im Fall des Ausscheidens eines Gesellschafters, vgl. *BGH* WM 1978, 89, 90; a. A. *Hillers*, S. 146; bzgl. der Ansprüche gegen die Mitgesellschafter aus § 421 BGB, vgl. *BGH* WM 1971, 931.

430 Vgl. *BGH* WM 1970, 280, 281; *BGH* WM 1978, 89, 90.

431 *Hillers*, S. 133.

satz).[432] Neben dem gläubigerschützenden Aspekt können nach ihm auch schützenswerte Rechtspositionen der Gesellschafter zur Begründung herangezogen werden, da diese ebenfalls ein Interesse daran hätten, daß primär das Gesellschaftsvermögen hafte und nicht sie persönlich.[433] Auch *Habersack* lehnt zur Begründung der Liquidationsbefangenheit einen Rückgriff auf § 242 BGB ab, eine andere Begründung bleibt er allerdings schuldig und verweist darauf, daß die isolierte Geltendmachung infolge der Rechtsnatur der Ansprüche scheitere, die nur noch *„unselbständige Rechnungsposten der Auseinandersetzungsrechnung“* darstellten.[434]

b) Eine kritische Betrachtung des Grundsatzes der Liquidationsbefangenheit

aa) Keine Trennung zwischen Sozial-, Individual- und Drittbeziehungen

Der Haftungsfondsansatz von *Hillers* als auch die Argumentation, unnötige Hin- und Herzahlungen in der Liquidation vermeiden zu wollen, führen zwar zu einem begrüßenswerten Ergebnis, dennoch bedarf es einer rechtlichen Begründung für die angebliche Liquidationsbefangenheit. Der Grundsatz der Liquidationsbefangenheit ist ein gutes Beispiel dafür, wie sich angeblich feststehende Regeln verselbständigen und sich Rechtssätze herausbilden, die nicht nur jeglicher dogmatischer Grundlage entbehren, sondern in der Liquidation viele Grundsätze des Gesellschaftsrechts ignorieren.

Nach der hier vertretenen Auffassung müssen in der Liquidation - wie zum Zeitpunkt der werbenden Gesellschaft - streng die Sozial-, Individual- und Drittbeziehungen zwischen Gesellschaft und Gesellschaftern bzw. zwischen den Gesellschaftern untereinander unterschieden werden. Sozialpflichten und -ansprüche umschreiben Ansprüche zwischen der Gesellschaft und den Gesellschaftern. Individualpflichten und -ansprüche sind mitgliedschaftliche Pflichten und Ansprüche der Gesellschafter untereinander. Drittpflichten und -ansprüche sind Pflichten und Ansprüche gegenüber der Gesellschaft oder den Gesellschaftern, die ihre Rechtsgrundlage nicht in der Mitgliedschaft haben.[435] So wird zum Beispiel wäh-

---

432 *Hillers*, S. 139.

433 *Hillers*, S. 138, 139; zustimmend *K. Schmidt*, ZHR 1989, 270, 293 der dieses Ergebnis aus Sinn und Zweck der Liquidation rechtfertigt; *Hillers* verkennt dabei nicht, daß sich sein Modell dem Einwand ausgesetzt sieht, das Liquidationsrecht stehe zur Disposition der Gesellschafter und könne daher nicht als systematisch ausgestaltete Regelungen zum Gläubigerschutz verstanden werden. Er verweist darauf, daß die Anordnung zwingenden Liquidationsrechts nur *ein* Instrument der Sicherung gläubigerschützender Regelungen sei. Daneben bestehe die effektivere persönliche Haftung der Gesellschafter, *Hillers*, S. 142, 143.

434 *Habersack* in: Staub, Großkomm. HGB § 149 HGB Rn 21.

435 Vgl. zur Terminologie, die im übrigen auf alle Verbandsformen Anwendung findet: *K. Schmidt*, Gesellschaftsrecht, S. 556.

rend der werbend tätigen Gesellschaft von niemandem vertreten, daß bei der Berechnung der Gewinnansprüche der Gesellschafter gegen die Gesellschaft, die Individualansprüche der Gesellschafter untereinander zu berücksichtigen sind. Die Trennung der Gesellschaftsansprüche von den Ansprüchen der einzelnen Gesellschafter wird auch sehr deutlich in § 719 Abs. 2 BGB. Nach dieser Vorschrift kann ein Schuldner gegen eine Gesamthandsforderung mit einer ihm gegen einen Gesellschafter persönlich zustehenden Forderung nicht aufrechnen.[436] Schuldet der Gesellschafter der Gesellschaft einen Geldbetrag, kann demnach auch er nicht gegen diese Forderung mit einer Forderung gegen einen Mitgesellschafter aufrechnen. Der angeblich bestehende Grundsatz der Liquidationsbefangenheit, der alle Ansprüche aus dem Gesellschaftsverhältnis ohne Unterscheidung zwischen Sozial-, Dritt- und Individualbeziehungen als unselbständige Rechnungsposten in einer Auseinandersetzungsbilanz behandelt sehen will, durchbricht damit die Regeln in der werbenden Gesellschaft.

bb) Verstoß gegen bilanzielle Grundsätze

Weiterhin ist der Grundsatz der Liquidationsbefangenheit auch mit bilanziellen Grundregeln nicht in Einklang zu bringen. Als Rechnungsposten einer Bilanz der Gesellschaft können immer nur Gesellschaftsforderungen und –verbindlichkeiten aufgeführt werden. Dies ergibt sich zumindest bei der Handelsgesellschaft aus § 247 HGB, der unter anderem bestimmt, daß in der Bilanz das Eigenkapital und die Schulden des Kaufmanns, das heißt der Handelsgesellschaft (§ 6 Abs. 1 HGB), hinreichend aufzugliedern sind.

Noch deutlicher wird die erforderliche Trennung von Ansprüchen aus Sozial-, Individual- oder Drittbeziehungen im Personengesellschaftsrecht in den §§ 264 a-c HGB. Diese Vorschriften gelten für Personenhandelsgesellschaften, bei denen keine natürliche Person als persönlich haftender Gesellschafter vorhanden ist. Auf diese Gesellschaften finden die Rechnungslegungsvorschriften für Kapitalgesellschaften Anwendung. Es bedarf keiner weiteren Erklärung, daß bei einer Kapitalgesellschaft in der Bilanz nicht die Ansprüche der Gesellschafter oder Aktionäre untereinander Berücksichtigung finden können. Unselbständige Rechnungsposten einer Auseinandersetzungsbilanz einer Gesellschaft können daher allenfalls Ansprüche und Verbindlichkeiten der Gesellschaft sein. Eine nähere Betrachtung der Behandlung dieser Ansprüche in Rechtsprechung und Literatur ergibt jedoch, daß

---

436 Für die Vertreter, die die Teilrechtsfähigkeit der Gesamthandsgesellschaft bejahen, folgt dies bereits aus der fehlenden Gegenseitigkeit von Forderung und Schuld gemäß § 387 BGB. Der Aufrechnungsausschluß greift mangels Gegenseitigkeit selbst dann ein, wenn sich die Gegenforderung des Gesellschaftsschuldners zwar nicht gegen die Gesellschaft, wohl aber gegen alle Gesellschafter richtet, vgl. MünchKomm/*Ulmer*, § 719 Rn 10.

selbst diese Ansprüche sehr wohl isoliert geltend gemacht werden können, vorausgesetzt sie stehen mit Sicherheit fest.[437]

cc) Verstoß gegen den Wortlaut der gesetzlichen Vorschriften zur Liquidation

Auch verstößt die angebliche Liquidationsbefangenheit der Ansprüche gegen die gesetzlichen Vorschriften in der Liquidation. Sozialverbindlichkeiten und Gesellschafterdrittgläubigerforderungen können schon nach der gesetzlichen Ausgestaltung der Liquidation von den Gesellschaftern bei ausreichendem Gesellschaftsvermögen isoliert geltend gemacht werden. Bei der Personenhandelsgesellschaft ergibt sich ein Anspruch auf vorläufige Verteilung aus § 155 Abs. 2 Satz 1 HGB. Für die BGB-Gesellschaft ergibt sich dieser Anspruch aus § 733 Abs. 1 BGB, denn zu den gemeinschaftlichen Schulden, die zunächst aus dem Gesellschaftsvermögen zu befriedigen sind, gehören auch die Gesellschafterdrittgläubigerforderungen und Sozialverbindlichkeiten.[438]

Obwohl auch der *BGH*[439] der Ansicht ist, daß Sozialverbindlichkeiten zu den Ansprüchen aus § 733 Abs. 1 BGB gehören, kommt er in der zitierten Entscheidung erst über einen Umweg zu dem Ergebnis, daß diese Ansprüche vom Gesellschafter auch ohne abschließende Auseinandersetzungsbilanz geltend gemacht werden können. Insofern ist das Urteil ein schönes Beispiel dafür, daß der *BGH* über seine eigenen Grundsätze zur angeblich bestehenden Liquidationsbefangenheit stolpert, was vielleicht auch damit zusammenhängt, daß er in dieser Entscheidung nicht genau zwischen einer Klage gegen die Gesellschaft und zwischen den Gesellschaftern trennt. So bejaht der *BGH*, daß der Gesellschafter einen Anspruch auf Aufwendungsersatz gegen die Gesellschaft gemäß § 733 Abs. 1 BGB habe. Stellt dann aber fest, diesen Anspruch könne der Gesellschafter nicht isoliert geltend machen, da er angeblich nur noch einen unselbständigen Rechnungsposten in der Auseinandersetzungsbilanz darstelle, es sei denn er stehe schon vor der Auseinandersetzung mit Sicherheit fest. Der *BGH* entscheidet dann aber nicht, ob der geltend gemachte Anspruch gegen die Gesellschaft mit Sicherheit feststeht, sondern sucht nach einer weiteren Ausnahme von der angeblich bestehenden Liquidationsbefangenheit und sieht diese darin, daß Einzelansprüche auch dann

---

437 Für Sozialverbindlichkeiten, *BGH* NJW 1962, 1863, 1864; für Sozialansprüche, vgl. *BGH* NJW-RR 1992, 543, 544; für Ansprüche aus Drittbeziehungen, vgl. *BGH* WM 1971, 932, 933.

438 MünchKomm/*Ulmer*, § 733 Rn 6; *BGH* DStR 1998, 46, 47 (Aufwendungsersatz). Bei einem Streit über das Ob und die Höhe des Anspruchs auf Vorwegbefriedigung kann allerdings aus der Notwendigkeit der Substantiierung des Sachvortrags und nach Beweislastregeln letztendlich eine Art Auseinandersetzungsbilanz aufzustellen sein, vgl. auch *Michalski*, OHG-Recht, § 15 Rn 3.

439 *BGH* DStR 1998, 46, 47.

gesondert gegen „*andere Gesellschafter*" weiterverfolgt werden können, „*wenn sich aus dem Sinn und Zweck der gesellschaftsvertraglichen Bestimmung ergebe, daß sie im Falle der Auflösung ihre Selbständigkeit behalten sollen.*"

dd) Die Zulässigkeit der isolierten Geltendmachung als Regelfall auch nach dem Grundsatz der Liquidationsbefangenheit

Eine Analyse der Rechtsprechung zeigt, daß von dem Grundsatz der Liquidationsbefangenheit regelmäßig eine Ausnahme gemacht wird und sowohl die Gesellschaft als auch die Gesellschafter die Ansprüche aus Sozial-[440], Individual-[441] oder Drittbeziehungen[442] immer dann isoliert, das heißt vor Erstellung der endgültigen Auseinandersetzungsbilanz geltend machen können, wenn der Anspruch mit Sicherheit feststeht. Die Kernaussage der Rechtsprechung zur Liquidationsbefangenheit ist mithin etwas überspitzt formuliert, daß die genannten Ansprüche jederzeit geltend gemacht werden können, vorausgesetzt sie stehen mit Sicherheit fest. Ein Grundsatz, der für die Geltendmachung eines jeden Anspruchs gilt.

Daß es allein aus Darlegungsgründen zur Geltendmachung des Anspruchs im Zweifel einer Abrechnung bedarf, wird noch näher zu behandeln sein. Richtig ist auch, daß spätestens mit Feststellung der Schlußbilanz die Ansprüche mit Sicherheit feststehen. In jedem Fall kann aber der Einwand, es sei noch keine Auseinandersetzungsrechnung gestellt - der im übrigen in Folge der verwirrenden Grundsätze zur angeblichen Liquidationsbefangenheit mit Vorliebe in den Prozeß eingebracht wird[443] - der Geltendmachung von Einzelansprüche in der Liquidation niemals entgegen stehen. Der Anspruch kann allenfalls nicht mit Sicherheit feststehen, da der Anspruchsteller entweder bereits seiner Darlegungslast im Prozeß nicht genügend nachkommt oder seinen vorgetragenen Anspruch nicht beweisen kann.

Der Grundsatz, daß Ansprüche in der Liquidation zu unselbständigen Rechnungsposten werden, gibt somit bei genauerer Betrachtung ein Schlagwort ohne Substanz.

---

440 *BGH* NJW 1962, 1863, 1864; *BGH* NJW-RR 1992, 543, 544.

441 *BGH* NJW 1962, 1863, 1865.

442 *BGH* WM 1971, 932, 933.

443 Vgl. die Ansicht der Revision in *BGH* WM 1967, 275, 276; Anmerkung *Goette* zu *BGH* DStR 1991, 128; vgl. die Argumentation des Berufungsgerichts in *BGH* NJW 1995, 188.

2. Die Vermeidung unnötiger Hin- und Herzahlungen trotz Ablehnung des Grundsatzes der Liquidationsbefangenheit

a) Keine Einzelansprüche zwischen den Gesellschaftern als Ausdruck der gesamthänderischen Bindung

Das Gesellschaftsvermögen ist Gesamthandsvermögen. Wen man als Träger des Gesellschaftsvermögens ansieht, die Gesellschaft oder die Gesellschafter, hängt davon ab, ob man die Gesamthand als Rechtssubjekt anerkennt oder nicht. In jedem Fall ist das Gesellschaftsvermögen aber gesamthänderisch gebunden, das heißt die Gesellschafter können nicht über ihre Gesamthandsberechtigung[444] verfügen (§ 719 BGB). Obwohl § 718 BGB nur von einem Aktivvermögen als Gesamthandsvermögen ausgeht, ist sowohl nach der traditionellen Theorie[445] als auch der Gruppenlehre[446] anerkannt, daß es auch Gesamthandsschulden gibt. Ansprüche und Verbindlichkeiten der Gesellschafter hinsichtlich des Gesellschaftsvermögens können daher während der werbenden Gesellschaft im Zweifel nicht zwischen den einzelnen Gesellschaftern geltend gemacht werden und bedürfen zu ihrer Durchsetzung der Aufteilung des Aktiv- und Passivvermögens. Die gesamthänderische Bindung besteht auch während der Liquidation, so daß sich bereits daraus ergibt, daß zwischen den Gesellschaftern vor der endgültigen Aufteilung des Vermögens im Regelfall keine Einzelansprüche bestehen. Demnach muß eine Begründung gefunden werden, warum auch die Ansprüche, die nicht von der gesamthänderischen Bindung betroffen sind bzw. auch schon zum Zeitpunkt der werbenden Gesellschaft isoliert geltend gemacht werden können[447], in

---

444 Unter der Gesamthandsberechtigung versteht man nach der traditionellen Theorie, daß jeder Gesellschafter Träger aller zum Gesellschaftsvermögen gehörigen Rechte ist, daß aber seine Verfügungsmacht durch die der übrigen Gesellschafter beschränkt ist, vgl. *Westermann*, Personengesellschaftsrecht, S. 281; nach der Gruppentheorie versteht man darunter die Mitberechtigung an der Gesamtheit der Gesamthand oder Gruppe zugeordneten Gegenstände, vgl. MünchKomm/*Ulmer*, § 719 Rn 3.

445 *Zöllner*, Festschrift f. Gernhuber, S. 563 ff., 576: *„Der zutreffende Kern der Begründung von der rechtlichen Verselbständigung des Gesellschaftsvermögens liegt auch hinsichtlich der Passiva nicht notwendig in der Annahme einer Rechtssubjektivität der Gesellschaft, sondern darin, daß man nicht Mitglied des gesellschaftlichen Verbands werden kann, ohne Mitträger des Vermögens zu werden und umgekehrt, und zwar des Vermögens im Sinn der Aktiven und Passiven."*

446 MünchKomm/*Ulmer*, § 718 Rn 30.

447 Ansprüche gegen die Gesellschaft auf Aufwendungsersatz des Geschäftsführers (§ 717 Satz 2 BGB) und dem Ausgleichsanspruch für das Zahlen von Gesellschaftsverbindlichkeiten (§ 110 HGB) fallen zum Beispiel nicht unter die gesamthänderische Bindung, da der Gesetzgeber davon ausging, daß es sich bei diesen Rechten trotz gesellschaftsvertraglichen Ursprungs um gegenüber der Mitgliedschaft verselbständigte Ansprüche handelt, vgl. MünchKomm/*Ulmer*, § 717 Rn 3, 31.

der Liquidation nicht mehr einzeln geltend gemacht werden dürfen. Auch dabei muß streng zwischen Ansprüchen aus Sozial-, Dritt- und Individualbeziehungen unterschieden werden.

b) Die Bedeutung des § 242 BGB bei der Geltendmachung von Ansprüchen zwischen Gesellschaft und Gesellschaftern

Auch wenn in dieser Arbeit der Grundsatz der Liquidationsbefangenheit abgelehnt wird, so ist es dennoch problematisch, Ansprüche zwischen der Gesellschaft und den Gesellschaftern aus Sozial- und Drittbeziehungen mit Erfolg vor der Auf- und Feststellung einer Auseinandersetzungsbilanz geltend zu machen. Die Gründe für die Schwierigkeiten findet man aber in den Grundsätzen der Darlegungs- und Beweislast und nicht darin, daß die Einzelansprüche zu unselbständige Rechnungsposten in einer Auseinandersetzungsbilanz werden. Im Verhältnis Gesellschaft – Gesellschafter liegt die Schwierigkeit bei der Geltendmachung von Einzelansprüchen darin begründet, daß im Liquidationsverfahren im Zweifel eine Vielzahl von Ansprüchen berücksichtigt und gegeneinander verrechnet werden müssen. Der Geltendmachung eines einzelnen Anspruchs steht daher im Regelfall der „dolo agit“ Einwand aus § 242 BGB entgegen, der im übrigen von Amts wegen vom Gericht zu berücksichtigen ist.[448] Kann die Gesellschaft oder der Gesellschafter aber den Nachweis führen, daß ihr oder ihm der Anspruch in jedem Fall zusteht, dann steht der isolierten Geltendmachung vor Aufstellung einer Auseinandersetzungsbilanz nichts im Wege.

Dieses Ergebnis entspricht auch dem Grundgedanken der älteren Rechtsprechung des *BGH*. Betrachtet man das Ausgangsurteil des *BGH*[449], auf das sich die Rechtsprechung später bei der Bejahung der sogenannten Liquidationsbefangenheit von Sozialansprüchen bezieht[450], stellt man fest, daß der *BGH* in der älteren Entscheidung der Ansicht war, rückständige Beiträge und Schadensersatzansprüche der Gesellschaft dürften in der Liquidation nur noch eingefordert werden, wenn sie zur Berichtigung von Gesellschaftsschulden benötigt werden. Daß diese Ansprüche angeblich nur noch Rechnungsposten in einer Auseinandersetzungsbilanz seien, wurde in diese Entscheidung hineininterpretiert. Für die Geltendmachung der Sozialansprüche in der Form von ausstehenden Einlage- und Schadensersatzforderungen muß die Gesellschaft nach dieser älteren zitierten Rechtsprechung des *BGH* darlegen, wozu sie das Geld nach ihren Vermögens- und Liquidi-

---

448 Palandt/*Heinrichs*, § 242 Rn 15.

449 *BGH* WM 1977, 617 ff.

450 *BGH* NJW-RR 1992, 543 ff.; zustimmend *Habersack* in: Staub, GroßKomm. HGB, § 149 Rn 21.

tätsverhältnissen voraussichtlich benötigt. Diese Grundsätze sind ebenfalls auf den Nachschußanspruch gemäß § 735 BGB zu übertragen.[451]

c) *Einschränkungen bei der Geltendmachung von Individualansprüchen der Gesellschafter gegen Mitgesellschafter*

aa) *Gesellschaftsrechtliche Ansprüche, die sich primär gegen das Gesellschaftsvermögen richten*

Individualansprüche der Gesellschafter untereinander fallen niemals unter die gesamthänderische Bindung. Dennoch sollen auch sie liquidationsbefangen sein und als unselbständige Rechnungsposten der Auseinandersetzungsbilanz behandelt werden. Man muß hier Ansprüche der Gesellschafter unterscheiden, die sich primär gegen das Gesellschaftsvermögen richten und nur subsidiär gegen die Gesellschafter und solchen Ansprüchen, die zwar ihren Ursprung im Gesellschaftsverhältnis haben, sich dennoch nicht gegen das Gesellschaftsvermögen richten.

Unter die erste Gruppe fallen in erster Linie die Ausgleichsansprüche eines Gesellschafters gegen die Mitgesellschafter aus Gesamtschuld, wenn er aufgrund seiner Außenhaftung in Anspruch genommen worden ist und Gesellschaftsverbindlichkeiten getilgt hat. Für Ansprüche dieser Art haften die Mitgesellschafter der werbenden Gesellschaft nur subsidiär mit ihrem Privatvermögen.[452] Der Gesellschafter, der die anderen Gesellschafter auf deren Anteil am Verlust in Anspruch nehmen will, braucht jedoch nicht zuvor die Zwangsvollstreckung in das Vermögen der Gesellschaft zu betreiben; es reicht aus, daß die Gesellschaft offenkundig nicht zahlen kann.[453] Daran kann sich auch in der Liquidation im Grundsatz nichts ändern. Daher können Gesellschafter, solange Befriedigung aus dem Gesellschaftsvermögen zu erlangen ist, Individualansprüche nicht gegen die Mitgesellschafter isoliert geltend machen. Die in Anspruch genommenen Gesellschafter haben insoweit die Einrede der Subsidiarität.

Ebenfalls unter diese Gruppe fällt, wenn einem Gesellschafter wie einem Drittgläubiger Ansprüche gegen die Gesellschaft zustehen und ihm konsequenterweise die Mitgesellschafter für diese Ansprüche auch persönlich als Gesamtschuldner gemäß den §§ 421 ff. BGB haften.[454] Die Geltendmachung solcher Ansprüche

---

451 Im Ergebnis übereinstimmend *Habersack* in: Staub, GroßKomm. HGB, § 149 Rn 21.

452 *BGH* NJW 1962, 1863, 1864; *BGH* NJW 1980, 339, 340; MünchHdb.GesR I/*v. Falkenhausen*, § 54 Rn 102; MünchKomm/*Ulmer*, § 707 Rn 3; MünchHdb.GesR II/*v. Falkenhausen*, § 16 KG Rn 2.

453 MünchHdb.GesR I/*v. Falkenhausen*, § 54 Rn 102; *BGH* NJW 1980, 339, 340.

454 *BGH* WM 1970, 280. Auch bei diesen Ansprüchen soll der Grundsatz der Liquidationsbefangenheit gelten, *BGH* WM 1971, 931.

wird durch die gesellschaftliche Verbundenheit der Gesellschafter, die der Treuepflicht unterliegen, geprägt. Daraus ist abzuleiten, daß die Gesellschafter verpflichtet sind, sich primär an das Gesellschaftsvermögen zu halten, während die persönliche Haftung der Mitgesellschafter subsidiär ist.[455] Der Gesellschafterdrittgläubiger muß sich bei einer Inanspruchnahme der Mitgesellschafter den Betrag abziehen lassen, der im Innenverhältnis auf ihn entfällt, in der Regel also seinen Verlustanteil. Im übrigen geht die Haftung jedes Mitgesellschafters nach den Regeln der Gesamtschuld auf das Ganze.[456]

bb) Gesellschaftsrechtliche Ansprüche, die sich nicht primär gegen das Gesellschaftsvermögen richten

Ein gesellschaftsvertraglicher Anspruch, der sich nicht primär gegen das Gesellschaftsvermögen richtet, sondern allein und unmittelbar gegen den Mitgesellschafter, soll nach Ansicht des *BGH* nicht liquidationsbefangen sein, obwohl auch hier Hin- und Herzahlungen im Hinblick auf das Schlußergebnis der Liquidation drohen. Als Argument verweist der *BGH* darauf, daß diese Ansprüche - häufig Schadensersatzansprüche gegen Mitgesellschafter - mit der Liquidation des Gesamthandsvermögen in keinerlei Verbindung stehen.[457] Dennoch kann sich auch in diesem Fall eine Einrede des in Anspruch genommenen Gesellschafters aus § 242 BGB ergeben, wenn er geltend machen kann, daß der Anspruchsteller am Ende der Liquidation wiederum an ihn etwas zu zahlen habe. Diese Konstellation kann vor allem bei einer Zweipersonengesellschaft häufig der Fall sein.

3. Die Bedeutung der festgestellten Schlußbilanz

a) Der Begriff der „Auseinandersetzungsbilanz"

Bei den Personengesellschaften wird der Anspruch auf Nachschuß nach bisher völlig unbestrittener Auffassung in Rechtsprechung und Literatur erst im Rahmen der Auseinandersetzungsbilanz[458] - teilweise auch als Schlußabrechnung[459], Aus-

455 Schlegelberger/*K. Schmidt*, § 128 Rn 12, 20; *Hillers*, S. 367; offen gelassen *BGH* WM 1970, 280; *BGH* NJW 1983, 749; a. A. MünchKomm/*Ulmer*, § 705 Rn 168, der darauf verweist, daß die Ansprüche des Gesellschafterdrittgläubigers zwar von der Gesellschaftsbeziehung „überlagert" seien, eine Pflicht zu einer vorrangigen Inanspruchnahme der Gesellschaft jedoch ablehnt.

456 Schlegelberger/*K. Schmidt*, § 128 Rn 18.

457 *BGH* WM 1962, 390, 391; WM 1962, 881, 882; WM 67, 275, 276; *Hillers*, S. 365, 366; a. A. *BGH* WM 1968, 1086.

458 *BGH* ZIP 1993, 1307 (BGB-Gesellschaft), vgl. dazu Anmerkung v. *Goette*, DStR 1993, 1491; *BGH* NJW 1995, 188, 189 (BGB-Gesellschaft).

459 *OLG Köln* NZG 1999, 152 (BGB-Gesellschaft).

einandersetzungsrechnung[460] oder Schlußbilanz[461] bezeichnet - ermittelt. Dies ergibt sich aus dem von der Rechtsprechung aufgestellten[462] und in dieser Arbeit kritisierten[463] Grundsatz der Liquidationsbefangenheit. Der Begriff der Auseinandersetzungsbilanz ist jedoch nicht ganz eindeutig. Man findet ihn weder im Recht der BGB-Gesellschaft noch bei der Personenhandelsgesellschaft. § 155 HGB regelt lediglich, daß das Vermögen der Gesellschaft aufgrund der *„Schlußbilanz"* unter die Gesellschafter zu verteilen sei. Im Recht der BGB-Gesellschaft bestimmt § 721 Abs. 1 BGB, daß ein Gesellschafter den *„Rechnungsabschluß"* erst nach Auflösung der Gesellschaft verlangen könne.[464] Bei der Personengesellschaft kann zudem die Pflicht zur Aufstellung mehrerer Bilanzen in der Liquidation bestehen: § 154 HGB bestimmt, daß zu Beginn und bei der Beendigung der Liquidation eine Bilanz aufzustellen sei.

Rechtsprechung[465] und Literatur[466] verstehen unter der Auseinandersetzungsbilanz die Bilanz oder Abrechnung, die die Abwickler vor Verteilung des Gesellschaftsvermögens an die Gesellschafter, das heißt nach Versilberung des Gesellschaftsvermögens und Tilgung bzw. endgültigen Ermittlung der verbleibenden Gesellschaftsschulden, aufzustellen haben. In Hinblick auf den Wortlaut des § 155 HGB und im Interesse einer einheitlichen Terminologie im Gesellschaftsrecht sollte die nach vollständiger Versilberung und vor Verteilung des Gesellschaftsvermögens erstellte Bilanz *„Schlußbilanz"* genannt werden, von der im übrigen der Begriff der *„Schlußrechnung"* zu unterscheiden ist.[467]

---

460 *BGH* NJW-RR 1992, 543, 544 (BGB-Gesellschaft); *BGH* NJW 1978, 424 (KG).

461 *BGH* DB 1984, 180 (KG).

462 Ständige Rechtsprechung *BGH* NJW 95, 188, 189, vgl. auch zur Personenhandelsgesellschaft *BGH* NJW 1968, 2005, 2006.

463 Vgl. oben S. 105 ff.

464 Das Erfordernis der Aufstellung einer Auseinandersetzungsbilanz in der Liquidation der BGB-Gesellschaft wird aber als regelmäßiger Bestandteil der in den Vorschriften der §§ 733 bis 735 BGB angeordneten Maßnahmen bezeichnet; MünchKomm/*Ulmer*, § 730 Rn 6.

465 Vgl. oben Fn 458 - 461.

466 Statt aller *Ensthaler* in: GK-HGB, § 154 Rn 5.

467 Vgl. zur Terminologie: *K. Schmidt*, Liquidationsbilanzen, S. 62; *Scherrer/Heni*, S. 112 ff. Eine *Schlußrechnung* sieht das Kapitalgesellschaftsrecht in den §§ 74 Abs. 1 GmbHG und § 273 Abs. 1 AktG vor, daneben wird sie ebenfalls für die Genossenschaft auch ohne gesetzliche Bestimmung gefordert, vgl. *Müller*, GenG, § 93 Rn 9; *Hettrich/Pöhlmann*, GenG, § 93 Rn 1. Diese Schlußrechnung dient nicht der Vermögensverteilung, vielmehr sollen die in der Schlußrechnung aufgelisteten Zahlungsvorgänge Aufschluß über die Tätigkeit der Liquidatoren und über den Ablauf des Liquidationsverfahrens geben. Sie ist erst nach Vollzug der Vermögensverteilung aufzustellen.

Der Begriff der *Schluß*bilanz bezieht sich dabei nicht auf den Abschluß des Liquidationsverfahrens, denn es gehört unbestritten auch zu den Aufgaben der Liquidatoren, die Verteilung des nach Berichtigung der Schulden verbleibenden Vermögens anhand der Kapitalanteile der Schlußbilanz unter den Gesellschaftern vorzunehmen (§ 155 HGB). Vielmehr bezieht sich der abschließende Charakter dieser Bilanz darauf, daß mit ihr endgültig das verteilungsfähige Gesellschaftsvermögen und zwar der Aktiven, aber auch der Passiven ermittelt wird.[468]

b) Die Auf- und Feststellung der Bilanz

Grundsätzlich muß man bei der Bilanzierung während der werbend tätigen Gesellschaft und in der Liquidation zwischen dem Anspruch auf Auf- und Feststellung der Bilanz unterscheiden.[469] Der Anspruch auf Aufstellung der Schlußbilanz steht nach Eintritt der Auflösung als Teil des Anspruchs auf Auseinandersetzung jedem Gesellschafter gegen die Gesamthand zu. Da die Pflicht zur Aufstellung der Schlußbilanz den Geschäftsführern bzw. den Liquidatoren obliegt[470], kann der Anspruch unmittelbar gegen die für den Rechnungsabschluß zuständigen oder ihre Mitwirkung verweigernden Geschäftsführer geltend gemacht werden.[471] Sind alle Gesellschafter zur Abwicklung berufen, ist die Klage auf Mitwirkung an den zur Aufstellung der Schlußabrechnung erforderlichen Handlungen zu richten. Die Vollstreckung erfolgt nach § 887 ZPO, so daß der oder die klagenden Gesellschafter auf Kosten der widersprechenden oder untätigen Gesellschafter eine Bilanz selbst aufstellen oder in Auftrag geben können. Eine Schlußabrechnung durch das Gericht kann im Normalfall nicht verlangt werden.[472]

Die Feststellung der Bilanz ist hingegen keine Geschäftsführertätigkeit, sondern ein Grundlagengeschäft, das vorbehaltlich einer anderweitigen Regelung im Gesellschaftsvertrag nur dann wirksam zustande kommt, wenn alle Gesellschafter

---

468 *Ensthaler* in: GK-HGB, § 154 Rn 5: die Liquidationsschlußbilanz *„ist nicht erst nach Abschluß des Liquidationsverfahrens aufzustellen, sondern, wenn das Vermögen der Gesellschaft vollständig i.S. von § 154 verteilbar ist, d.h. dann, wenn die Sachwerte versilbert sind, die Schulden beglichen oder zumindest konkret ermittelt wurden und nun auf die Gesellschafter umgelegt werden können.*“; *Habersack* in: Staub, Großkomm. HGB, § 154 Rn 16.

469 Das Erfordernis der Feststellung des Rechnungsabschlusses bzw. Jahresabschlusses gilt nach unbestrittener Auffassung sowohl für die BGB-Gesellschaft als auch für die Personenhandelsgesellschaften, vgl. MünchHdb.GesR I/*Gummert*, § 10, Rn 27 und *Bezzenberger*, § 56, Rn 60 ff.

470 MünchKomm/*Ulmer*, § 721 Rn 6; für den Jahresabschluss bei einer KG: *BGH* NJW 1996, 1678.

471 MünchKomm/*Ulmer*, § 721 Rn 4.

472 MünchKomm/*Ulmer*, § 730 Rn 47, davon abzugrenzen ist die Feststellungsklage zur Klärung einzelner Rechnungsposten vor Gericht.

ihr Einverständnis dazu erklären.[473] Zum Zeitpunkt der werbenden Gesellschaft dient die Feststellung zur verbindlichen Festlegung der Bilanzwerte als Grundlage der Gewinn- und Verlustverteilung zwischen den Gesellschaftern und berührt damit den Kernbereich der Mitgliedschaft. Die Billigung erstreckt sich dabei auf alle Ansprüche und Verbindlichkeiten der Gesellschaft gegenüber den Gesellschaftern.[474] In der Liquidation kann insoweit nichts anderes gelten.

c) Vorteile der festgestellten Schlußbilanz bei der Geltendmachung von Nachschußansprüchen

aa) Vereinfachung der Durchsetzung der Nachschußansprüche

Vergegenwärtigt man sich zu welchem Zeitpunkt die Schlußbilanz aufgestellt wird, so versteht man, warum in Rechtsprechung und Literatur der Grundsatz der Liquidationsbefangenheit entwickelt und übersehen wurde, daß es letztendlich nicht auf die Aufstellung dieser Bilanz, sondern darauf ankommt, daß die geltend gemachten Ansprüche mit Sicherheit feststehen. Erst zum Zeitpunkt der Erstellung der Schlußbilanz ist das gesamte Vermögen versilbert und die Gesellschaftsschulden getilgt bzw. endgültig ermittelt, so daß spätestens zu diesem Zeitpunkt tatsächlich die gegenseitigen Ansprüche der Gesellschafter untereinander und gegenüber der Gesellschaft endgültig feststehen.

Die Bedeutung der festgestellten Schlußbilanz liegt darin, daß die in ihr aufgeführten Ansprüche und Verbindlichkeiten und damit auch die Nachschußansprüche für den zustimmenden Gesellschafter verbindlich werden.[475] Sie erleichtert damit erheblich die Durchsetzung der Nachschußpflicht durch den Liquidator. Der einzelne Gesellschafter kann sich vor allem bei einer Inanspruchnahme durch

---

473 *BGH* NJW 1996, 1678 bzgl. der Feststellung einer Jahresbilanz in einer KG. Das Gericht verweist in dieser Entscheidung darauf, daß eine abweichende gesellschaftsvertragliche Mehrheitsklausel dem Bestimmtheitsgrundsatz unterworfen sei, da es bei der Feststellung des Jahresabschlusses um die Festlegung von Gewinnansprüchen gehe und damit der Kernbereich der Mitgliedschaft betroffen sei; *Ulmer* in: Festschrift f. Wolfgang Hefermehl, S. 209; *Priester* in: Festschrift f. Karlheinz Quack, S. 381; *K. Schmidt*, Anmerkung zu BGH, JuS 1996, 752.

474 MünchKomm/*Ulmer*, § 721 Rn 7; MünchHdb.GesR I/*Gummert* § 10 Rn 29. Mit Ausnahme des rechtsgeschäftlichen Charakters der Feststellung (Schlegelberger/*Martens*, § 120 Rn 5) wird im übrigen ihre rechtliche Einordnung nicht einheitlich behandelt. Es wird vertreten, daß es sich bei der Feststellung um ein abstraktes Schuldanerkenntnis (*BGH* WM 1960, 187), um ein kausales Schuldanerkenntnis bzw. einen Feststellungsvertrag zwischen allen Gesellschaftern (MünchKomm/*Ulmer*, § 721, Rn 7) oder um die Ausübung eines gesellschaftsvertraglichen, der Gewinnbeteiligung immanenten Gestaltungsrechts analog § 315 BGB (*Muth*, S. 97 ff.) handelt.

475 Vgl. oben Fn 474.

den Liquidator nicht mehr darauf berufen, daß die Gesellschafter die Nachschußpflicht abbedingen wollten, wozu sie, da § 735 BGB dispositiv ist, auch noch in der Liquidation in der Lage wären.

bb) Keine Fällgkeitsvoraussetzung

Abzulehnen ist die Ansicht des *OLG Köln*[476] und von *Ulmer*[477], daß zur Bejahung der Fälligkeit der Nachschußansprüche die Feststellung der Schlußbilanz durch die Gesellschafter erforderlich sei. Diese Ansicht kollidiert mit der Erkenntnis, daß gesellschaftsrechtliche Ansprüche in der Liquidation auch vor Erstellung der Schlußbilanz geltend gemacht werden können, wenn sie mit Sicherheit feststehen.[478] Sie übersieht zudem, daß es im Recht der BGB-Gesellschaft im Normalfall keine Pflicht zur förmlichen Rechnungslegung gibt.[479] Begrüßenswert sind insoweit die vom *BGH*[480] gemachten Äußerungen im Zusammenhang mit der Liquidation einer Publikums-KG. In dieser Entscheidung mußte sich das Gericht mit der Frage beschäftigen, wann der Liquidator Einlagen zum Ausgleich unter den Gesellschaftern einfordern darf. Er führte dazu aus:

„Da das Gesellschaftsvermögen hierzu nicht ausreicht, sind die ausstehenden Einlagen in Höhe der Passivsalden einzuziehen. Die Einziehung setzt demgemäß die Feststellung der aktiven und passiven Kapitalanteile voraus. Das bedeutet ***im***

---

476 *OLG Köln* NZG 1999, 152, 153; Das Gericht entschied zur Abwicklung eine Zwei-Personengesellschaft: *„Mangels einer einvernehmlich – oder aufgrund entsprechenden Klageantrages durch Urteil – festgestellten Schlußabrechnung ist ein etwaiger Anspruch auf Nachschuß gegen die Beklagte jedenfalls auch noch nicht fällig."* Das Gericht übersieht jedoch in dieser Entscheidung, daß noch gar nicht der Zeitpunkt gekommen war, in dem eine Schlußrechnung hätte erstellt werden können. Nach den Ausführungen des Gerichts war es noch nicht zu einer Verwertung des Gesellschaftsvermögens gekommen und der Vortrag der Klägerin zur angeblichen Berichtigung der Schulden war „nicht nachvollziehbar". Folglich hätte selbst bei dem geforderten Klageantrag – wobei ebenfalls unklar bleibt wie der Antrag genau hätte aussehen sollen – keine Schlußbilanz festgestellt werden können.

477 MünchKomm/*Ulmer*, § 735 Rn 5, § 730 Rn 48; a. A. Schlegelberger/*K. Schmidt*, § 155 Rn 43.

478 Vgl. oben S. 110.

479 Einer formellen Rechnungslegung bedarf es bei der BGB-Gesellschaft nur, wenn die finanziellen Verhältnisse der Gesellschaft nicht ohne weiteres überschaubar sind, und eine Auseinandersetzung unter Berechnung der auf die einzelnen Gesellschafter entfallenden Guthaben oder Nachschüsse ohne Auseinandersetzungsbilanz zu Unsicherheiten führen würde, vgl. MünchKomm/*Ulmer*, § 730 Rn 46; *BGH* WM 1969, 591, 592: der *BGH* verlangte bei der Abwicklung einer Bürogemeinschaft eine Gesamtabrechnung, auch wenn diese nicht eine „regelrechte Auseinandersetzungsbilanz" darstelle; im Ergebnis wohl auch *BGH* ZIP 1993, 1307, der in dieser Entscheidung von dem Erfordernis einer „einfachen Auseinandersetzungsrechnung" spricht.

480 *BGH* DB 1984, 180.

***Regelfall**, daß zunächst eine Schlußbilanz aufgestellt und festgestellt werden muß, die die Ausgleichsansprüche und –schulden wiedergibt, oder auf deren Grundlage ein Ausgleichsplan erstellt werden kann. (...) Dem Berufungsgericht ist darin zuzustimmen, daß noch ausstehende Einlagen auch bei Fehlen derartiger Abrechnungen eingezogen werden können, wenn und soweit ohne Auseinandersetzungrechnung festgestellt werden kann, daß ein Passivsaldo besteht (...) Insoweit können die Rechtsgrundsätze herangezogen werden, wonach Ansprüche der Gesellschafter untereinander schon vor der Schlußabrechnung geltend gemacht werden können, soweit mit Sicherheit feststeht, daß sie in jedem Fall bestehen.*"

Man könnte daher den angeblich bestehenden Grundsatz der Liquidationsbefangenheit gesellschaftsrechtlicher Ansprüche relativieren, indem man sagt, daß Ansprüche zwischen Gesellschaft und Gesellschaftern in der Liquidation geltend gemacht werden können, sobald sie mit Sicherheit feststehen. Dies ist in der Regel spätestens dann der Fall, wenn die Schlußbilanz auf- und festgestellt ist.

d) Gerichtliche Durchsetzung der Feststellung

Die Frage, inwieweit einem Gesellschafter gegen einen Mitgesellschafter oder der Gesellschaft gegen ihre Mitglieder ein Anspruch auf Zustimmung zu einer aufgestellten Bilanz zustehen kann, wird nicht einheitlich beantwortet. Einigkeit besteht jedoch insoweit, daß solange nicht das bilanzpolitische Ermessen der Geschäftsführer durch die zustimmungsunwilligen Gesellschafter in Frage gestellt wird, sondern die Bilanz als solche oder einzelne Posten unrichtig sein sollten, eine Klage auf Zustimmung zur Bilanz oder auch nur auf Feststellung einzelner Bilanzposten gerichtet werden kann.[481]

Unklar bleibt jedoch, ob dieser Anspruch allein den Gesellschaftern untereinander[482] oder auch der Gesellschaft gegen die Gesellschafter zusteht[483]. Im Ergebnis wird man beide Möglichkeiten bejahen müssen. Ein Anspruch der Gesellschafter untereinander ergibt sich schon aus der gegenseitigen Treuepflicht.[484] Ein Anspruch der Gesellschaft gegen die Gesellschafter muß mit der Überlegung möglich sein, daß es bei der Feststellung auch um die verbindliche Festlegung von Sozialansprüchen und damit Interessen der Gesellschaft bzw. der Gesamtheit der

481 Hachenburg/*Hüffer*, GmbHG § 46 Rn 15, 17; Rowedder/*Koppensteiner*, § 46 Rn 6; Schlegelberger/*Martens* § 120 Rn 8; *BGH* NJW 1996, 1678, 1679; *Ulmer* in: Festschrift f. Wolfgang Hefermehl, S. 209; *Priester* in: Festschrift f. Karlheinz Quack, S. 381.

482 Schlegelberger/*Martens* § 120 Rn 8.

483 So anscheinend *BGH* NJW 1996, 1678, 1679: „*Die Konkretisierung des dem Grunde nach bereits im Gesellschaftsvertrag begründeten Gewinnanspruchs bedarf daher, da er der Gesellschaft eben angehört, der Anerkennung durch sämtliche Gesellschafter einschließlich der Kommanditisten.*"

484 MünchKomm/*Ulmer*, § 721 Rn 7; MünchHdb.GesR I/*Gummert*, § 10 Rn 33.

Gesellschafter geht, wobei der Anspruch von den Liquidatoren geltend gemacht werden kann.[485] Diesen Ausführungen steht auch nicht der Wortlaut des § 155 Abs. 3 HGB entgegen, da diese Vorschrift lediglich anordnet, daß die Liquidatoren bei Streit unter den Gesellschaftern über die Verteilung, diese bis zur Entscheidung des Streites auszusetzen haben. Über die Klagebefugnis der Liquidatoren trifft diese Bestimmung keine Aussage.

VII. Die Darlegungs- und Beweislast bei Geltendmachung des Nachschußanspruchs

1. Geltung der allgemeinen Regeln zur Darlegungs- und Beweislast

Im Zivilrecht ist als Beweislastprinzip im allgemeinen der Grundsatz anerkannt, daß jede Partei, die den Eintritt einer Rechtsfolge geltend macht, die Voraussetzungen des ihr günstigen Rechtssatzes zu beweisen hat. Den Anspruchsteller trifft daher die Beweislast für die rechtsbegründenden, den Anspruchsgegner für die rechtsvernichtenden, rechtshindernden und rechtshemmenden Tatbestandsmerkmale.[486] Wer die entscheidungserheblichen Tatsachen vorzutragen hat (Darlegungslast), richtet sich ebenfalls nach dem materiellen Recht. Der Anspruchsteller muß daher zur Begründung des Klageanspruchs Tatsachen vortragen, die in Verbindung mit einem Rechtssatz geeignet und erforderlich sind, das geltend gemachte Recht als entstanden erscheinen zu lassen.[487]

Für die Geltendmachung des Nachschußanspruchs bedeutet dies, daß die Gesellschaft, vertreten durch den Liquidator, den Anspruch durch einen schlüssigen Sachvortrag im Prozeß untermauern muß. Es muß sich aus dem Vortrag ergeben, daß das Gesellschaftsvermögen zur Berichtigung der gemeinschaftlichen Schulden und zur Rückerstattung der Einlagen nicht ausreicht (§ 735 BGB). Wenn eine Schlußbilanz mangels vollständiger Versilberung des Gesellschaftsvermögens noch nicht vorliegt, muß sich auch aus dem Vortrag ergeben, daß der in Anspruch genommene Gesellschafter keinen Anspruch auf ein Auseinandersetzungsguthaben haben kann (§ 242 BGB). Bestreitet der Gesellschafter den Anspruch, so trifft die Gesellschaft die Beweislast.[488]

---

485 Schlegelberger/*K. Schmidt*, § 149 Rn 29.

486 Zöller/*Greger*, vor § 284 Rn 17, 18; *BGH* NJW 1991, 1052, 1053.

487 *BGH* NJW 1991, 2707, 2709.

488 Etwas anderes kann insoweit nur dann gelten, wenn der Anspruchsteller nicht selbst im Besitz der Unterlagen ist. Nach ständiger Rechtsprechung des *BGH* kann ein substantiiertes Bestreiten von dem Prozeßgegner ausnahmsweise gefordert werden, wenn der beweisbelasteten Partei eine nähere Darlegung des Sachverhalts nicht möglich oder nicht zumutbar ist, weil nur dem Gegner die Einzelheiten bekannt sind und diesem der Vortrag auch zumutbar

2. Abgrenzung von der BGH-Rechtsprechung zur Beweislastverteilung bei noch ausstehenden Einlagen

Zu Mißverständnissen führt in diesem Zusammenhang eine Entscheidung des *BGH*[489], da sie den Eindruck erweckt, daß in der Liquidation für Sozialansprüche nicht die allgemeinen Regeln zur Darlegungs- und Beweislast gelten. Der *BGH* mußte die Frage entscheiden, inwieweit der Liquidator zu beweisen hat, daß er Einlagen zum Liquidationszweck von den Gesellschaftern einziehen müsse. Der *BGH* verneinte in seinem Urteil, daß der Liquidator unter Beweis stellen müsse, daß der geforderte Betrag zur Erfüllung der Liquidationsaufgaben erforderlich sei. Er argumentierte, daß die Beweislast des Liquidators in diesen Fällen im Widerspruch zu den Interessen der Gesellschafter stehe, die Aktiva der Gesellschaft möglichst schnell und ungehindert flüssig zu machen, damit insbesondere die Gläubiger befriedigt und mögliche weitere Ansprüche von der Gesellschaft abgewendet werden können. Er relativierte diesen Grundsatz aber dadurch, daß er dem Liquidator eine besonders substantiierte Darlegungslast aufbürdet:

„Andererseits darf dem in Anspruch genommenen Gesellschafter nicht die Möglichkeit genommen werden nachzuweisen, daß die Erreichung des Abwicklungszwecks auch ohne die von ihm zu erbringende Leistung gewährleistet ist. Zu diesem Nachweis wird er im Regelfall aber nur dann in der Lage sein, wenn der Abwickler die Verhältnisse der Gesellschaft darlegt. Daraus folgt, daß im Streitfall der Abwickler zu einer solchen Darlegung verpflichtet ist, soweit nur er dazu imstande ist. Der dem in Anspruch genommene Gesellschafter obliegende Beweis ist dementsprechend als geführt anzusehen, wenn die erforderliche Aufklärung verweigert wird."[490]

Die zitierte Rechtsprechung kann infolge der unterschiedlichen Sach- und Interessenlage bei der Einforderung einer noch ausstehenden Einlage und der Geltendmachung von Nachschußpflichten auf letztere nicht übertragen werden. Bei der Einforderung der noch rückständigen Einlage trotz Liquidation der Gesellschaft steht die Höhe des Anspruchs auf die Einlage infolge der gesellschaftsvertraglichen Vereinbarung fest. Streitig ist insoweit nur, inwieweit dieser Betrag zur Liquidation benötigt wird. Unter Berücksichtigung dieser Rechtslage kann man vertreten, die Auferlegung der Beweislast der Gesellschaft könne den Interessen der übrigen Gesellschaftern widersprechen. Denn zumindest die Gesell-

---

ist. In diesem Fall braucht die beweisbelastete Partei ihr Vorbringen erst unter Beweis zu stellen, wenn der Gegner eine substantiierte Sachdarstellung gegeben hat. Äußert er sich nicht, tritt die Wirkung des § 138 Abs. 3 ZPO ein; vgl. *BGH* NJW 1999, 3485, 3486.

489 *BGH* BB 1978, 1133, 1134.

490 Diese Darlegungslast kann zur Verpflichtung führen, den Vortrag durch vorhandene Belege und sonstige Unterlagen zu untermauern, *BGH* NJW 1999, 3485, 3486.

schafter, die ihre Einlage geleistet haben, werden ein Interesse an der möglichst schnellen Einforderung der noch ausstehenden Einlagen durch den Abwickler haben. Dennoch erscheint diese Rechtsprechung unter Berücksichtigung des Grundsatzes, daß Einlagenleistungen oder auch Schadensersatzansprüche gegen die Gesellschafter in der Liquidation an sich gar nicht mehr eingefordert werden dürfen, es sei denn sie werden zur Abwicklung der Gesellschaft benötigt, sehr bedenklich.[491]

Bei der Geltendmachung des Nachschußanspruchs ist jedoch im Regelfall der gesamte Anspruch mangels Festlegung der Höhe im Gesellschaftsvertrag zu berechnen und nicht nur die Erforderlichkeit für die Liquidation vorzutragen. Daher kann auch nicht mit dem Interesse der Gesellschafter an einer möglichst schnellen und ungehinderten Liquidation argumentiert werden. Vielmehr werden die Gesellschafter ein Interesse daran haben, daß ihnen die Erforderlichkeit der zusätzlichen Belastung in Form der Nachschußzahlungen nachgewiesen wird. Insofern müssen bei der Einforderung von Nachschüssen im Regelfall die allgemeinen Grundsätze zur Darlegungs- und Beweislast gelten.

VIII. Umfang und Berechnung der Nachschüsse in der Schlußbilanz der Personenhandelsgesellschaft

1. Der Umfang der Nachschußpflicht

Die Gesellschafter müssen vorbehaltlich keiner anderen gesellschaftsvertraglichen Vereinbarung im Verhältnis ihrer Verlusttragungspflicht für die Fehlbeträge der Gesellschaft aufkommen. Es besteht eine Ausfallhaftung bei Zahlungsunfähigkeit einzelner Mitgesellschafter (vgl. § 735 Satz 2 BGB).

2. Bilanzierung nach der herkömmlichen Ansicht

Die Ermittlung des Liquidationsergebnisses und damit letztendlich auch der Nachschußansprüche in der Schlußbilanz wird im Personenhandelsrecht nicht einheitlich beantwortet. Nach § 154 HGB haben die Liquidatoren eine Liquidationseröffnungs- und eine Liquidationsschlußbilanz aufzustellen. Die herkömmliche Auffassung versteht § 154 HGB als Spezialregelung zu den §§ 238, 242 ff. HGB und zieht daraus die Schlußfolgerung, daß § 154 HGB die Verpflichtung der Liquidatoren auf die Aufstellung dieser beiden Sonderbilanzen beschränke. Eine Pflicht zur Jahresrechnungslegung bestehe in der Liquidation grundsätzlich nicht. Sie könne sich nur im Einzelfall, z. B. bei einer viele Jahre andauernden Liquidation,

491 Vgl. insoweit *BGH* NJW-RR 1992, 534, 544; *BGH* WM 1977, 617, 618.

aus den Grundsätzen ordnungsgemäßer Buchführung ergeben. Überdies bestehe bei Abwicklungen größeren Umfangs eine zivilrechtliche Bilanzierungspflicht.[492]

Nach herkömmlichen Verständnis ist bei Eintritt der Auflösung eine Schlußbilanz der werbenden Gesellschaft - im Falle der Auflösung während des Geschäftsjahres für das in Betracht kommende Rumpfgeschäftsjahr - aufzustellen. Diese letzte Bilanz ist Erfolgsrechnung im Sinne der §§ 242 ff. HGB.[493] Gemäß § 154 HGB soll weiterhin eine an die Stelle der Jahresrechnungslegung tretende Liquidationseröffnungsbilanz und, sobald das verteilbare Vermögen nach Berichtigung der Verbindlichkeiten feststeht, eine Liquidationsschlußbilanz aufzustellen sein. Bei den beiden zuletzt genannten Bilanzen soll es sich nach dieser Ansicht um reine Vermögensbilanzen handeln.[494]

3. Bilanzierung nach der neueren Ansicht

Der herkömmlichen Interpretation des § 154 HGB hat vor allem *K. Schmidt*[495] ein anderes Verständnis entgegengestellt, das sich zumindest in der Literatur[496] in ihrem Grundtenor als inzwischen die herrschende Meinung bezeichnen lassen kann. Danach ist in der Liquidation zwischen der kaufmännischen Rechnungslegung der Handelsgesellschaft und der Rechnungslegung der Liquidatoren gegenüber den Gesellschaftern im Innenverhältnis zu unterscheiden. Entgegen der herrschenden Meinung sei nur die interne Liquidationsrechnungslegung gegenüber den Beteiligten Gegenstand der Regelung in § 154 HGB. Folglich unterliege die aufgelöste OHG bis zur Vollbeendigung der in den §§ 238, 242 ff. HGB vorgeschriebenen externen Buchführungs- und Rechnungslegungspflicht.

Neben der grundsätzlichen Einigkeit darüber, daß es auch in der aufgelösten Personenhandelsgesellschaft der Aufstellung eines Jahresabschlusses bedarf, besteht ansonsten viel Uneinigkeit. Der Streit findet seinen Ursprung in der Bestim-

---

492 *van Gerkan* in: Röhricht/Graf von Westphalen, HGB, § 154 Rn 1; *Habersack* in: Staub, Großkomm. HGB, § 154, Rn 7; *BGH* ZIP 1980, 192, 194.

493 *van Gerkan* in: Röhricht/Graf von Westphalen, § 154 Rn 1; *Habersack* in: Staub, Großkomm. HGB, § 154 Rn 18; a. A. Schlegelberger/*K. Schmidt*, § 154 Rn 17.

494 Zur Liquidationseröffnungsbilanz: Im Unterschied zur Erfolgsbilanz verfolgt diese Vermögensbilanz nicht den Zweck, den Ertrag des Unternehmens von Periode zu Periode festzustellen, sie dient vielmehr der vorläufigen Klärung des Standes von Aktiva und Passiva und soll den Gang der Liquidation vorwegnehmend darstellen; vgl. *Ensthaler* in: GK-HGB, § 154 Rn 3; *Sudhoff*, NJW 1957, 731. Zur Liquidationsschlußbilanz: *Ensthaler* in: GK-HGB, § 154 Rn 5.

495 *K. Schmidt*, ZHR 1989, 271, 286; *ders.*, Liquidationsbilanzen, S. 58 ff.

496 *Habersack* in: Staub, Großkomm. HGB, § 154, Rn 7 ff.; MünchHdb.GesR II/*Butzer* Rn 59; *van Gerkan* in: Röhricht/Graf von Westphalen, HGB, § 154 Rn 9; *Scherrer/Henri*, S. 19 ff.; Beck Bil-Komm./*Budde/Geißler*, § 252 Rn 19.

mung des Geschäftsjahres in der Liquidation. So wird sowohl hinsichtlich des Erfordernisses einer Schlußbilanz der werbenden Gesellschaft gestritten[497] als auch darüber, ob eine Liquidationseröffnungs- und -schlußbilanz nach den Regeln einer Erfolgsbilanz aufzustellen sind.[498] Nach *K. Schmidt*[499] geht das Geschäftsjahr trotz Auflösung der Gesellschaft mangels einer Spezialregelung wie sie im Kapitalgesellschaftsrecht in den §§ 270 AktG und 71 GmbHG vorgesehen ist weiter, so daß weder ein Jahresabschluß für ein Rumpfgeschäftsjahr der werbenden Gesellschaft noch eine Liquidationseröffnungsbilanz als externe Bilanz zu erstellen sei. Eine geschlossene Rechnungsperiode der Liquidation gebe es nach § 154 HGB nur für die Rechnungslegung der Liquidatoren gegenüber der Gesellschaft. Andere wiederum halten infolge der vorzunehmenden Neubewertungen in der Liquidation eine Schlußbilanz der werbenden Gesellschaft für schlechthin unverzichtbar. Es könne vor allem zu einer unrichtigen Darstellung des Liquidationsergebnisses

---

497 Das Erfordernis einer Schlußbilanz der werbenden Gesellschaft bei Kapitalgesellschaften ablehnend *Förschle/Kropp/Deubert*, DB 1994, 998, 999; nach den Verfassern *„stimmen (...) die Wertansätze in der Schlußbilanz der werbenden Gesellschaft nicht nur in aller Regel sondern aufgrund des nunmehr auch für die Liquidations-Eröffnungsbilanz maßgeblichen Grundsatzes der Bilanzidentität (§ 252 Abs. 1 Nr. 1 i.V. mit §§ 270 Abs. 2 Satz 2 AktG, 71 Abs. 2 Satz 2 GmbHG) zwingend immer mit denen der Liquidations-Eröffnungsbilanz überein, denn es ist nicht einzusehen, warum sich die Vermögensverhältnisse zu den beiden - nur durch eine logische Sekunde getrennten – Bilanzstichtagen unterscheiden sollten*".

498 Teilweise wird das Erfordernis einer Liquidationseröffnungsbilanz im Sinne einer externen Rechnungslegung mit einer Analogie zu den §§ 270 AktG und 71 GmbHG begründet, vgl. *Habersack* in: Staub, Großkomm. HGB, § 154 Rn 19; nicht eindeutig *Scherrer/Heni*, S. 134, 143 ff., die einerseits davon schreiben, daß die Liquidationseröffnungsbilanz Teil der internen Rechnungslegung sei, allerdings die §§ 238 ff. HGB auf sie anwenden wollen.

Ob eine Liquidationsschlußbilanz in jedem Fall zu erstellen ist, wird auch bei Kapitalgesellschaften heftig diskutiert. Eine Liquidationsschlußbilanz im Sinne einer externen Rechnungslegung wird bei Kapitalgesellschaften nicht ausdrücklich vom Gesetz gefordert. Demnach wird vertreten, daß niemals eine Pflicht zur Aufstellung von Jahresabschluß und Lagebericht für ein Liquidationsrumpfgeschäftsjahr bestehen könne. Gleichwohl dürfte es in aller Regel eine sachliche Notwendigkeit darstellen, vor Beginn der Vermögensverteilung unter den Gesellschaftern eine letztmalige Aufstellung der vorhandenen Aktiven sowie der feststehenden und noch zu erwartenden Passiven vorzunehmen. Sie ist dann aber Bestandteil der internen Rechnungslegung und unterliegt nicht Prüfungs- und Offenlegungspflichten, vgl. *Scherrer/Heni*, S. 41, 45, 112 ff.; Andere wiederum bejahen die externe Pflicht zur Schlußrechnungslegung, vgl. *Bohl* in: Küting/Weber, Handbuch der Rechnungslegung, 1990, § 71 GmbHG Rn 36.; *Wöhe* in: Küting/Weber, Handbuch der Rechnungslegung, Bd. I a, I Rn 583.

499 Schlegelberger/*K. Schmidt*, § 154 Rn 16 – 18; *ders.*, Liquidationsbilanzen, S. 60 ff.

führen, wenn die Ergebnisse der letzten Rechnungsperiode und des Liquidationszeitraums zusammen ausgewiesen werden.[500]

4. Die Vorzüge der neueren Ansicht

Die neuere Auffassung ist aus mehreren Gründen zu bevorzugen. Für sie spricht vor allem der Umstand, daß die Gesellschaft ungeachtet ihrer Auflösung Handelsgesellschaft bleibt und daher zu den Normadressaten der §§ 242 ff. HGB zählt.[501] Für das Aktien- und GmbH-Recht hat der Gesetzgeber in den §§ 270 AktG und 71 GmbHG dies ausdrücklich klargestellt.[502] Der neueren Ansicht gelingt daher ein Gleichlauf der Liquidationsrechnungslegung bei Kapitalgesellschaften und Personenhandelsgesellschaften, für die sachlich kein Unterschied besteht.[503] Für die Kapitalgesellschaft & Co. und die OHG ohne persönliche Haftung einer natürlichen Person wird zudem in § 264 a Abs. 1 HGB ausdrücklich die Anwendung der Rechnungslegungsvorschriften für Kapitalgesellschaften vorgeschrieben, so daß diese in jedem Fall der externen Rechnungslegung in der Liquidation unterliegen müssen. Des weiteren findet die neuere Ansicht ihre Bestätigung in § 155 Abs. 1 InsO. Nach dieser Vorschrift bleibt der Schuldner auch während des Insolvenzverfahrens zur handels- und steuerrechtlichen Rechnungslegung verpflichtet. Vor dem Hintergrund, daß es sich bei dem Insolvenzverfahren um eine besondere

---

500 *Scherrer/Henri* sprechen von einem Zwang zur Erstellung der Rechnungslegung für das Rumpfgeschäftsjahr der Personengesellschaft, wenn Gläubiger- und/oder Gesellschafteransprüche festgestellt werden müssen, deren Grundlage die Daten des handelsrechtlichen Jahresabschlusses der Personenhandelsgesellschaft unter Außerachtlassung liquidationsspezifischer Einflüsse sind. Dazu zählen sie die Ansprüche auf Gewinn- und Verlustverteilung, vgl. *Scherrer/Henri*, S. 130 ff.; vgl. auch *Sudhoff*, NJW 1957, 731, 732 mit Rechenbeispielen, wie sich die unterschiedlichen Ansätze in Geldwerten widerspiegeln; *Habersack* in: Staub, Großkomm. HGB, § 154 Rn 18.

501 *K. Schmidt*, ZHR 1989, 271, 286; *Hoffmann*, DStR 2000, 837, 840

502 In beiden Vorschriften schreibt der Gesetzgeber vor, daß eine Eröffnungsbilanz und der Jahresabschluß in der Liquidation aufzustellen sind. Auf die Eröffnungsbilanz finden die Vorschriften über den Jahresabschluß entsprechende Anwendung.

503 *Scherrer/Henri*, Liquidationsrechnungslegung, S. 19 ff.; *Hoffmann*, DStR 2000, 837, 840; *Habersack* in: Staub, Großkomm. HGB, § 154 Rn 9: *„Der Umstand, daß eine entsprechende Änderung des § 154 HGB unterblieben ist, läßt sich darauf zurückführen, daß die Änderung der §§ 270 AktG, 71 GmbHG durch das Bilanzrichtliniengesetz (Gesetz zur Durchführung der Vierten, Siebten und Achten Richtlinie des Rates zur Koordinierung des Gesellschaftsrechts vom 19.12.1985, BGBl. I, 2355) und damit in Erfüllung der sich damals noch auf die AG und GmbH beschränkenden Vorgaben des Europäischen Rechts erfolgt ist. Spätestens mit Erlaß der GmbH & Co. KG Richtlinie (90/605/EWG, Abl.EG Nr. L. 317 v. 16.11.1990, S. 60 ff.) läßt sich denn auch jedenfalls für die aufgelöste Kapitalgesellschaft & Co. OHG/KG die Notwendigkeit der Jahresrechnungslegung nach § 242 HGB ff. auch aus Gründen des Europäischen Rechts nicht mehr bestreiten.“*

Form der Abwicklung der insolventen und daraufhin aufgelösten Personengesellschaft handelt, muß der mit den §§ 66, 153, 155 InsO erfolgten Unterscheidung zwischen interner und externer Liquidationsrechnungslegung auch für die aus anderen Gründen aufgelöste Handelsgesellschaft Rechnung getragen werden.[504] Die neuere Ansicht hat auch den Vorteil, daß sie das Abgrenzungsproblem nach der herkömmlichen Ansicht vermeidet, wann die Liquidation einer Personengesellschaft einen größeren Umfang annimmt und damit die Verpflichtung zur Aufstellung von Jahresabschlüssen aus zivilrechtlichen Grundsätzen im Interesse einer ordnungsgemäßen Geschäftsführung ausgelöst werden kann.[505]

Die Streitpunkte sollen jedoch im einzelnen nicht vertieft werden, da es sich hierbei eher um einen akademischen Streit handelt. Die aufgelöste Personenhandelsgesellschaft muß ohnehin bis zur Einstellung oder Veräußerung des von ihr betriebenen Unternehmens ihrer steuerrechtlichen Rechnungslegungspflicht nachkommen. Damit sind schon aus Gründen des Steuerrechts (§ 5 EStG, „Maßgeblichkeitsgrundsatz") handelsbilanzielle Jahresabschlüsse zu erstellen.[506] Im übrigen wird man in der Praxis auf eine gesonderte interne Rechnungslegung im Zweifel verzichten, da der Liquidator mit der Unternehmens-Rechnungslegung auch der internen Rechenschaftspflicht nachkommt.[507] Auch ist nach beiden Ansichten der Zeitpunkt, in dem die abschließende Auseinandersetzungsbilanz aufzustellen ist - nämlich nach Versilberung des Gesellschaftsvermögens und Tilgung bzw. endgültiger Feststellung der Schulden - gleich. Nach herkömmlicher Ansicht handelt es sich bei dieser Bilanz um eine Vermögensbilanz gemäß § 154 HGB, nach der neueren Ansicht um eine Bilanz nach § 242 ff. HGB. Dabei sind zwar theoretisch unterschiedliche Bewertungsgrundsätze anzuwenden[508], was wiederum auf die Berechnung der Liquidationsergebnisse Auswirkung haben könnte. Letzteres kann jedoch im Ergebnis mangels empirischer Studien kaum nachgewiesen werden.[509]

---

504 *Habersack* in: Staub, Großkomm. HGB, § 154 Rn 10.

505 *Scherrer/Heni*, S. 137.

506 *K. Schmidt*, GmbHR 1980, 261, 264; *ders.*, Liquidationsbilanzen, S. 57; *Scherrer/Heni*, S. 20, 138; *Habersack* in Großkomm. HGB, § 154 Rn 10.

507 *Habersack* in: Staub, Großkomm. HGB, § 154 Rn 25; *K. Schmidt*, Liquidationsbilanzen, S. 21; *Scherrer/Heni*, S. 25, 215; Schlegelberger/*K. Schmidt*, § 154 Rn 27, 29.

508 Die Unterschiede zwischen externer und interner Rechnungslegung sind einerseits zeitlicher Art (periodische – aperiodische Rechnungslegung), andererseits sachlicher Art (Ansatz-, Ausweis- und Bewertungsnormen des HGB – allgemeine Rechnungslegungsgrundsätze), vgl. *Scherrer/Heni*, S. 24.

509 *Scherrer/Heni*, S. 128.

IX. Bilanzierung der Nachschußpflicht

Die Frage inwieweit Nachschüsse als Forderungen der Gesellschaft zu bilanzieren sind, hat sich für die Praxis noch nicht gestellt. In der BGB-Gesellschaft, bei der Nachschußansprüche als Sozialansprüche der Gesellschaft nach überwiegender Ansicht anerkannt sind, findet man mangels öffentlich-rechtlicher Bilanzierungspflichten keine Ausführungen zu diesem Thema. Bei den Personenhandelsgesellschaften hat sich die Frage für die herrschende Meinung bis heute nicht gestellt, da nach ihr Saldenausgleich und Ausgleich der Fehlbeträge gegenüber Drittgläubigern keine Ansprüche der Gesellschaft darstellen. Nach der inzwischen vordringenden und richtigen Ansicht handelt es sich jedoch bei der Nachschußverpflichtung um einen Sozialanspruch der Gesellschaft, dessen Bestehen die Vermögenslosigkeit der Gesellschaft verhindert und in der Bilanz demnach zu finden sein muß.

Bei der Personenhandelsgesellschaft mit einer natürlichen Person als persönlich haftendem Gesellschafter ist in der Liquidation keine Mindestgliederung des Eigenkapitals vorgeschrieben. Der getrennte Ausweis der Kapitalanteile der einzelnen Gesellschafter kann daher auch in einer Ergänzungsrechnung erfolgen.[510] Werden Kapitalanteile einzelner oder aller Gesellschafter negativ, so sind nach Ansicht von *Scherrer/Heni* die negativen Kapitalanteile auf der Aktivseite der Bilanz gesondert auszuweisen.[511] Auf diese Art ist letztendlich der Nachschußanspruch der Gesellschaft bilanziert.

Völlig anders hingegen ist die Situation bei Personenhandelsgesellschaften, bei denen keine natürliche Person als persönlich haftender Gesellschafter von den Gläubigern in Anspruch genommen werden kann. Diese Gesellschaften unterfallen gemäß § 264 a Abs. 1 HGB den Rechnungslegungsvorschriften der Kapitalgesellschaften. Zudem muß das Eigenkapital gemäß § 264 c Abs. 2 HGB gesondert gegliedert werden. Dazu gehört, daß die Kapitalanteile in der Bilanz ausgewiesen werden, wobei auch hier eine Zusammenfassung möglich ist. Wichtig ist, daß nach dieser Vorschrift aber sehr wohl aus der Bilanz hervorgehen muß, ob eine Nachschußpflicht besteht. Denn nur in diesem Fall ist ein negativer Kapitalanteil möglich, der als *„Einzahlungspflicht persönlich haftender Gesellschafter“* zu bezeichnen und auf der Aktivseite unter den Forderungen gesondert auszuweisen ist, soweit eine Zahlungsverpflichtung besteht (§ 264 c Abs. 2 Satz 4 HGB). Besteht hingegen keine Nachschußpflicht, so ist dieser Betrag als *„nicht durch Vermögenseinlagen gedeckter Verlustanteil persönlich haftender Gesellschafter“* zu bezeichnen und auf der Aktivseite am Schluß der Bilanz als *„Nicht durch Ei-*

---

510 *Scherrer/Heni*, S. 171, 215; a. A. *Ensthaler* in: GK-HGB, § 155 Rn 8.

511 *Scherrer/Heni*, S. 173.

genkapital gedeckter Fehlbetrag" auszuweisen (§ 264 c Abs. 2 Satz 5, § 268 Abs. 3 HGB).

Gegner der Nachschußpflicht - verstanden als Sozialanspruch der Gesellschaft - könnten die Bilanzierungsverpflichtung als Argument für die Ablehnung der Konstruktion eines solchen Anspruchs nutzen, indem sie auf die Gefahr verweisen, daß trotz uneinbringlicher Forderungen die Gesellschaft mangels Vermögenslosigkeit nicht gelöscht werden könne. Dem steht aber der Grundsatz entgegen, daß nicht eintreibbare Forderungen in der Bilanz abgeschrieben werden[512], so daß ihr rechtliches Bestehen am Tatbestand der Vermögenslosigkeit der Gesellschaft nichts ändert.[513]

X. Rechtsgrundlage für einen Verlustausgleichsanspruch als Direktanspruch eines Gesellschafters gegen Mitgesellschafter auf Zahlung in das Privatvermögen

1. Die Geltendmachung des § 735 BGB nach der Rechtsprechung

Der *BGH* macht eine Ausnahme von dem Grundsatz der angeblichen Liquidationsbefangenheit gesellschaftsvertraglicher Ansprüche immer dann, wenn ein Anspruch eines Gesellschafters mit Sicherheit feststeht. Bei seinen Ausnahmen unterscheidet der *BGH* nicht, ob der Gesellschafter einen Anspruch gegen die Gesellschaft oder die Gesellschafter geltend macht. Dies führt zu einer mißverständlichen Rechtsprechung.[514] Wenn ein Gesellschafter gegen die Gesellschaft vor endgültiger Auseinandersetzung erfolgreich klagen kann, liegt dies daran, daß er einen Anspruch auf vorläufige Verteilung gemäß § 155 Abs. 2 HGB, § 733 Abs. 1 BGB oder seinen Anspruch auf Einlagenrückerstattung gemäß § 733 Abs. 2 BGB geltend macht[515]. Der erfolgreichen Durchsetzung dieser Ansprüche ist gemeinsam, daß das eingeforderte Geld im Gesellschaftsvermögen vorhanden sein muß. Davon zu unterscheiden ist der Fall, daß der Gesellschafter gegen einen

512 *Karrenbauer* in: Küting/Weber, Handbuch der Rechnungslegung, Bd. I a, § 253 Rn 59.

513 Insoweit falsch *Habersack*, in: Staub, Großkomm. HGB, § 155 Rn 5: „*Freilich kommt es bei Existenz solcher Rechte (unverwertbare Vermögensstücke oder uneinbringliche Forderungen) nicht zur Vollbeendigung der Gesellschaft (...); es empfiehlt sich deshalb, diese Rechte anderweitig, etwa durch Abtretung an einen Gesellschafter, aus dem Gesellschaftsvermögen auszusondern.*"

514 Vgl. zum Grundsatz der Liquidationsbefangenheit und den Ausnahmen nach Literatur und Rechtsprechung oben S. 105 ff.

515 *BGH* NJW 1995, 188 zu § 733 Abs. 2 BGB.

Mitgesellschafter vorgehen und Leistung in sein Privatvermögen - unter Umständen auch vor Beendigung der Liquidation der Gesellschaft[516] - verlangen kann.

Nachdem nach völlig unbestrittener Auffassung der Gesellschafter einen Direktanspruch gegen einen Mitgesellschafter auf Zahlung in sein Privatvermögen haben kann, stellt sich die Frage nach der Anspruchsgrundlage für diesen Anspruch. Bei einer näheren Betrachtung der Rechtsprechung zu diesem Thema muß man die verwunderliche Feststellung machen, daß die höchstrichterliche Rechtsprechung von einem Direktanspruch des Gesellschafters gemäß § 735 BGB auf Zahlung in sein Privatvermögen ausgeht:

Bei der Abwicklung einer Zweipersonen-BGB-Gesellschaft mußte der *BGH*[517] entscheiden, inwieweit der beklagte Gesellschafter mit einem Nachschußanspruch gegen Ansprüche des klagenden Mitgesellschafters aufrechnen kann. Der Nachschußanspruch ergab sich in dieser Entscheidung daraus, daß der Beklagte Ansprüche auf Vergütung für seine Geschäftsführertätigkeit gegen die Gesellschaft hatte, jedoch kein liquides Gesellschaftsvermögen mehr vorhanden war. Der *BGH* entschied: „*Bestünden solche Ansprüche, dann hätte die Klägerin die Hälfte davon zu tragen und nachzuschießen. Der Nachschußanspruch würde an sich der Gesellschaft zustehen; diese hätte ihrerseits den Beklagten zu befriedigen. Das wäre aber bei den hier vorliegenden einfachen Verhältnissen ein unnötiger Umweg. Dem Beklagten wäre deshalb, wenn seine Vergütungsansprüche zu Rechts bestehen, ein unmittelbarer Zahlungsanspruch gegen die Klägerin zuzubilligen.*“

Ebenfalls im Zusammenhang mit einer aufgelöste Zweipersonen-BGB-Gesellschaft entschied der *BGH*[518], daß bei der Berechnung des Ausgleichsanspruchs eines Gesellschafters gegen seinen Mitgesellschafter die „*Forderungen der Gesellschaft bürgerlichen Rechts*“ zu berücksichtigen seien. Der Kläger hatte nach der Auflösung Gesellschaftsschulden bei der Bank übernommen und forderte dafür von seinem Mitgesellschafter Ausgleich. Im Rahmen der Ablehnung der weiteren Revisionsgründe verweist der *BGH* darauf, daß der Kläger hier Ansprüche auf Beteiligung an dem Verlust gemäß § 735 BGB geltend mache.[519]

---

516 *BGH* WM 1967, 275, 277; *BGH* NJW-RR 1991, 549; *Goette*, Anmerkung zu BGH und OLG München, DStR 1996, 31; *BGH* ZIP 1993, 1307 ff.; *BGH* DStR 1993, 922.

517 *BGH* WM 1967, 275, 277.

518 *BGH* NJW-RR 1991, 549.

519 Vgl. unter Punkt 4 der Entscheidung (nicht veröffentlicht). Der Richter am BGH *Goette* führt in seiner Anmerkung zu dieser Entscheidung ebenfalls § 735 BGB als Anspruchsgrundlage des Gesellschafters an, Anmerkung *Goette* zu BGH DStR 1991, 128.

In einer weiteren Entscheidung des *BGH*[520] war das liquide Gesellschaftsvermögen verteilt, und ein Gesellschafter verlangte Ausgleich von seinem Mitgesellschafter für ein der Gesellschaft gewährtes Darlehen und die Tilgung von Gesellschaftsverbindlichkeiten. Der *BGH* bejahte einen Anspruch des Gesellschafters gegen seinen Mitgesellschafter auf Zahlung in sein Privatvermögen aus § 735 BGB.[521]

Das *OLG München*[522] mußte darüber entscheiden, inwieweit ein Gesellschafter bei der Abwicklung einer Zweipersonen-BGB-Gesellschaft einen Ausgleich für die Tilgung eines Gesellschaftskredits gegen den Mitgesellschafter geltend machen kann. *Goette*[523] verweist darauf, nachdem der Regreßanspruch des Gesellschafters für den Ausgleich des Kredits mangels liquiden Reinvermögens von der Gesellschaft nicht gedeckt werden konnte, daß diesem ein Nachschußanspruch gemäß § 735 BGB ohne den Umweg über einen im Wege der actio pro socio geltend gemachten Anspruch auf Zahlung an sich selbst gegen den Mitgesellschafter zustehe.

2. Das Fehlen einer rechtlichen Begründung für die Bejahung des Direktanspruchs gemäß § 735 BGB

a) Die praktischen Erwägungen der Rechtsprechung

Eine rechtliche Begründung findet man für die Zugrundelegung des § 735 BGB als Anspruchsgrundlage für den Gesellschafter bei einer Klage gegen den Mitgesellschafter auf Zahlung von Verlustausgleich in das Privatvermögen nicht. Der *BGH*[524] rechtfertigt den Direktanspruch mit dem Argument, daß die unmittelbare Leistung an den Gesellschafter dem Abwicklungszweck selbst diene. „*Das ist der Fall, wenn dem fordernden Gesellschafter bei der durchzuführenden Auseinandersetzung dieser Vermögenswert allein zusteht. Denn es würde jeden vernünftigen Sinns entbehren, wenn in einem Fall dieser Art der berechtigte Gesellschafter zunächst Leistung an die Gesellschaft verlangen müßte und erst dann im Wege der Auseinandersetzung die Auskehrung dieser erbrachten Leistung an sich verlangen*

---

520 *BGH* ZIP 1993, 1307 ff. (BGB-Gesellschaft).

521 Auch hier nennt der *BGH* die Anspruchsgrundlage nur in einem Nebensatz, indem er darauf verweist, daß der dritte Gesellschafter infolge seiner Zahlungsunfähigkeit nicht zu beachten sei und der auf ihn entfallende Verlust gemäß § 735 S. 2 BGB auf die Parteien des Rechtsstreits zu verteilen sei, vgl. *BGH* ZIP 1993, 1307, 1309.

522 Diese Entscheidung ist mangels Veröffentlichung nur in kommentierter Form von dem Richter am BGH *Goette* zu verwerten, *Goette*, Anmerk. zu BGH Beschl. und OLG München, in: DStR 1996, 31

523 DStR 1996, 31, 32.

524 *BGH* BB 1958, 603.

könnte." Es ist vom Ergebnis her betrachtet sicherlich richtig, daß in diesen Fällen die Einzahlung in das Gesellschaftsvermögen einen unnötiger Umweg darstellt. Nichtsdestotrotz steht auch nach der *BGH*-Rechtsprechung zumindest bei der BGB-Gesellschaft der Anspruch aus § 735 BGB der Gesellschaft zu, so daß es einer rechtlichen Begründung bedarf, wie dieser Anspruch zur Anspruchsgrundlage für den Gesellschafter auf Zahlung in sein Privatvermögen wird. Insoweit könnte man allenfalls an eine konkludente Abtretung der Nachschußansprüche durch die Gesellschaft an den Gesellschafter denken, wenn dieser sich auf § 735 BGB beruft und die restlichen Gesellschafter zumindest hinsichtlich der Anspruchsgrundlage keine Einwendungen haben.[525]

b) Kein Anwendungsfall der actio pro socio

Ulmer[526] spricht davon, daß es sich in diesen Fällen um eine Ausweitung der Lehre von der actio pro socio handelt. Er stützt dieses Ergebnis auf einige Urteile des *BGH.*[527] Diese von ihm zitierten Entscheidungen rechtfertigen jedoch bei näherer Betrachtung nicht den Rückgriff auf die actio pro socio. In den zitierten Entscheidungen geht es immer um die Geltendmachung von Schadensersatzansprüchen der Gesellschaft gegen einen Gesellschafter. Der *BGH* verweist in den Entscheidungen darauf, daß auch dem Gesellschafter in diesen Fällen ein eigener Anspruch gegen den Mitgesellschafter aus dem Gesellschaftsvertrag zustehe, den er im Wege der actio pro socio geltend machen könne. Wenn es die Auseinandersetzung der Gesellschafter fördert, könne der Gesellschafter allerdings im Wege der actio pro socio Leistung an sich selbst verlangen.[528] Dennoch macht der Gesellschafter in diesen Fällen nach Ansicht des *BGH* einen eigenen Anspruch auf Schadensersatz geltend, der nichts mit dem Anspruch der Gesellschaft zu tun hat.[529] Insofern kann diese Rechtsprechung nicht zur Begründung eines Anspruchs

---

525 Vgl. zur Möglichkeit der Abtretung des Nachschußanspruchs gemäß § 735 BGB durch die Gesellschaft im Wege der Naturalteilung: *Hillers*, S. 257, 258.

526 MünchKomm/*Ulmer*, § 730 Rn 27.

527 *BGH* WM 1971, 723, 725; *BGH* BB 1958, 603.

528 *BGH* WM 1971, 723, 725: *„Mit der actio pro socio kann ein Gesellschafter allerdings nur Leistung an die Gesellschaft fordern (...). Hiervon läßt die Rechtsprechung dann eine Ausnahme zu, wenn bei einer Abwicklungsgesellschaft durch die geforderte Leistung das Ergebnis der Auseinandersetzung mit den anderen Gesellschaftern in zulässiger Weise vorweggenommen und dadurch ein weiteres Auseinandersetzungsverfahren vermieden wird.*"; BGHZ 10, 91, 101.

529 *BGH* 10, 91, 100: *„Die offene Handelsgesellschaft stellt im Rahmen des § 124 HGB ein eigenes Rechtssubjekt in dem Sinn dar, daß ihr eigene Ansprüche zustehen und eigene Verpflichtungen obliegen, die etwaigen Ansprüchen und Verpflichtungen der einzelnen Gesellschafter selbständig gegenüberstehen. Demzufolge sind Ansprüche, die in der Gesellschaftssphäre zugunsten der Gesellschaft, nämlich zugunsten der gesamthänderischen Zu-*

des Gesellschafters auf Verlustausleich in sein Privatvermögen gemäß § 735 BGB herangezogen werden, denn der Anspruch aus § 735 BGB steht – zumindest bei der BGB-Gesellschaft auch nach höchstrichterlicher Rechtsprechung – der Gesellschaft zu.

Die Heranziehung dieser Rechtsprechung ist aber auch unter einem weiteren Gesichtspunkt bedenklich. Ob aus heutiger Sicht zur Bejahung einer actio pro socio die Geltendmachung eines eigenen Gesellschafteranspruchs erforderlich ist, wird von der Literatur[530] überwiegend abgelehnt und dürfte selbst nach höchstrichterlicher Rechtsprechung nicht mehr erforderlich sein. In einer jüngeren Entscheidung mußte der *BGH*[531] die Frage beantworten, inwieweit ein Gesellschafter einer Dreipersonen-BGB-Gesellschaft von den übrigen Gesellschaftern Rückzahlung eigenmächtiger Entnahmen zurück in das Gesellschaftsvermögen verlangen kann. Der *BGH* geht in dieser Entscheidung davon aus, daß der Gesellschafter den „*Anspruch der Gesamthand*" im Wege der actio pro socio geltend mache. Auf die Konstruktion eines eigenen Anspruchs des Gesellschafters gegen die Mitgesellschafter verzichtet er in dieser Entscheidung. Noch deutlicher wird der Verzicht auf die Konstruktion eines eigenen Anspruchs des Gesellschafters durch die Ablehnung eines Zurückbehaltungsrechts der beklagten Gesellschafter, die sich ebenfalls auf die Rückzahlung unberechtigter Entnahmen des Klägers beriefen. Das Zurückbehaltungsrecht scheitert nach dem *BGH* an der fehlenden Gegenseitigkeit der Ansprüche, da es sich jeweils um die Ansprüche der Gesamthand gegen die Gesellschafter handele. Insofern scheint auch der *BGH* inzwischen der Ansicht der Literatur zu folgen, daß die actio pro socio als eine Variante der gesetzlichen Prozeßstandschaft zu verstehen ist.[532] Handelt es sich bei der actio pro socio aber um eine Art Prozeßstandschaft für die Gesellschaft, so läßt sie sich schwerlich zur Begründung eines Verlustausgleichsanspruchs des Gesellschafters gegen einen Mitgesellschafter auf Zahlung in sein Privatvermögen heranziehen.

---

sammenfassung aller Gesellschafter begründet werden, allein Ansprüche der Gesellschaft, es sei denn, daß auf Grund eines besonderen Tatbestandes, etwa aufgrund des Gesellschaftsvertrages, dem einzelnen Gesellschafter ein gleichgerichteter Anspruch unmittelbar zusteht. (...) Das gilt naturgemäß auch dann, wenn unerlaubte Handlungen gegenüber der offenen Handelsgesellschaft begangen und dadurch Ansprüche gegen den Schädiger (...) begründet werden."

530 MünchKomm/*Ulmer*, § 705 Rn 172; *Hadding*, S. 40 ff.; vgl. auch Fn 532; a. A. *Höfler*, JuS 1992, 388, 391.

531 *BGH* NJW 2000, 505, 506.

532 Vgl. die Anmerkungen zu *BGH* NJW 2000, 505: *K. Schmidt*, JuS 2000, 604; *Goette*, DStR 2000, 34, 36; *Schuschke*, EWiR 2000, § 705, S. 669, 670; *Schultzky*, JA 2000, 448, 449.

K. Schmidt[533] behandelt daher die Direktklage des Gesellschafters gegen den Mitgesellschafter auf Zahlung in das Privatvermögen in der Liquidation der Gesellschaft nur im Zusammenhang mit der actio pro socio ohne sich festzulegen, ob es sich bei dieser Konstellation auch tatsächlich um einen Sonderfall der actio pro socio handelt. Auch *Sprau*[534] lehnt eine Anwendung der actio pro socio bei einem Anspruch aus § 735 BGB generell ab, allerdings mit einer anderen Begründung. Er verweist darauf, daß nach höchstrichterlicher Rechtsprechung[535] Beitragsansprüche weder bei der BGB-Gesellschaft noch der Personenhandelsgesellschaft im Wege der actio pro socio geltend gemacht werden könnten, so daß für den diesen gleichstehenden Anspruch gemäß § 735 BGB nichts anderes gelte.[536]

3. Unterscheidung zwischen der Geltendmachung eines Individualanspruchs und dem Anspruch aus § 735 BGB

Es verwundert nicht, daß der *BGH* infolge seiner Rechtsprechung zur Liquidationsbefangenheit nicht erkannt hat, daß der Gesellschafter in den genannten Entscheidungen nicht unbedingt § 735 BGB geltend machen muß, sondern sich auf seine Individualansprüche - zum Beispiel aus Gesamtschuld - gegen die Mitgesellschafter berufen kann. Im Regelfall kann der Gesellschafter zum Zeitpunkt der werbend tätigen Gesellschaft und in der Liquidation Individualansprüche gegen die Gesellschafter, die sich primär gegen das Gesellschaftsvermögen richten, infolge der Subsidiarität der Haftung mit dem Privatvermögen nicht geltend machen.[537] Konsequenterweise müßte man zwar den Gesellschafter selbst dann auf das Gesellschaftsvermögen verweisen, wenn in der Liquidation der Gesellschaft das Gesellschaftsvermögen nur noch aus Nachschußansprüchen besteht.

---

533 *K. Schmidt*, Gesellschaftsrecht, S. 640 ff.

534 Palandt/Sprau, § 730 Rn 8.

535 *BGH* NJW 1960, 433, 434; *RGZ* 100, 165, 166, 167. Der *BGH* und das *RG* begründen die Ablehnung der Anwendung der actio pro socio bei der Geltendmachung von Beitragsansprüche damit, daß diese im Liquidationsstadium nur noch verlangt werden könnten, soweit sie für die Durchführung der Abwicklung benötigt werden. Diese Frage soll aber nicht in die Hände eines einzelnen Gesellschafters gelegt werden, dessen Interessen in der Liquidation nicht mehr, wie während Bestehens der Gesellschaft, als mit dem Gesellschaftszweck und den Interessen der übrigen Gesellschafter parallel laufend vermutet werden. Vielmehr müsse diese Entscheidung den zur Durchführung der Liquidation berufenen Personen zustehen.

536 *Goette* lehnt die Konstruktion der actio pro socio ebenfalls in seiner Anmerkung zum Urteil des OLG München ab, entbehrt jedoch jeglicher Begründung. Da der Anspruch des Gesellschafters auf Ausgleich unstreitig vorlag, konnte er angeblich „*ohne* (den) *Umweg über einen im Wege der actio pro socio geltend gemachten Anspruch auf Leistung an die Gesamthand zu gehen – unmittelbar Zahlung an sich selbst verlangen*"; vgl. *Goette*, DStR 1996, 31, 32.

537 Vgl. oben S. 113 ff.

Der Schutzzweck der Subsidiarität geht hier jedoch ins Leere, da sich sowohl der Nachschußanspruch als auch die Individualansprüche gegen das Privatvermögen des Gesellschafters richten.

Bei Schadensersatzansprüchen des Gesellschafters infolge der Schädigung des Gesellschaftsvermögens durch einen Mitgesellschafter ergibt sich der Direktanspruch auf Zahlung in das Privatvermögen im übrigen auch aus einem anderen Gesichtspunkt, nämlich dem Schadensersatzrecht: Der Gesellschafter kann durch die Leistung des Schadensersatzes verlangen, daß der Zustand hergestellt wird, der ohne das schadensstiftende Ereignis bestehen würde. Zum Zeitpunkt der werbend tätigen Gesellschaft kann der Gesellschafter demnach nur verlangen, daß das Gesellschaftsvermögen wieder „aufgefüllt" wird. Daran ändert sich grundsätzlich auch nichts in der Liquidation, es sei denn das Geld steht allein dem anspruchstellenden Gesellschafter zu. Hier würde der Gesellschafter ohne schadensstiftendes Ereignis ein Auseinandersetzungsguthaben erhalten.[538]

Demnach kann sich ein Gesellschafter, wenn kein Gesellschaftsvermögen mit Ausnahme von Nachschußansprüchen oder sonstigen Sozialansprüchen vorhanden ist, auf seine Individualansprüche gegen die Mitgesellschafter berufen. Mit der Geltendmachung eines Nachschußanspruchs gemäß § 735 BGB hat dies nichts zu tun. Da kein Anspruch der Gesellschaft geltend gemacht wird, erklärt sich auch ohne weiteres, warum es in diesen Fällen zur Geltendmachung des Ausgleichsanspruchs keiner Schlußbilanz der Gesellschaft bedarf, sondern eine *„vorläufige"*[539] oder *„einfache"*[540] Auseinandersetzungsrechnung ausreicht.

E. Anhang: Die Nachschußpflicht bei Ausscheiden des Gesellschafters aus der Gesellschaft

Abschließend soll im Zusammenhang mit der Liquidation noch die Nachschußpflicht bei Ausscheiden eines Gesellschafters aus der Gesellschaft erwähnt werden, da es sich bei diesem Anspruch ebenfalls um einen Anspruch im Zusammenhang mit der gesellschaftsrechtlichen Auseinandersetzung handelt. Sowohl bei der Genossenschaft als auch der Personengesellschaft sind die ausscheidenden Gesellschaftsmitglieder, wenn das Gesellschaftsvermögen die Schulden zum Zeitpunkt des Ausscheidens nicht deckt, zu Nachschüssen verpflichtet.

Im Recht der Genossenschaften hat gemäß § 73 Abs. 2 S. 3 GenG der ausgeschiedene Genosse an die Genossenschaft den Betrag zu zahlen, den er im Rahmen der Nachschußpflicht zu erbringen hätte, wenn die Genossenschaft sich im

538 Vgl. auch *BGH* BB 1958, 603.

539 *BGH* NJW-RR 1991, 549.

540 *BGH* ZIP 1993, 1307, 1309.

Zeitpunkt des Ausscheidens des Genossen in Insolvenz befunden hätte. Da es sich hier nur um die Realisierung der Nachschußpflicht gemäß den §§ 105 ff. GenG außerhalb des Insolvenzverfahrens handelt, sind diese Vorschriften auch anwendbar. Das bedeutet vor allem, daß die für die Nachschußpflicht bestehenden Schranken ebenfalls für den Auseinandersetzungsanspruch maßgeblich sind. Auch die Berechnung der Anspruchshöhe erfolgt nach den für die Nachschußpflicht gemäß den §§ 105 ff. GenG geltenden Regeln.[541] Dabei ist gemäß § 73 Abs. 2 Satz 1 GenG von der Bilanz zum Stichtag des Ausscheidens auszugehen.

Im Personengesellschaftsrecht haftet der ausscheidende Gesellschafter den übrigen Gesellschaftern gemäß § 739 BGB für den Fehlbetrag *„nach dem Verhältnisse seines Anteils am Verlust“*, es sei denn die Verlustbeteiligung wurde ausgeschlossen.[542] Die Haftung nach § 739 BGB entspricht nach überwiegender Ansicht für den Fall des Ausscheidens aus der fortbestehenden Gesellschaft, der in § 735 BGB bei Auseinandersetzung der aufgelösten Gesellschaft vorgesehenen Nachschußpflicht der Gesellschafter.[543] Dementsprechend wird auch überwiegend zumindest im Zusammenhang mit der BGB-Gesellschaft von einem Sozialanspruch der Gesellschaft gesprochen.[544] Die Nachschußpflicht kommt nur beim ersatzlosen Ausscheiden in Betracht, nicht auch bei der Anteilsübertragung auf einen Mitgesellschafter oder Dritten.[545] Diese Ausfallhaftung verstößt auch nicht gegen § 707 BGB, da diese Norm nur für die Zeit der Zugehörigkeit des Gesellschafters zur Gesellschaft gilt.[546] Für den Kommanditisten gilt die Ausgleichspflicht beziehungsweise die Fehlbetragshaftung gemäß § 167 Abs. 3 HGB nur bis zum Betrag seines Kapitalanteils und seiner noch rückständigen Einlage.[547] Maßgebend für den auf den Ausgeschiedenen entfallenden Anteil ist der Verlustverteilungsschlüssel.[548] Im Unterschied zur Liquidation der Gesellschaft gibt es jedoch wegen § 707 BGB keine Ausfallhaftung gemäß § 735 Satz 2 BGB. Der Ausfall führt nur zur Erhöhung des auf die Mitgesellschafter entfallenden Verlusts

---

541 *Müller*, GenG, § 73 Rn 33; *Beuthien*, GenG, § 73 Rn 8.

542 Diese Vorschrift gilt ebenfalls infolge der §§ 105 Abs. 3, 161 Abs. 2 HGB für die OHG und die KG; vgl. auch Schlegelberger/*K. Schmidt*, § 138 Rn 23.

543 MünchKomm/*Ulmer*, § 739, Rn 1; Palandt/*Sprau*, § 739 Rn 1; *Knöchlein*, DNotZ 1961, 361, 369; Erman/*Westermann*, § 739, Rn 2.

544 Soergel/*Hadding*, § 739 Rn 1; MünchHdb.GesR I/*Piehler*, § 13 Rn 29; *Hopt*, HGB, § 131 Rn 55.

545 MünchKomm/*Ulmer*, § 739 Rn 1.

546 *BGHZ* 23, 30.

547 MünchHdb.GesR II/*Piehler*, § 39 KG Rn 22.

548 MünchKomm/*Ulmer*, § 739 Rn 1; Soergel/*Hadding*, § 739 Rn 2; MünchHdb.GesR I/*Piehler*, § 13 Rn 40.

und mindert entsprechend die Höhe der noch im Gesamthandsvermögen vorhandenen, ihnen rückzuerstattenden Einlagen.[549]

F. Zusammenfassung

Eine Nachschußpflicht im Liquidationsstadium der Gesellschaft kann infolge einer vertraglichen Vereinbarung bestehen oder gesetzlich vorgesehen sein. Die rein gesellschaftsvertraglich vereinbarte Nachschußpflicht kommt nur bei der GmbH oder für den Kommanditisten in Betracht. Sie entspricht in ihren Voraussetzungen und Rechtsgrundlagen derjenigen zum Zeitpunkt der werbenden Gesellschaft und ist in der Praxis wenig verbreitet. Eine gesetzliche Nachschußpflicht ist hingegen im Genossenschafts- (§ 87 a Abs. 2 GenG) und Personengesellschaftsrecht für den persönlich haftenden Gesellschafter (§ 735 BGB) vorgesehen. Mit Ausnahme der eingangs erwähnten Grundstruktur und der Funktion durch die Nachschüsse die Abwicklung der Gesellschaft im Außenverhältnis zu gewährleisten, hat die Nachschußpflicht bei diesen beiden Gesellschaftsformen keine weiteren zwingend vorgeschriebenen Gemeinsamkeiten.

Das Genossenschaftsrecht sieht als primäres Sanierungsmittel in der Liquidation der Gesellschaft die Volleinzahlung der Geschäftsanteile vor (§ 87 a Abs. 1 GenG). Reichen diese Einzahlungen jedoch nicht aus, so kann die Generalversammlung beschließen, daß die Genossen zu weiteren Zahlungen herangezogen werden, die in ihrer Höhe bis zum Gesamtbetrag der vom Genossen gehaltenen bzw. pflichtwidrig nicht gehaltenen Geschäftsanteile gehen dürfen (§ 87 a Abs. 2 GenG). Das Genossenschaftsrecht sieht mithin eine beschränkte gesetzliche Nachschußpflicht für Fehlbeträge der Genossenschaft im Liquidationsstadium vor. Eine vertragliche Regelung dieser Nachschußpflicht ist ausnahmsweise erforderlich, wenn die Genossenschaft die Nachschußpflicht im Insolvenzverfahren ausgeschlossen hat. Der Einforderungsbeschluß ist mit einer Mehrheit von drei Vierteln der abgegebenen Stimmen zu fassen. Er darf nur gefaßt werden, soweit die weiteren Zahlungen zur Deckung des Fehlbetrages, der durch die Aufstellung von Bilanzen ermittelt wird, erforderlich ist und die zusätzlichen Zahlungen die Schulden auch decken können. Es besteht keine Ausfallhaftung der Genossen bei Zahlungsunfähigkeit einzelner Mitgenossen.

Im Personengesellschaftsrecht besteht eine gesetzliche Nachschußpflicht der Gesellschafter gemäß § 735 BGB. Die Geltung dieser Vorschrift im Recht der Personenhandelsgesellschaft ergibt sich daraus, daß auf diese Gesellschaften nach dem HGB die Vorschriften des BGB über die Gesellschaft Anwendung finden, soweit nicht im HGB ein anderes vorgeschrieben ist (§ 105 Abs. 3 i.V.m. § 161

---

549 MünchKomm/*Ulmer*, § 739 Rn 4; Erman/*Westermann*, § 739 Rn 2.

Abs. 2 HGB). Die Liquidationskapitalanteile in der Schlußbilanz (§ 155 HGB) stellen eine Kurzfassung der §§ 733 bis 735 BGB dar. Ist der Kapitalanteil negativ, haben die Gesellschafter gemäß § 735 BGB eine Ausgleichspflicht.

Diese Ausgleichspflicht ist als Sozialanspruch der Gesellschaft einzuordnen. Die Beurteilung der Rechtsnatur des § 735 BGB kann dabei losgelöst von der Grundproblematik der Rechtsfähigkeit der Gesamthand beantwortet werden, denn nicht nur nach der Gruppentheorie, sondern auch nach der traditionellen Sondervermögenstheorie wird die Verselbständigung der Gesamthandsgesellschaft dergestalt bejaht, daß Sozialbeziehungen zwischen ihr und den einzelnen Gesellschaftern anzuerkennen sind. Die Bejahung eines Sozialanspruchs ergibt sich aus systematischen und auch praktischen Erwägungen:

- § 735 BGB wäre im Gesellschaftsrecht überflüssig, wenn diese Vorschrift keinen Anspruch der Gesellschaft begründen soll. Sowohl hinsichtlich der Tilgung von Gesellschaftsschulden als auch zur Einlagenerstattung stehen den Gesellschaftern bereits Ausgleichsansprüche untereinander gemäß § 426 BGB zu.

- Die Bejahung einer Nachschußpflicht als Sozialanspruch erleichtert im Regelfall die Erreichung des Abwicklungszwecks, nämlich der Beendigung aller gesellschaftsrechtlichen Innen- und Außenbeziehungen.

- Eine Nachschußpflicht als Sozialanspruch ist weiterhin im Sinne der Zielsetzungen der Insolvenzordnung. Sie leistet einen Beitrag zur Überwindung der Masselosigkeit der Insolvenzverfahren über das Vermögen einer Personengesellschaft und führt zu einer gleichmäßigen Gläubigerbefriedigung.

- Die Bejahung eines Sozialanspruchs führt dazu, daß zumindest für den gesetzlichen Regelfall ohne Abbedingung des § 735 BGB der Rückgriff auf die Grundsätze einer fiktiven akzessorischen Gesellschafterhaftung entbehrlich wird, denn solange die Gesellschaft Nachschußansprüche hat, ist sie nicht vermögenslos und damit vollbeendet.

- Abschließend kann man auf den Grundsatz der Identität der Personengesellschaften hinweisen. Bei der BGB-Gesellschaft als Grundform der Personengesellschaften wird ein Nachschußanspruch als Sozialanspruch von der h. M. bejaht, so daß die Einordnung bei der Personenhandelsgesellschaft nicht anders sein kann.

Das Konzept zur Nachschußpflicht als Sozialanspruch kann zwar zu einer doppelten Inanspruchnahme des Gesellschafters führen, da die Außenhaftung trotz Liquidation nicht aufgehoben wird. Andererseits besteht diese Gefahr auch bei der Annahme § 735 BGB begründe einen Individualanspruch. Zum Schutz der nachschießenden Gesellschafter sollte jedoch gesellschaftsvertraglich geregelt werden, daß Nachschüsse auf ein Sperrkonto oder direkt an die Gläubiger zu zahlen sind.

Bei der Geltendmachung des Nachschußanspruchs ist nicht der Grundsatz der Liquidationsbefangenheit zu beachten. Dieser Grundsatz besagt, daß gesellschaftsrechtliche Ansprüche weder von den Gesellschaftern noch von der Gesellschaft vor Erstellung der Schlußbilanz isoliert geltend gemacht werden können. Diese Ansprüche sollen vielmehr unselbständige Posten in der Schlußbilanz darstellen. Dabei wird die angeblich bestehende Liquidationsbefangenheit auf alle Ansprüche aus Sozial-, Individual- und Drittbeziehungen zwischen den Gesellschaftern bezogen. Dieser Grundsatz ist generell abzulehnen, da er jeder rechtlichen Grundlage entbehrt:

- Auch in der Liquidation muß man die Ansprüche zwischen den Gesellschaftern und dem Verband von den Individualansprüchen der Gesellschafter untereinander unterscheiden.

- Dieser Grundsatz ist nicht mit bilanziellen Regeln zu vereinbaren, da in einer Gesellschaftsbilanz immer nur Ansprüche und Verbindlichkeiten der Gesellschaft, niemals aber die Einzelansprüche der Gesellschafter gegeneinander auftauchen dürfen.

- Weiterhin verstößt dieser Grundsatz gegen die gesetzliche Ausgestaltung der Liquidation, da sowohl im Recht der Personenhandelsgesellschaft (§ 155 Abs. 2 HGB) als auch der BGB-Gesellschaft (§ 733 Abs. 1 BGB) die Gesellschafter bei ausreichendem Gesellschaftsvermögen gegen die Gesellschaft einen Anspruch auf vorläufige Verteilung vor Erstellung der Schlußbilanz haben.

- Im übrigen wird von dem Grundsatz der Liquidationsbefangenheit immer dann eine Ausnahme gemacht, wenn schon vor Erstellung der Auseinandersetzungsbilanz der Anspruch mit Sicherheit feststeht. Der Grundsatz der Liquidationsbefangenheit ist damit bei genauerer Betrachtung ein Schlagwort ohne Substanz.

Die Vermeidung unnötiger Hin- und Herzahlungen ist aber trotz der Ablehnung des Grundsatzes der Liquidationsbefangenheit gewährleistet. Die Gesellschafter können Ansprüche und Verbindlichkeiten hinsichtlich des Gesellschaftsvermögens bereits infolge der Gesamthandsberechtigung auch in der Liquidation im Regelfall nicht einzeln geltend machen. Fallen Ansprüche nicht unter die Gesamthandsberechtigung, so steht der Geltendmachung von Einzelansprüchen aus Sozial- und Drittbeziehungen zwischen der Gesellschaft und den Gesellschaftern aufgrund der Vielzahl der Ansprüche im Liquidationsverfahren im Zweifel der dolo agit Einwand aus § 242 BGB entgegen, es sei denn der jeweilige Anspruchsteller kann darlegen, daß ihm der Anspruch in jedem Fall zusteht. Individualansprüchen der Gesellschafter gegen Mitgesellschafter kann - wenn sie sich primär gegen das Gesellschaftsvermögen richten - der Grundsatz der Subsidiarität entgegengehalten werden, solange noch Gesellschaftsvermögen vorhanden ist. Richtet sich der Anspruch nicht gegen das Gesellschaftsvermögen, kann der Geltendmachung wiederum § 242 BGB entgegenstehen, wenn der Anspruchsteller selbst gegenüber dem Anspruchsgegner eine Ausgleichspflicht hat.

Trotz der hier geübten Kritik am Grundsatz der Liquidationsbefangenheit hat die festgestellte Schlußbilanz bei der Durchsetzung von Nachschußansprüchen durchaus ihre Bedeutung. Die Schlußbilanz wird nach unumstrittener Ansicht im Gesellschaftsrecht nach Versilberung des Gesellschaftsvermögens und Tilgung bzw. endgültiger Ermittlung der verbleibenden Gesellschaftsschulden aufgestellt. Mithin ist der Zeitpunkt der Aufstellung der Schlußbilanz auch der Zeitpunkt in dem Nachschußansprüche endgültig feststehen. Mit der Feststellung dieser Bilanz werden alle Ansprüche und Verbindlichkeiten der Gesellschaft gegenüber den Gesellschaftern verbindlich und damit die Durchsetzung der Ansprüche erleichtert. Einen Anspruch auf Zustimmung zu einer ordnungsgemäß aufgestellten Schlußbilanz haben die Gesellschafter untereinander, aber auch die Gesellschaft gegen den Gesellschafter, so daß der Liquidator die Zustimmung gegebenenfalls gerichtlich durchsetzen kann. Bei der gerichtlichen Durchsetzung des Nachschußanspruchs gelten die allgemeinen Darlegungs- und Beweislastgrundsätze. Demnach muß im Regelfall die Gesellschaft die Voraussetzungen eines Nachschußanspruchs vortragen und unter Beweis stellen.

Die Höhe der Nachschußpflicht richtet sich, vorbehaltlich des Fehlens anderer gesellschaftsvertraglicher Regelung, nach der Verlustbeteiligungspflicht. Es besteht eine Ausfallhaftung bei Zahlungsunfähigkeit von Mitgesellschaftern. Die Berechnung des Liquidationsergebnisses und damit der Nachschußansprüche in der Schlußbilanz der Personenhandelsgesellschaft ist in der Praxis umstritten. Nach herkömmlicher Ansicht verdrängt § 154 HGB die Vorschriften der Jahresrechnungslegung gemäß den §§ 242 ff. HGB, so daß der Liquidator lediglich die Verpflichtung hat, eine Schlußbilanz in Form einer Vermögensbilanz aufzustellen. Vorzugswürdig ist die neuere Auffassung, die in § 154 HGB nur die interne Rechnungslegungspflicht des Liquidators gegenüber den Gesellschaftern geregelt sieht und diese von der externen Rechnungslegungspflicht gemäß den §§ 242 ff. HGB trennt. Fehlbeträge in der Liquidation müssen nach dieser Ansicht gemäß den Bewertungsvorschriften der §§ 242 ff. HGB ermittelt werden. Innerhalb dieser Ansicht sind wiederum viele Einzelheiten ungeklärt. Letztendlich können die einzelnen Streitpunkte aber nicht abschließend entschieden werden, da mangels jeglicher empirischer Studien eine Entscheidungsgrundlage fehlt.

Nachdem grundsätzlich die externe Rechnungslegungspflicht der Personenhandelsgesellschaft in Liquidation zu bejahen ist und Nachschußansprüche einen Anspruch der Gesellschaft begründen, müssen diese auch bilanziert werden. Bei Personenhandelsgesellschaften, in denen keine natürliche Person als persönlich haftender Gesellschafter den Gläubigern haftet, ergibt sich dies aus § 264 c HGB. Nach dieser Vorschrift muß bei negativen Kapitalanteilen aus der Bilanz hervorgehen, ob die Gesellschafter aufgrund dieser eine Einzahlungspflicht haben oder ob der Fehlbetrag bei der Gesellschaft verbleibt.

§ 735 BGB kann keinen Anspruch auf Verlustausgleich eines Gesellschafters gegen einen Mitgesellschafter auf Zahlung in das Privatvermögen begründen. Für diese Konstruktion gibt es neben praktischen Erwägungen keine rechtliche Begründung. Insbesondere kann dieses Ergebnis nicht mit einem Anwendungsfall der actio pro socio begründet werden. Ein Gesellschafter kann aber aus anderen Überlegungen einen Anspruch auf Zahlung in sein Privatvermögen haben. Solange die Gesellschaft noch Gesellschaftsvermögen hat, ergibt sich dieser Anspruch aus den §§ 155 Abs. 2 HGB, 733 Abs. 1 BGB als Anspruch auf vorläufige Verteilung oder als Anspruch auf Rückerstattung der Einlagen gemäß § 733 Abs. 2 BGB. Besteht das Gesellschaftsvermögen nur noch aus Sozial- insbesondere Nachschußansprüchen, so kann der Gesellschafter gegen Mitgesellschafter seine Individualansprüche geltend machen. In diesen Fällen können die Anspruchsgegner sich nicht mehr auf die Subsidiarität der Haftung mit dem Privatvermögen gegenüber den Mitgesellschaftern berufen, da auch gegenüber der Gesellschaft infolge der Nachschußpflicht eine Haftung mit dem Privatvermögen besteht.

Nachschußpflichten der Gesellschafter können im Genossenschafts- (§ 73 Abs. 2 GenG) und Personengesellschaftsrecht (§ 739 BGB) auch bei Ausscheiden eines Gesellschafters aus der Gesellschaft entstehen, wenn zum Zeitpunkt des Ausscheidens das Gesellschaftsvermögen die Schulden nicht deckt. Insoweit handelt es sich um eine Art vorgezogene gesellschaftsrechtliche Auseinandersetzung mit dem Ausscheidenden. Im Genossenschaftsrecht werden die Voraussetzungen und die Höhe dieser Nachschußpflicht anhand der Nachschußpflicht im Insolvenzverfahren bestimmt. Bei der Personengesellschaft entspricht dieser Anspruch letztendlich dem Anspruch gemäß § 735 BGB, wobei die verbleibenden Gesellschafter keine Ausfallhaftung trifft.

Kapitel 4: Die Nachschußpflicht im Insolvenzverfahren der Gesellschaft

A. Die Bedeutung der gesetzlich vorgesehenen Nachschußpflicht im Genossenschafts- und Personengesellschaftsrecht

Eine ausdrücklich gesetzlich vorgesehene Nachschußpflicht im Insolvenzverfahren über das Gesellschaftsvermögen findet man im Recht der Genossenschaft (§§ 105 ff. GenG) und nach der hier vertretenen Auffassung bei der Personengesellschaft für den persönlich haftenden Gesellschafter gemäß § 735 BGB.[550] Im übrigen ist es den Gesellschaftern einer GmbH oder auch den Kommanditisten unbenommen, Nachschußpflichten für den Insolvenzfall gesellschaftsvertraglich zu vereinbaren. Dies dürfte jedoch in der Praxis kaum vorkommen und muß aus dem Gesellschaftsvertrag mit besonderer Deutlichkeit hervorgehen.[551] Im übrigen gelten für die vertraglich vereinbarte Nachschußpflicht die Ausführungen zum Zeitpunkt der werbend tätigen Gesellschaft.

Die gesetzlich vorgesehene Nachschußpflicht im Genossenschaftsrecht regelt die Verpflichtung der Genossen, in der Insolvenz der Genossenschaft an die Insolvenzmasse Nachschüsse zu leisten, soweit die Insolvenz- und Massegläubiger aus dem zur Zeit der Eröffnung des Insolvenzverfahrens vorhandenen Vermögen nicht befriedigt werden können (§§ 105 ff. GenG). Sie wirkt daher wirtschaftlich wie

---

550 Im übrigen findet man eine gesetzliche Nachschußpflicht beim Versicherungsverein auf Gegenseitigkeit. Diese ist der genossenschaftlichen Nachschußpflicht nachgebildet. Nach § 50 VAG haften Mitglieder und ausgeschiedene Mitglieder, die nach den §§ 24 ff. VAG zu Beiträgen verpflichtet sind, auch im Konkurs bzw. bei Eröffnung des Insolvenzverfahrens für die Schulden des Versicherungsvereins auf Gegenseitigkeit. Der Wortlaut dieser Regelung ist weiter als die Nachschußpflicht in der Liquidation (§ 46 VAG), da das Gesetz von einer Haftung für „Schulden" spricht. Daraus wird die Schlußfolgerung gezogen, daß es bei diesen Nachschüssen nicht mehr lediglich um die Deckung von Fehlbeträgen einer bestimmten Geschäftsperiode geht, sondern daß das Gesamtergebnis des endgültig abgeschlossenen Geschäftsbetriebes berücksichtigt wird, vgl. Prölss/*Weigel*, § 50 Rn 1. Die Haftung der ausgeschiedenen Mitglieder wird bei Eröffnung des Insolvenzverfahrens ebenfalls erweitert. So haften nicht nur die im Laufe des Geschäftsjahres, in das die Eröffnung des Insolvenzverfahrens fällt, ausgeschiedenen Mitglieder (§ 25 VAG), sondern auch Mitglieder, die im letzten Jahr vor diesem Ereignis ausgeschieden sind (§ 50 Abs. 2 VAG). Das Verfahren zur Berechnung und Einziehung von Nachschüssen durch den Insolvenzverwalter erfolgt gemäß § 52 VAG nach den Regeln des Genossenschaftsgesetzes.

551 Vgl. zur GmbH: *OLG Schleswig-Holstein* GmbHR 1994, 250 ff.; *BGH* GmbHR 1994, 710 (durch diesen Beschluß hat der BGH die Revision gegen das Urteil des OLG Schleswig-Holstein nicht zur Entscheidung angenommen).

aufschiebend bedingtes Eigenkapital.[552] Eindeutig wird dies durch die Regelung des § 10 Abs. 2 Ziff. 3 KWG dokumentiert, wonach die Nachschußpflicht bei der Überprüfung, ob eine Kreditgenossenschaften mit einem angemessen haftenden Eigenkapital ausgestattet wurde (§ 10 Abs. 1 KWG), mit gewissen Abschlägen einbezogen wird. Sie verstärkt die Kreditwürdigkeit der Genossenschaft und erleichtert die Kapitalbeschaffung.[553] Teilweise wird auch darauf verwiesen, daß die Nachschußpflicht ein Instrument der Selbstdisziplinierung der Genossen biete, denn die Genossen seien daran interessiert, ihre Nachschußpflicht nach Möglichkeit zu vermeiden oder zumindest gering zu halten, so daß sie darauf achten werden, daß der Genossenschaftsbetrieb betriebswirtschaftlich effizient geführt wird.[554]

Während die Nachschußpflicht im Genossenschaftsrecht sehr genau im Gesetz geregelt ist und daher wenig Spielraum für Kontroversen läßt, ist die Nachschußpflicht im Insolvenzverfahren der Personengesellschaft bis heute - soweit ersichtlich - nicht Gegenstand wissenschaftlicher Betrachtung gewesen. Das liegt mitunter daran, daß es zu dieser Problematik keinerlei Rechtsprechung gibt und auch nicht geben kann. Denn eine Nachschußpflicht gemäß § 735 BGB wird bis heute vom *BGH* nur bei der BGB-Gesellschaft anerkannt, die erst seit der Neuregelung des Insolvenzrechts gemäß § 11 Abs. 2 InsO insolvenzfähig ist.[555] Weiterhin stürzen sich neuere Arbeiten eher auf die Probleme des § 93 InsO ohne zu erkennen, daß mit einer Nachschußpflicht gemäß § 735 BGB viele Ziele des Gesetzgebers ebenfalls, wenn nicht sogar besser, erreicht werden können.[556]

---

552 Lang/Weidmüller/Metz/Schaffland/*Schaffland*, GenG, § 105 Rn 10; *Müller*, GenG, § 105 Rn 4.

553 *Hettrich/Pöhlmann*, GenG, § 105 Rn 2; *Turner*, DB 1993, 363, 364.

554 *Müller*, GenG, § 105 Rn 4; *Dellinger/Oberhammer*, ZfgG 1998, 278, 283.

555 In der Praxis ergab sich die Notwendigkeit der Einbeziehung der GbR in das Insolvenzverfahren daraus, daß die GbR nicht selten als Träger eines Unternehmens am Geschäftsverkehr teilnimmt. Daher sollte die Gleichstellung mit der OHG erfolgen. Die neu geschaffene Insolvenzfähigkeit der GbR soll zur Vereinfachung im Rechtsverkehr und zu mehr Rechtssicherheit führen. Bisher konnte auch gegen eine völlig überschuldete GbR kein Konkursverfahren eröffnet werden. Der Gläubiger mußte vielmehr das Konkursverfahren über die Vermögen der einzelnen Gesellschafter betreiben. Dies führte im Ergebnis auch dazu, daß ein Vergleichsverfahren nicht durchführbar war, vgl. dazu *Weinbörner*, S. 53 Rn A 71, A 73.

556 So untersucht *Armbruster* in seiner Dissertation eingehend die Stellung des Gesellschafters in der Insolvenz der Personengesellschaft, ohne § 735 BGB auch nur zu erwähnen, vgl. insbesondere S. 14. *Pelz* hingegen behandelt § 735 BGB in seiner Dissertation, allerdings spielen die Ausführungen zu dieser Vorschrift neben § 93 InsO eine völlig untergeordnete Rolle, vgl. insbes. S. 75-79; *K. Schmidt* verweist in einem neueren Aufsatz ebenfalls auf die Geltung des § 735 BGB neben § 93 InsO, wobei auch er das Verhältnis beider Vorschriften

Hinsichtlich der Bedeutung der Nachschußpflicht bei der Personengesellschaft gelten im Kern die Ausführungen zur Genossenschaft, wobei in Anbetracht dessen, daß die persönliche Haftung der Gesellschafter eine Sicherheit für die Gläubiger der Gesellschaft bieten soll, der Aspekt der Verstärkung der Kreditwürdigkeit zu vernachlässigen ist. Die Funktion einer Nachschußpflicht im Personengesellschaftsrecht kann aber vor allem darin gesehen werden, daß sie einen Beitrag zur Überwindung der häufigen Einstellung der Insolvenzverfahren über das Gesellschaftsvermögen wegen Masselosigkeit leistet und in Kombination mit der Sperrwirkung des § 93 InsO dem Grundsatz der „par condicio creditorum" Rechnung trägt. Gerade diese beiden Aspekte glaubte der Gesetzgeber allein durch die Einführung des § 93 InsO zu erreichen, der bestimmt, daß bei Personengesellschaften „*die persönliche Haftung eines Gesellschafters für die Verbindlichkeiten der Gesellschaft während der Dauer des Insolvenzverfahrens nur vom Insolvenzverwalter geltend gemacht werden*" kann.[557]

Die Erarbeitung eines Konzepts der Nachschußpflicht im Personengesellschaftsrecht sollte unter Berücksichtigung der Bestimmungen des Genossenschaftsrechts vorgenommen werden. Diese Vorgehensweise ist aus zwei Gründen gerechtfertigt. Zum einen ist die Nachschußpflicht im Genossenschaftsgesetz sehr detailliert geregelt und kann als etabliertes Rechtsinstitut bezeichnet werden. Sie diente daher bereits bei anderen Gesellschaftsformen als Vorbild.[558] Zum anderen hat die Nachschußpflicht der Genossenschaft im Insolvenzverfahren eine sehr wechselhafte Geschichte durchlaufen und bestand als sogenanntes Umlageverfahren bereits zu einer Zeit, in der die Genossen noch einer persönlichen Außenhaftung wie ein Personengesellschafter ausgesetzt sein konnten.[559] Sie entspringt mithin einer Zeit in der strukturell eine sehr nahe Verwandtschaft zwischen der Genossenschaft und der Personengesellschaft bestand. Durch die Sperrfunktion des § 93 InsO und damit dem Ausschluß der Außenhaftung eines persönlich haftenden Gesellschafters im Insolvenzverfahren der Gesellschaft, ist diese struk-

---

bzw. die Durchführung des Nachschußverfahrens gemäß § 735 BGB in der Insolvenz nicht näher beleuchtet, vgl. ZIP 2000, 1077, 1086.

557 Begründung des Regierungsentwurfs, abgedruckt in *Balz/Landfermann*, S. 175, 176. Ungehinderten Zugriff auf das Vermögen des Gesellschafters haben jedoch weiterhin nach der herrschenden Meinung Gläubiger, denen der Gesellschafter aufgrund einer Bürgschaft oder sonstigen Sicherheit haftet, da die mit der Gesellschafterhaftung konkurrierende Verpflichtung aus einer Bürgschaft oder sonstigen Sicherheit von § 93 InsO nicht erfaßt wird. § 93 InsO soll nur die persönliche Haftung eines Gesellschafters für die Verbindlichkeiten der Gesellschaft erfassen, so daß sonstige persönliche Verbindlichkeiten des Gesellschafters vom Anwendungsbereich der Norm ausgeschlossen sind; *Fuchs*, ZIP 2000, 1089; *K. Schmidt/Bitter*, ZIP 2000, 1077, 1082; a. A. *Pelz*, S. 86.

558 Vgl. Fn 550.

559 *Blomeyer*, ZfgG 1989, 102, 106 ff.

turelle Verwandtschaft in der Insolvenz auch heutzutage zu bejahen. In Anbetracht dessen ist es sowieso erstaunlich, daß der Gesetzgeber bei der Verfolgung der Ziele, eine gleichmäßige Gläubigerbefriedigung im Insolvenzverfahren der Gesellschaft und die Überwindung der Massearmut zu erreichen, nicht einen Blick auf das Genossenschaftsrecht geworfen hat.

B. Die Nachschußpflicht im einzelnen

I. Voraussetzungen der Nachschußpflicht

1. Kein Ausschluß in der Satzung

a) Genossenschaftsrecht

Eine Nachschußpflicht der Genossen im Insolvenzverfahren der Genossenschaft setzt voraus, daß das Statut die Nachschußpflicht nicht ausschließt (§ 105 I GenG). Nach § 6 Nr. 3 GenG stehen grundsätzlich drei Möglichkeiten für die Regelung der Nachschußpflicht zur Verfügung: die unbeschränkte, beschränkte und ausgeschlossene Nachschußpflicht. Wird die Genossenschaft - entgegen der gesetzlich vorgeschriebenen Mußvorschriften im Statut (§ 6 Nr. 3 GenG) - ohne eine Regelung hinsichtlich der Nachschußpflicht in das Genossenschaftsregister eingetragen, so besteht aus Gläubigerschutzinteressen eine unbeschränkte Nachschußpflicht.[560] Die Nachschußpflicht kann auch nachträglich eingeführt oder erweitert werden (§ 16 Abs. 2 Nr. 4 GenG). Für die Änderung des Statuts bedarf es mindestens eine drei Viertel Mehrheit der abgegebenen Stimmen, wobei den überstimmten Mitgliedern ein außerordentliches Kündigungsrecht unter den Voraussetzungen des § 67 a GenG gewährt wird. Die Erweiterung und Einführung der Nachschußpflicht findet ihre Grenze an vertretbaren wirtschaftlichen Erwägungen und der Zumutbarkeit.[561]

§ 105 Abs. 1 Satz 2 GenG berücksichtigt, daß nach neuem Insolvenzrecht anstelle der Durchführung eines Regelinsolvenzverfahrens die Möglichkeit der Aufstellung eines Insolvenzplans besteht, der wiederum eine Nachschußpflicht vorsehen kann. Die Befugnisse in § 217 InsO[562] sind abschließend geregelt, so daß

560 *Hettrich/Pöhlmann*, GenG, § 6 Rn 6; *Müller*, GenG, § 2 Rn 20.

561 Lang/Weidmüller/Metz/Schaffland/*Metz*, § 16 Rn 28, *RG* JW 1910, 40; *Hettrich/Pöhlmann*, GenG, § 16 Rn 9.

562 § 217 GenG: *„Die Befriedigung der absonderungsberechtigten Gläubiger und der Insolvenzgläubiger, die Verwertung der Insolvenzmasse und deren Verteilung an die Beteiligten sowie die Haftung des Schuldners nach der Beendigung des Insolvenzverfahrens können in einem Insolvenzplan abweichend von den Vorschriften dieses Gesetzes geregelt werden."*

für eine eingetragene Genossenschaft mit beschränkter oder ausgeschlossener Nachschußpflicht schon dies bedeutet, daß der Insolvenzplan weder eine Nachschußpflicht begründen noch deren statutarische Höchstgrenze verändern kann.[563]

b) Personengesellschaftsrecht

Wie bereits im dritten Kapitel erläutert wurde, müssen die persönlich haftenden Gesellschafter einer Personengesellschaft - vorbehaltlich keiner anderweitigen Vereinbarung - bei Auflösung der Gesellschaft für Fehlbeträge gemäß § 735 BGB aufkommen. § 735 BGB gilt ebenfalls im Insolvenzverfahren über das Gesellschaftsvermögen, denn die Eröffnung des Insolvenzverfahrens bewirkt die Auflösung der Gesellschaft (vgl. § 131 Abs. 1 Nr. 3 HGB, 728 BGB). Die Besonderheit dieses Auflösungstatbestandes besteht lediglich darin, daß er kein gesellschaftsrechtliches Liquidationsverfahren, sondern ein staatlich geordnetes Insolvenzverfahren auslöst, bei dem gemäß § 148 InsO die Verwaltungs- und Verfügungsbefugnis der Insolvenzmasse auf den Insolvenzverwalter übergeht.[564]

2. Eröffnung des Insolvenzverfahrens

Die Nachschußpflicht entsteht nach herrschender Meinung erst durch die Eröffnung des Insolvenzverfahrens.[565] Nach höchstrichterlicher Rechtsprechung entstehen Ansprüche eines Gesellschafters auf Abfindung oder das Auseinandersetzungsguthaben erst zum Zeitpunkt des Ausscheidens des Gesellschafters oder der Auflösung der Gesellschaft.[566] Nichts anderes kann für den Nachschußanspruch zumindest im Personengesellschaftsrecht gelten, da dieser ebenfalls zur Auseinandersetzung gehört.[567] Im Genossenschaftsrecht soll die Nachschußpflicht eher den Charakter einer zusätzlichen Beitragspflicht haben und der Genossenschaft mit der Eröffnung des Insolvenzverfahrens „*gleichsam aus dem Nichts*" erwachsen.[568]

---

563 *Beuthien*, GenG, § 105 Rn 14.

564 *K. Schmidt*, Gesellschaftsrecht, S. 334.

565 Vgl. zur Genossenschaft: *K. Schmidt*, KTS 1997, 339, 440; *Hettrich/Pöhlmann*, GenG, § 105 Rn 3; *BGHZ* 41, 71; *RGZ* 85, 209; 123, 248; *Müller*, GenG, § 105 Rn 5; *OLG Frankfurt* NJW-RR 1997, 675, 676 = WiB 1997, 418 ff.; *Kaminski*, S. 29, 30; a. A. *Beuthien*, GenG, § 105 Rn 5, offenlassend *OLG Oldenburg* NJW 1963, 1552.

566 *BGH* NJW 1989, 453 (zur Personengesellschaft); *BGH* NJW 1989, 458 (zur Rechtslage bei der GmbH).

567 Zur Personengesellschaft vgl. Palandt/*Sprau*, § 717 Rn 7.

568 *K. Schmidt*, KTS 1997, 339, 440.

3. Keine Befriedigung der Ansprüche der Massegläubiger oder Forderungen der Insolvenzgläubiger aus dem vorhandenen Gesellschaftsvermögen

Im Genossenschaftsrecht wurde die ausdrückliche Einbeziehung der Ansprüche der Massegläubiger in § 105 Abs. 1 Satz 1 GenG erst durch das EGInsO Änderungsgesetz vom 19. 12. 1998 eingeführt. Vor dieser Einbeziehung führte der Wortlaut des Gesetzes zu der Frage, ob eine Nachschußpflicht auch dann besteht, wenn wegen Masseunzulänglichkeit mit einer Schlußverteilung nach § 161 KO nicht zu rechnen war. Diese Frage wurde von der Rechtsprechung aber bereits vor der ausdrücklichen gesetzlichen Regelung unter Hinweis auf den Sinn und Zweck der Nachschußpflicht bejaht. Das *OLG Frankfurt*[569] führte insoweit aus, daß es eine „*völlig sach- und zweckwidrige Auslegung des § 105 Abs. 1 GenG*“ sei, wolle man „*die Nachschußpflicht von einem reichen oder armen Konkurs abhängig*“ machen. „*Eine solche Reduzierung der Nachschußpflicht, die sich doch als verwertbarer Vermögensbestandteil der Genossenschaft darstellt, hält der Senat für mit Sinn und Zweck der Nachschußpflicht unvereinbar.*“

Bei der Personengesellschaft ergibt sich ein Einstehen müssen der Gesellschafter für Forderungen der Insolvenzgläubiger völlig unproblematisch aus § 735 BGB, da diese Vorschrift eine Nachschußpflicht zur „*Berichtigung der gemeinschaftlichen Schulden*“ vorsieht. Nicht ganz so einfach ist die Beantwortung der Frage, ob auch Massegläubiger aus den Nachschüssen befriedigt werden dürfen. Insoweit könnte man auf die Ansicht verweisen, daß Gesellschafter einer Personengesellschaft im Insolvenzverfahren wertungsmäßig einem ausgeschiedenen Gesellschafter gleichgestellt werden müssen, so daß nur eine Haftung für Masseverbindlichkeiten in Betracht kommt, die bereits vor der Eröffnung des Insolvenzverfahrens begründet waren.[570] Die Diskussion zu diesem Themenkomplex kann jedoch an dieser Stelle noch vernachlässigt werden[571], denn der Nachschußanspruch steht der Gesellschaft zu und gehört demnach zur Insolvenzmasse. Da die Massegläubiger vorweg aus der Insolvenzmasse zu befriedigen sind, können sie zu Lasten der Gläubiger aus den Nachschußbeträgen befriedigt werden.

---

569 *OLG Frankfurt* NJW-RR 1997, 676 ff.; zustimmend *K. Schmidt*, KTS 1997, 339, 343 ff.

570 *K. Schmidt*, ZHR 1988, 105, 113.

571 Vgl. insoweit die Ausführungen zum Umfang der Nachschußpflicht, unten S. 149.

II. Adressaten der Nachschußpflicht

1. Genossenschaftsrecht

a) Bei bestehender Mitgliedschaft

Nachschüsse haben alle Mitglieder zu leisten, deren Mitgliedschaft im Zeitpunkt der Eröffnung des Insolvenzverfahrens besteht, auch diejenigen, die zwar bereits gekündigt haben, die aber noch nicht wirksam ausgeschieden sind. Nachschußpflichtig sind auch diejenigen, die zu Unrecht von der Liste der Mitglieder gelöscht wurden, aber nicht diejenigen, die zu Unrecht eingetragen worden sind.[572]

b) Bei Fiktion des Fortbestandes der Mitgliedschaft gemäß § 75 GenG

Gemäß § 75 GenG gilt das Ausscheiden eines Genossen als nicht erfolgt, wenn die Genossenschaft innerhalb von sechs Monaten nach dem Ausscheiden aufgelöst wird. Da die Genossenschaft durch die Eröffnung des Insolvenzverfahrens aufgelöst (§ 101 GenG) wird, sind die in dem genannten Zeitraum ausgeschiedenen Genossen wie Mitglieder der Genossenschaft nachschußpflichtig.[573] Sie haften für Verbindlichkeiten, die nach ihrem Ausscheiden begründet wurden; auch gelten für sie die nach ihrem Ausscheiden gefaßten Generalversammlungsbeschlüsse und Satzungsänderungen.[574] Hat der Genosse wegen einer Änderung der Satzung gekündigt (§ 67 a GenG), so entfaltet die Änderung für dieses Mitglied allerdings keinerlei Wirkung (§ 67 a Abs. 2 Satz 5 GenG).

Wurden nach dem Ausscheiden aus der eingetragenen Genossenschaft Satzungsänderungen vorgenommen, die dem ausgeschiedenen Mitglied das Recht zur außerordentlichen Kündigung eröffnet hätten, ist die Rechtsfolge umstritten. Nach *Hettrich/Pöhlmann* hat der betroffene Genosse das Recht außerordentlich zu kündigen, wobei die Kündigungsfrist des § 67 a Abs. 2 Satz 1 GenG mit Kenntnisnahme von der Auflösung bzw. dem Insolvenzverfahren beginnt.[575] Nach richtiger Ansicht von *Müller* müssen solche Beschlüsse für den Genossen als unwirksam angesehen werden. Er rechtfertigt seine Ansicht mit dem Schutzzweck der außerordentlichen Kündigung bei Änderung des Statuts (§ 67 a GenG) und aus dem Gleichbehandlungsgrundsatz. Die fingierte Mitgliedschaft gemäß § 75 GenG

---

572 Lang/Weidmüller/Metz/Schaffland/*Schaffland*, GenG, § 105 Rn 13; *Hettrich/Pöhlmann*, GenG, § 105 Rn 5.

573 *Müller*, GenG, § 105 Rn 11.

574 *Beuthien*, GenG, § 105 Rn 8; *Müller*, GenG, § 105 Rn 11.

575 *Hettrich/Pöhlmann*, GenG, § 75 Rn 5: *Müller*, GenG, § 105 Rn 11; *Beuthien*, GenG, § 105 Rn 8; ein außerordentliches Kündigungsrecht ablehnend Lang/Weidmüller/Metz/Schaffland/*Schaffland*, GenG, § 105 Rn 14 mit Verweis auf Anmerk. zu § 75.

könne keine Schlechterstellung gegenüber den Genossen bewirken, die als Mitglieder der Genossenschaft bereits ohne die Fiktion des § 75 GenG gelten. Es müsse daher in diesem Zusammenhang in Kauf genommen werden, daß der Genosse, der die Mitgliedschaft aufgrund der Fiktion des § 75 GenG habe, ohne die Abgabe der Kündigungserklärung die Privilegierung des § 67 a Abs. 2 Satz 5 GenG erlange. Es spreche eine Vermutung dafür, daß der Genosse, der tatsächlich aus der Genossenschaft ausgeschieden ist, Satzungsänderungen mit dem in § 67 a GenG enthaltenen Inhalt nicht hingenommen hätte. Dem Genossen nachträglich - nach dem Eintritt der Wirkungen des § 75 Satz 1 GenG – ein außerordentliches Kündigungsrecht nach § 67 a Abs. 1 Satz 1 Nr. 2 GenG einzuräumen, scheitere bereits daran, daß nach Auflösung der Genossenschaft eine Kündigung der Mitgliedschaft ausgeschlossen sei.[576]

Ist ein Mitglied innerhalb von 6 Monaten nach seinem Ausscheiden der eingetragenen Genossenschaft erneut wieder beigetreten, haftet es, weil eine Doppelmitgliedschaft nicht möglich ist, nur einmal; bei unterschiedlich hoher Nachschußpflicht nach Maßgabe der höheren.[577]

c) Bei ausgeschiedenen Mitgliedern

Für ein Mitglied, das infolge der Übertragung seines Geschäftsguthabens ausgeschieden ist, gilt § 76 Abs. 3 GenG und damit eine subsidiäre Haftung, soweit der Erwerber des Geschäftsanteils zur Leistung der Nachschüsse nicht in der Lage ist. Hinsichtlich der Höhe der Nachschußpflicht ist dabei nicht auf den Zeitpunkt der Übertragung, sondern auf den Zeitpunkt der Eröffnung des Insolvenzverfahrens abzustellen.[578]

Sobald mit Sicherheit anzunehmen ist, daß die Mitglieder der eingetragenen Genossenschaft nicht in der Lage sind, die Insolvenzgläubiger zu befriedigen oder ihnen Sicherheit zu leisten, sind auch die früheren Mitglieder nachschußpflichtig, die innerhalb der letzten 18 Monate vor Konkurseröffnung ausgeschieden sind (§ 115 b GenG).

2. Personengesellschaftsrecht

Anders als im Genossenschaftsrecht kann sich die Nachschußpflicht mangels anderweitiger gesetzlicher Regelung nur gegen Gesellschafter richten, die zum

---

576 *Müller*, GenG § 75 Rn 6.

577 Lang/Weidmüller/Metz/Schaffland/*Schaffland*, GenG, § 105 Rn 14; RGZ 141, 178; *Hettrich/Pöhlmann*, GenG, § 105 Rn 6.

578 Lang/Weidmüller/Metz/Schaffland/*Schaffland*, GenG, § 105 Rn 15; *Müller*, GenG, § 105 Rn 12; a. A. *Hettrich/Pöhlmann*, GenG, § 77 Rn 7

Zeitpunkt der Eröffnung des Insolvenzverfahrens der Gesellschaft angehören. Mit dem Anspruch aus § 735 BGB darf dabei nicht ein eventuell noch ausstehender Anspruch gemäß § 739 BGB gegen das ausgeschiedene Mitglied verwechselt werden. Da § 735 BGB nur einen Anspruch gegen Gesellschafter bei bestehender Mitgliedschaft während der Eröffnung des Insolvenzverfahrens ermöglicht, ist ein wichtiger Anwendungsfall des § 93 InsO gefunden, der über die Geltendmachung des § 735 BGB hinausgeht, denn gemäß der §§ 736 Abs. 2 BGB, 160 HGB haften ausgeschiedene Gesellschafter für Gesellschaftsschulden unter bestimmten Voraussetzungen weiter.

III. Umfang der Nachschußpflicht

1. Einbeziehung von Forderungen der Insolvenz- und Massegläubiger bei der Berechnung des durch die Nachschüsse zu deckenden Gesamtbetrags

Der Umfang der Nachschußpflicht wird im Genossenschaftsgesetz in § 105 Abs. 1 GenG geregelt. Die Vorschrift bezieht zur Berechnung der Höhe der Nachschußpflicht die Forderungen der Masse- und Insolvenzgläubiger, die bei der Schlußverteilung gemäß § 196 InsO zu berücksichtigen sind, ein. Wie bereits erwähnt, wurde die ausdrückliche Einbeziehung der Ansprüche der Massegläubiger in § 105 Abs. 1 Satz 1 GenG erst durch das EGInsOÄndG vom 19. 12. 1998 eingeführt. Bereits vor dieser ausdrücklichen Gesetzesänderung leitete die Rechtsprechung aus dem Regelungszweck der Nachschußpflicht - nämlich der Sicherung der Gläubiger gegen einen Ausfall ihrer Forderungen im Konkurs - zwingend ab, daß der Gesamtbetrag der Nachschüsse unter Einschluß der Massekosten und Masseschulden zu berechnen sei.[579]

Bei der Personengesellschaft können zwar grundsätzlich die Massegläubiger aus dem durch die Nachschüsse eingezogenen Betrag befriedigt werden.[580] Eine andere Frage ist jedoch, ob sich auch der Gesamtbetrag der Nachschüsse durch die Berücksichtigung von Masseschulden erhöht. Dagegen könnte sprechen, daß zumindest im Außenverhältnis nach h. M. keine persönliche Haftung der Gesellschafter für die durch Eröffnung des Insolvenzverfahrens entstandenen Neuverbindlichkeiten besteht. Die Frage, inwieweit Gesellschafter für die genannten Verbindlichkeiten persönlich einzustehen haben, war bereits unter der alten Konkursordnung streitig. Sie entzündete sich mitunter an dem Prinzip der Selbstorganschaft bei der Personengesellschaft. Ausgangspunkt für die Überlegungen war die Rechtslage bei der natürlichen Person. Soweit es sich um den Konkurs einer

579 *OLG Frankfurt* NJW-RR 1997, 676 ff.; zustimmend *K. Schmidt*, KTS 1997, 339, 343 ff.; vgl. auch oben S. 146.

580 Vgl. oben S.146.

natürlichen Person handelte, wurde - und wird auch unter Zugrundelegung der neuen Insolvenzordnung - nach überwiegender Ansicht vertreten, daß der Gemeinschuldner, obwohl selbst Schuldner der Masseverbindlichkeiten[581], nicht mit dem konkursfreien Vermögen für durch das Konkursverfahren bzw. durch Rechtshandlungen des Konkursverwalters begründete Kosten, sogenannte Neuverbindlichkeiten, hafte.[582] Die Grundlagen für dieses Ergebnis arbeitete *Sieveking*[583] heraus. Er argumentierte mit der geringen Einwirkungsmöglichkeit des Gemeinschuldners auf die Bestellung des Verwalters und die Führung der Verwaltung im Fremdinteresse. Diese Überlegungen übertrug man auf die persönliche Gesellschafterhaftung, mit dem Ergebnis, daß sie nur für Altverbindlichkeiten der Gesellschaft, die bereits im Zeitpunkt der Konkurseröffnung begründet waren, bestehen sollte.[584]

K. Schmidt[585] verweist darauf, daß dieses Ergebnis zwar dem Rechtsgefühl entgegen komme, allerdings einer gesellschaftsrechtlichen Begründung bedürfe. Denn auch Neuverbindlichkeiten seien Gesellschaftsschulden, für die auch im Konkurs die akzessorische persönliche Gesellschafterhaftung gelte. Er will die Nichtanwendung des § 128 HGB im Wege der teleologischen Reduktion rechtfertigen:

„Die Rechtfertigung der unbeschränkten Haftung ist nicht zu trennen von den Grundsätzen der Selbstorganschaft und des Eigennutzes: Nur wo die Gesellschafter auch das Schicksal des Unternehmens steuern können und nur wo auch die Erträge den Gesellschaftern zufließen, rechtfertigt sich der strenge Grundsatz der persönlichen Gesellschafterhaftung. Die Situation entfällt, sobald ein Konkursverwalter – nach der herrschenden Amtstheorie ein im eigenen Namen handelnder Treuhänder, nach wohl richtiger Auffassung dagegen ein obligatorischer Drittliquidator der Gesellschaft – an die Stelle des selbstorganschaftlichen Managements tritt und Erträgnisse einer Unternehmensfortführung nur noch den Gläubigern zugute kommen. Dies rechtfertigt es, den persönlich haftenden Ge-

---

581 *RGZ* 52, 330, 332; *BGHZ* 49, 11, 13; *Pape*, ZIP 1992, 747, 748.

582 *K. Schmidt*, ZHR 1988, 105, 113; grundlegend *Sieveking*, S. 25 ff.; *Manfred Schmidt*, S. 116 ff.; *K. Schmidt*, Insolvenzgesetze, § 209 KO Anm. 2 d cc; a. A. *Häsemeyer*, Insolvenzrecht, Rn 25.28 ff., mit Hinweis darauf, daß diese Ansicht den Gesamtvollstreckungsaspekt des Insolvenzverfahrens vernachlässige; *Smid* hingegen verweist darauf, daß diese Ansicht wegen des Insolvenzbeschlags des Neuerwerbs nach § 35 zweifelhaft geworden sei, so daß davon auszugehen sei, daß der Schuldner nunmehr auch mit seinem nach Aufhebung des Insolvenzverfahrens laufenden Einkommen für die während des Verfahrens begründeten Masseverbindlichkeiten hafte, vgl. Smid/*Smid*. InsO, § 201 Rn 3.

583 *Sieveking*, S. 35.

584 Vgl. zum Meinungsstand, *Armbruster*, S. 154 ff.

585 *K. Schmidt*, ZHR 1988, 105, 115.

sellschafter einer in Konkurs gefallenen Personengesellschaft wie einen ausgeschiedenen Gesellschafter zu stellen: Für Neuverbindlichkeiten haftet er nicht. Sollten – etwa durch Konkurseinstellung oder durch Zwangsvergleich – den Gesellschaftern die alten Befugnisse später wieder zuwachsen, so haften sie nachträglich wieder für alle – auch die vom Konkursverwalter begründeten - Verbindlichkeiten der Gesellschaft. Dies ergibt sich aus einer Analogie zu § 130 HGB, dessen Normzweck darin gesehen werden muß, daß ein persönlich haftender Gesellschafter für Altverbindlichkeiten seiner Gesellschaft ebenso haften muß wie für deren Neuverbindlichkeiten."[586]

Folgt man der Ansicht von *K. Schmidt* und behandelt den persönlich haftenden Gesellschafter im Insolvenzverfahren wie einen ausgeschiedenen Gesellschafter, so könnte bei Neuverbindlichkeiten der Gesellschaft auch keine interne Haftung der Gesellschafter gemäß § 735 BGB entstehen. Die Ansicht von *K. Schmidt* bedarf aber zumindest im Zusammenhang mit der Nachschußpflicht der Überprüfung unter Berücksichtigung der Ziele der neuen Insolvenzordnung und einem Blick auf das Genossenschaftsrecht. Durch die Einführung des § 93 InsO sollte ein Beitrag zur Überwindung der Massearmut im Insolvenzverfahren über das Vermögen von Personengesellschaften geleistet werden und dem Grundsatz der Gläubigergleichbehandlung Rechnung getragen werden.[587] Da eine Verhinderung der Abweisung mangels Masse gerade die Deckung der Kosten des Insolvenzverfahrens gemäß § 26 InsO voraussetzt, scheint eine Einbeziehung der Masseverbindlichkeiten zur Berechnung der Höhe der Nachschußpflicht gerechtfertigt. Zwar könnte man dieses Ziel auch erreichen, indem man bei der Berechnung der Nachschüsse allein die Forderungen der Insolvenzgläubiger berücksichtigt und aus den eingezogenen Fehlbeträgen die Massegläubiger befriedigt. Durch diese Vorgehensweise vermindert man jedoch die Insolvenzmasse zu Lasten der Insolvenzgläubiger, die nach Beendigung des Verfahrens bei noch ausstehenden Forderungen im Alleingang gegen die Gesellschafter vorgehen müßten. Diese Konsequenz widerspricht wiederum dem Bestreben, durch die neue Insolvenzordnung dem Grundgedanken der Gläubigergleichbehandlung Rechnung zu tragen.

Weiterhin ist die Schlußfolgerung, Gesellschafter müßten im Insolvenzverfahren wie ausgeschiedene Gesellschafter behandelt werden, auch in Hinblick auf das Genossenschaftsrecht im Zusammenhang mit der Nachschußpflicht nicht zwingend. *K. Schmidt* begründet die teleologische Reduktion des § 128 HGB im Insolvenzverfahren vor allem unter Rückgriff auf die Grundsätze der Selbstorganschaft und des Eigennutzes im Personengesellschaftsrecht. Im Genossenschaftsrecht

---

586 *K. Schmidt*, ZHR 1988, 105, 115, 116.

587 Begründung zu § 105 RegE, abgedruckt in: *Balz/Landfermann*, S. 175.

gelten diese Prinzipien jedoch ebenfalls.[588] Dennoch haften die Genossen gemäß § 105 Abs. 1 GenG auch für die vom Insolvenzverwalter begründeten Neuverbindlichkeiten. Gerade *K. Schmidt* hat bereits unter der Geltung der alten Fassung des § 105 Abs. 1 GenG die Einbeziehung dieser Ansprüche als zwingend bezeichnet. Er bezieht sich dabei darauf, daß die Nachschußpflicht im Konkurs *„als eine an die Stelle der Außenhaftung der Genossen getretene Form der Haftungsabwicklung konzipiert worden ist"* mit der Schlußfolgerung, daß jede Verbindlichkeit der Genossenschaft im Konkurs die Haftung der Genossen auslösen könne.[589] Eine Einschränkung der Haftung der Genossen macht er hingegen im Hinblick auf die Grundsätze der Selbstorganschaft und des Eigennutzes im Genossenschaftsrecht nicht. Warum dies bei der Personengesellschaft anders sein soll, ist dabei nicht ersichtlich. Im übrigen ist selbst dem Liquidationsrecht der Personengesellschaft das Prinzip der Fremdorganschaft auch nicht unbekannt, denn gemäß § 146 Abs. 2 HGB kann in der Liquidation der Personenhandelsgesellschaft durch das Gericht ein Drittliquidator bestellt werden. Davon bleibt die Geltung des § 735 BGB und die Haftung für Verbindlichkeiten, die durch den Drittliquidator begründet werden in der Liquidation unberührt.

2. Verteilungsmaßstab nach dem Gleichbehandlungsgrundsatz

Bei der Personengesellschaft richtet sich der Umfang der Nachschußpflicht gemäß § 735 BGB nach den Regelungen der Verlustbeteiligung. Bei der Genossenschaft hingegen wird der nachzuschießende Beitrag grundsätzlich nach Köpfen auf die Genossen umgelegt (§ 105 Abs. 2 GenG). In den Grenzen der genossenschaftlichen Gleichbehandlung kann das Statut einen anderen Verteilungsmaßstab vorsehen. In jedem Fall muß sich die Satzungsbestimmung aber ausdrücklich auf die Verteilung der Nachschüsse beziehen. Eine Regelung, die die Verlustverteilung nach Maßgabe des § 19 Abs. 2 GenG betrifft, kann nicht entsprechend auf die Nachschußverteilung angewandt werden.[590]

Hängt die Höhe der Nachschußpflicht von der Zahl der Geschäftsanteile ab, so sind nach überwiegender Ansicht nur die Geschäftsanteile für die Nachschußpflicht relevant, die im Zeitpunkt der Eröffnung des Insolvenzverfahrens wirksam übernommen worden sind.[591] Die spätere Übernahme von Geschäftsanteilen soll

---

588 Zur Selbstorganschaft vgl. § 9 Abs. 2 S. 1 GenG: *„Die Mitglieder des Vorstands und des Aufsichtsrats müssen Genossen sein."* Zum Eigennutz vgl. die Definition zur Genossenschaft in § 1 Abs. 1 GenG: *„Gesellschaften von nicht geschlossener Mitgliederzahl, welche die Förderung des Erwerbes oder der Wirtschaft ihrer Mitglieder mittels gemeinschaftlichen Geschäftsbetriebes bezwecken (...)"*.

589 *K. Schmidt*, KTS 1997, 339, 343 ff.

590 *Müller*, GenG, § 105 Rn 23; *Beuthien*, GenG, § 105 Rn 10.

591 *BGH* BB 1978, 1134, 1135, kritisch dazu die Anmerk. v. *Hadding*, ZfG 1978, 447, 448.

nach höchstrichterlicher Rechtsprechung und einem Teil der Literatur selbst dann ausgeschlossen sein, wenn der Genosse zum Zeitpunkt der Eröffnung des Insolvenzverfahrens einer bereits bestehenden statutarischen Pflicht zur Übernahme von weiteren Geschäftsanteilen nicht nachgekommen ist. Der *BGH*[592] argumentiert insoweit, daß nach Verfahrenseröffnung ein Beitritt zur eingetragenen Genossenschaft nicht mehr möglich sei und daher auch eine Übernahme weiterer Pflichtanteile selbst bei entsprechender Verpflichtung dazu ausscheide. *Beuthien*[593] hingegen verweist richtiger Weise darauf, daß dieses Ergebnis gegenüber dem Genossen, der sich satzungsgetreu verhalten habe, höchst ungerecht sei, und damit der bei der Pflichtbeteiligung geforderten Gleichbehandlung der Genossen zuwider laufe. Um dies zu vermeiden, sei nicht erforderlich, daß der säumige Genosse die Pflichtanteile tatsächlich übernehme. Man müsse aber die Wertung des § 87 a Abs. 2 Satz 5 GenG berücksichtigen und die Übernahme wie bei der Bemessung der Nachschußpflicht im Liquidationsstadium fingieren.

3. Ausfallhaftung

Sowohl bei der Genossenschaft (§ 105 Abs. 3 GenG) als auch in der Personengesellschaft (§ 735 Satz 2 BGB) erhöht sich die Nachschußpflicht, wenn einzelne Gesellschafter ausfallen. Der Ausfall kann auf Vermögenslosigkeit beruhen, kann sich aber auch aus anderen Gründen ergeben, etwa wenn der Aufenthalt des Genossen bzw. Gesellschafters nicht zu ermitteln ist. Die Vermögenslosigkeit muß nicht durch einen Vollstreckungsversuch nachgewiesen werden. Sie kann sich auch aus anderen Umständen ergeben. Die Beweislast für ihr Vorliegen hat der Insolvenzverwalter.[594] Die Ausfallverteilung stellt keine Haftung für eine fremde Nachschußverbindlichkeit dar. Demgemäß ist auch für einen Regreß gegen die nichtleistenden Mitglieder kein rechtlicher Ansatz gegeben.[595] Im Personengesellschaftsrecht behalten die Gesellschafter aber das Recht, nach Einstellung des Insolvenzverfahrens gegen den Mitgesellschafter infolge der gesamtschuldnerischen Haftung vorzugehen.

---

592 *BGH* BB 1978, 1134, 1136; *Müller*, GenG, § 105 Rn 10a, *Müller* verweist darauf, daß eine Nachschußpflicht auch nicht als Schadensersatz geltend gemacht werden kann. Es könne jedoch eine Haftung der Vorstandsmitglieder nach § 34 GenG bestehen, soweit sie es pflichtwidrig versäumt haben, die geschuldete Übernahme der weiteren Geschäftsanteile zu erzwingen.

593 *Beuthien*, GenG, § 105 Rn 10; vgl. auch *Hadding*, ZfG 1978, 447, 448

594 *Beuthien*, GenG, § 105 Rn 11; *Müller*, GenG, § 105 Rn 24.

595 *BGHZ* 41, 71, 77, 78 (zur Genossenschaft); a. A. *Hillers*, S. 268.

IV. Zeitpunkt der Geltendmachung der Nachschußansprüche

Die endgültige Nachschußberechnung hat zu erfolgen, wenn mit der Schlußverteilung (§ 196 ff. InsO) oder nach Anzeige der Masseunzulänglichkeit mit der Befriedigung der Massegläubiger (§ 209 InsO) begonnen worden ist (vgl. § 114 Abs. 1 GenG). Da die Verwertung der Insolvenzmasse zu diesem Zeitpunkt beendet ist, kann nunmehr genau berechnet werden, welchen Nachschußbetrag die Genossen endgültig zur Deckung des Fehlbetrages der Aktivmasse zu leisten haben. Die abschließend als Fehlbetrag ermittelte Summe ist nach Erstellung der Nachschußberechnung von den Genossen einzuziehen.

Bei der Personengesellschaft ergibt sich für die Geltendmachung der endgültigen Nachschußansprüche im Insolvenzverfahren auch ohne ausdrückliche Regelung aus faktischen Gründen im Regelfall kein anderer Zeitpunkt. Insoweit kann wiederum auf die Ausführungen zur Liquidation verwiesen werden. Der Insolvenzverwalter kann die Nachschußansprüche geltend machen, sobald sie mit Sicherheit feststehen.[596] Dies ist spätestens dann der Fall, wenn die Haftung der Insolvenzmasse im Forderungsfeststellungsverfahren (§ 174 ff. InsO) geklärt ist und die Verwertung der Insolvenzmasse mit Ausnahme der Nachschußansprüche realisiert wurde. Ist die Höhe bestimmter Fehlbeträge bereits vor endgültiger Verwertung der Insolvenzmasse mit Sicherheit berechenbar, kann der Insolvenzverwalter auch schon früher gegen die Gesellschafter vorgehen.

V. Einwendungen des Gesellschafters

1. Gegen die rechtskräftige Feststellung der Gesellschaftsverbindlichkeiten

Die Genossen können Einwendungen gegen die angemeldeten Gesellschaftsverbindlichkeiten erheben, sie können dadurch aber nicht die Heranziehung zu Nachschüssen verhindern. Im Genossenschaftsrecht ergibt sich dies aus den §§ 114 Abs. 3, 108 GenG, wonach die Genossen das Recht haben, im Prüfungstermin der Nachschußberechnung ihre Einwendungen vorzubringen.[597] Dennoch können die Nachschüsse, solange die vom Gericht für vollstreckbar erklärte Nachschußberechnung nicht wirksam angefochten worden ist (§§ 114 Abs. 3, 111 GenG), eingefordert werden (§ 109 GenG). Hat jedoch der Vorstand im Prüfungstermin eine Forderung ausdrücklich bestritten, sind zumindest zum Schutz der Genossen die Forderungen bei der Schlußverteilung zunächst zurückzubehalten (§ 115 Abs. 2 Satz 1 GenG).[598]

---

596 Vgl. oben S. 110.

597 *Beuthien*, GenG, § 108 Rn 2; *Müller*, GenG, § 108 Rn 8.

598 Vgl. dazu unten S. 162 ff.

Im Personengesellschaftsrecht dürfen die Gesellschafter der Forderungsanmeldung mit Wirkung für ihre persönliche Haftung widersprechen (entsprechend den §§ 178 Abs. 2, 201 Abs. 2 InsO).[599] Dies ergibt sich daraus, daß die rechtskräftige Feststellung einer Gesellschaftsverbindlichkeit im Gesellschaftsinsolvenzverfahren (§ 178 Abs. 1, 3 InsO) auch den Gesellschaftern entgegen gehalten werden kann (§ 129 Abs. 1 HGB), gegen sie aus einem Tabellenauszug (§ 201 Abs. 2 InsO) aber nicht vollstreckt werden darf (§ 129 Abs. 4 HGB). Der Widerspruch der Gesellschafter steht jedoch nicht der Feststellung der Forderung gegen die Gesellschaft gemäß § 178 Abs. 1 Satz 2 InsO entgegen, sondern verhindert nur die Rechtskraft des Tabelleneintrags gegen den Gesellschafter nach Maßgabe des § 129 Abs. 1 HGB.[600] Damit kann der Insolvenzverwalter die Gläubigerforderung trotz eines Widerspruchs des Gesellschafters bei der Berechnung der Nachschüsse berücksichtigen und den entsprechenden Gläubiger bei der Schlußverteilung einbeziehen. Weigert sich der Gesellschafter dennoch die Nachschüsse zu leisten, muß der Insolvenzverwalter allerdings gerichtlich gegen ihn vorgehen. Da es weder im Gesellschafts- noch im Insolvenzrecht eine Vorschrift gibt, die bestimmt, daß sich die Rechtskraft der Forderungsfeststellung gegen die Gesellschaft auch auf die Rechtsstellung der Gesellschafter erstreckt, kann die Existenz und Höhe der Gesellschaftsforderung nochmals Gegenstand des Verfahrens sein.[601]

2. Aufrechnung des Gesellschafters gegen Nachschußforderungen

a) Genossenschaftsrecht

Ein Genosse kann nach § 105 Abs. 5 GenG gegen den Nachschußanspruch mit einer Forderung gegen die Genossenschaft nur aufrechnen, wenn die Voraussetzungen vorliegen, unter welchen der Genosse als Insolvenzgläubiger Befriedigung aus den Nachschüssen beanspruchen könnte. Diese Vorschrift beinhaltet mithin eine Sonderregelung gegenüber den §§ 94 ff. InsO. Entgegen der Ansicht von *Müller*[602] liegt die Besonderheit dieser Regelung jedoch nicht darin, daß ansonsten eine Aufrechnung aus insolvenzrechtlichen Gründen - genauer infolge des Aufrechnungsverbotes des § 96 Ziff. 1 InsO - scheitern würde, da der Genosse erst etwas nach Eröffnung des Insolvenzverfahrens zur Masse schuldig geworden

599 *Häsemeyer*, Insolvenzrecht, Rn 31.18.

600 *Kuhn/Uhlenbruck*, KO, § 209 Rn 32.

601 Eine Rechtskrafterstreckung im Rahmen des § 129 Abs. 1 HGB bezieht sich ausschließlich auf Einwendungen gegen die Inanspruchnahme aus der persönlichen Haftung gegenüber Gesellschaftsgläubigern. Die Rechtskraft der festgestellten Forderung erstreckt sich gemäß § 178 Abs. 3 und § 183 Abs. 1 InsO nur gegenüber dem Insolvenzverwalter und allen Insolvenzgläubigern.

602 *Müller*, GenG, § 105 Rn 27.

sei. Der Nachschußanspruch entsteht zwar nach h. M. erst mit der Eröffnung des Insolvenzverfahrens, er ist jedoch bereits vorher im Kern vorhanden. Auf diese Art von Ansprüchen findet nach der Rechtsprechung des *BGH* § 95 InsO Anwendung.[603]

Das Genossenschaftsrecht enthält dennoch eine Besonderheit gegenüber den §§ 94 ff. InsO, da erst gegen die in der Nachschußberechnung festgesetzten Beiträge, nicht schon gegen die in der Vorschußberechnung enthaltenen Vorschüsse, aufgerechnet werden darf.[604] Der Genosse kann dann allerdings die Aufrechnung in voller Höhe erklären und ist nicht auf die Geltendmachung der Insolvenzquote beschränkt.[605] Dies ergibt sich daraus, daß § 105 Abs. 5 GenG den Genossen einem Insolvenzgläubiger gleichstellt. Letzterer kann, solange die Voraussetzungen der §§ 94 ff. InsO erfüllt sind, trotz Anmeldung seiner Forderungen im Insolvenzverfahren, die Aufrechnung in voller Höhe erklären.[606]

b) Personengesellschaftsrecht

Nach der bisher herrschenden Meinung können auch die Gesellschafter einer Personengesellschaft ihre Einzelforderungen gegen die Gesellschaft anmelden.[607] Wenn der Gesellschafter die Stellung eines Insolvenzgläubigers gegenüber der Gesellschaft haben kann, müssen für ihn auch die §§ 94 ff. InsO einschlägig sein. Insoweit stellt sich wieder die Frage, wann der Anspruch auf Nachschuß entsteht, denn § 94 InsO erfaßt lediglich Aufrechnungslagen, die bereits *„zur Zeit der Eröffnung des Insolvenzverfahrens"* bestehen, wird allerdings durch § 95 InsO auch auf Aufrechnungslagen erweitert, die erst im Verfahren eintreten. Im zweiten Fall müssen die aufzurechnenden Forderungen zumindest zum Zeitpunkt der Eröffnung des Verfahrens aufschiebend bedingt oder noch nicht fällig sein.

Streng genommen paßt daher keine dieser Alternativen auf den Nachschußanspruch. Nach höchstrichterlicher Rechtsprechung entstehen Ansprüche eines Gesellschafters auf Abfindung oder das Auseinandersetzungsguthaben erst zum

---

603 Vgl. insoweit zu diesem Punkt unten die Ausführungen zur Personengesellschaft und *BGH* NJW 1989, 453; *BGH* NJW 1989, 458.

604 *Müller*, GenG, § 105 Rn 31, *Beuthien*, GenG, § 105 Rn 13; *BGH* BB 1978, 1134, 1136, *Häsemeyer*, Insolvenzrecht, Rn 30.93.

605 Im Ergebnis ebenfalls *Müller*, GenG, § 105 Rn 29; a. A. *Beuthien*, GenG, § 105 Rn 13.

606 Smid/*Smid*, InsO, § 94 Rn 14.

607 *Häsemeyer*, Insolvenzrecht, Rn 31.21 ff.; *Breuer*, S. 123; *Armbruster*, S. 202 ff. (bejahend zur Rechtslage nach der KO, ablehnend hinsichtlich der neuen InsO); *K. Schmidt*, Insolvenzgesetze, § 209 KO Rn 2e; *BGH* NJW 1985, 1468, 1470 (kein Anspruch des Kommanditisten im Konkurs auf Rückzahlung seiner zum Eigenkapital der Gesellschaft geleisteten Beiträge); *BGH* NJW 1981, 2251, 2251.

Zeitpunkt des Ausscheidens oder der Auflösung der Gesellschaft.[608] Nichts anderes kann für den Nachschußanspruch gelten, da dieser ebenfalls zur Auseinandersetzung gehört.[609] Dennoch wird auf diese Ansprüche § 95 InsO angewandt, denn dieser Vorschrift sind solche Ansprüche gleichzustellen, die schon vor der Eröffnung des Insolvenzverfahrens ihrem Kern nach vorhanden waren. Dies wird bei Auseinandersetzungsansprüchen bejaht, da sie ihren Rechtsgrund im Abschluß des Gesellschaftsvertrages haben und sowohl der Gesellschaft als auch den Gesellschaftern eine gesicherte Position in Form einer bestimmten Erwerbsaussicht verschaffen.[610]

Auf die Möglichkeit einer Aufrechnung sollte es allerdings bei der Geltendmachung der Nachschußpflicht im Regelfall nicht ankommen. Der Insolvenzverwalter kann die Nachschüsse nur in der Form geltend machen, in der auch die Gesellschaft zu der Geltendmachung befugt wäre. Er muß daher bereits bei der Berechnung die Gegenansprüche der Gesellschafter infolge § 242 BGB berücksichtigen. Kommt es jedoch zum Rechtsstreit, kann der Gesellschafter einwenden, der Insolvenzverwalter habe in seiner Berechnung einen Anspruch des Gesellschafters gegen die Gesellschaft nicht berücksichtigt und die Aufrechnung erklären.

Trotz der Pflicht des Insolvenzverwalters bei der Berechnung der Nachschußhöhe, die Ansprüche der Gesellschafter gegen die Gesellschaft zu berücksichtigen, ist eine Anmeldung der Ansprüche zulässig und auch ratsam.[611] Die Empfehlung der Anmeldung ergibt sich daraus, daß erst am Ende der Anmeldefrist feststeht, ob die Gesellschafter - was jedoch der Normalfall sein wird - Nachschüsse zu leisten haben. Der Gesellschafter sollte daher, um die Anmeldefrist nicht zu versäumen, seine Forderungen in voller Höhe anmelden. Er erleidet dadurch keine Nachteile, da die Anmeldung der Forderung sich nicht auf die Aufrechnungsbefugnis des Gesellschafters auswirkt.[612] Der Insolvenzverwalter kann auf diese Art prüfen, in welcher Höhe Gesellschafteransprüche zu verrechnen oder bei der Verteilung zu berücksichtigen sind.[613]

---

608 *BGH* NJW 1989, 453; *BGH* NJW 1989, 458 (zur Rechtslage bei der GmbH).

609 Palandt/*Sprau*, § 717 Rn 7.

610 Bzgl. der Ansprüche auf Abfindung und das Auseinandersetzungsguthaben: *BGH* NJW 1989, 453.

611 Ablehnend *Armbruster*, S. 212, *Armbruster* will dem Gesellschafter die Anmeldung in Hinblick auf § 242 BGB verwehren, da die Berücksichtigung der Forderung des Gesellschafters wieder über § 93 InsO zur Insolvenzmasse gezogen werden kann. Der persönlich haftende Gesellschafter erhielte mithin eine Dividende, die sofort wieder durch den Insolvenzverwalter der Masse einverleibt würde.

612 Smid/*Smid*, InsO, § 94 Rn 14.

613 *Pelz*, S. 73.

3. Geltendmachung persönlicher Einwendungen gegen die Gesellschaftsgläubiger

Da der Anspruch auf Nachschuß zwischen der Genossenschaft und den Genossen bzw. der Gesellschaft und den Gesellschaftern besteht, können die Gesellschafter gegen die Nachschußansprüche keine persönlichen Ansprüche gegen die Gesellschaftsgläubiger geltend machen. Ein Gesellschafter kann insbesondere nicht einwenden, ein Gesellschaftsgläubiger habe ihm gegenüber auf die persönliche Gesellschafterhaftung verzichtet, so daß sich dieser Verzicht auf den Nachschußbetrag auswirken müsse.

Im Personengesellschaftsrecht ist dieses Ergebnis auch bei einer wertenden Betrachtungsweise gerechtfertigt. Zwar haften Gesellschaft und Gesellschafter nicht als Gesamtschuldner, das Verhältnis ist jedoch gesamtschuldähnlich.[614] Bei Gesamtschuldnern hat ein Erlaß nur Gesamtwirkung, das heißt, daß die Ansprüche auch gegen die anderen Gesamtschuldner erlöschen und die Ausgleichspflichten gemäß § 426 BGB entfallen, wenn der Gläubiger und der eine Gesamtschuldner das ganze Schuldverhältnis aufheben wollten (§ 423 BGB). Wird der Erlaß nicht entsprechend vereinbart, so hat er nur Einzelwirkung. Die übrigen Gesamtschuldner können beim Partner des Erlaßvertrags bei Inanspruchnahme durch den Gläubiger gemäß § 426 BGB Regreß nehmen. Nichts anderes gilt in dem Fall, daß nur ein Gesellschafter gegenüber dem Gläubiger seine Haftung auf das Gesellschaftsvermögen beschränkt und damit seine persönliche Haftung ausschließen will. Auch hier muß die Gesellschaft weiterhin voll einstehen und kann zwar nicht gemäß § 426 BGB, aber gemäß § 735 BGB beim Gesellschafter Rückgriff nehmen.

VI. Besonderheiten des genossenschaftlichen Nachschußverfahrens

1. Die Vorschußberechnung

Der Insolvenzverwalter hat auf der Grundlage der Vermögensübersicht (§ 153 InsO) unverzüglich zu berechnen, wieviel die Genossen zur Deckung des Fehlbetrages, das heißt des Unterschieds zwischen dem voraussichtlichen Erlös der Masse und den zu berücksichtigenden Forderungen der Insolvenz- und Massegläubiger, vorschußweise im Rahmen ihrer Nachschußpflicht beizutragen haben (§ 106 Abs. 1 GenG). Sowohl die Aktivwerte als auch die Verbindlichkeiten beruhen dabei notwendigerweise auf Schätzungen des Insolvenzverwalters, wobei dieser mit besonderer Sorgfalt eine Überschätzung der Aktiva und eine Unter-

---

614 MünchKomm/*Ulmer*, § 714 Rn 45; *BGH* ZIP 2001, 330, 335.

schätzung der Passiva zu vermeiden hat.[615] Die Vorschußberechnung ist demnach vorläufiger Natur; die tatsächliche Abwicklung kann zu einem anderen Ergebnis führen.[616] Der sich im Laufe des Insolvenzverfahrens weiterhin ergebende ungedeckte Mehrbedarf ist durch Zusatzberechnungen[617] oder abschließend durch die Nachschußberechnung[618] auszugleichen.

In der Vorschußberechnung sind sämtliche Genossen mit Namen, Anschrift und der Zahl der Geschäftsanteile so genau zu bezeichnen, daß eine Zwangsvollstreckung gemäß § 109 GenG i. V. m. § 750 ZPO schon aufgrund eines Auszugs aus der für vollstreckbar erklärten Berechnung möglich ist.[619] Auch unvermögende nachschußpflichtige Genossen sind, weil sie wieder zahlungsfähig werden können, aufzunehmen. Für jeden Genossen sind die auf ihn entfallenden Beiträge aufzulisten. Bei der Berechnung hat der Insolvenzverwalter gemäß § 106 Abs. 2 GenG ein vorauszusehendes Unvermögen einzelner Genossen dergestalt zu berücksichtigen, daß er die Beiträge für alle Genossen, einschließlich der unvermögenden, entsprechend erhöht. Diese Erhöhung erfolgt, wenn nicht das Statut ein anderes vorsieht, nach Köpfen (§ 105 Abs. 2 GenG). Das kann dazu führen, daß der rechnerisch ermittelte Gesamtbetrag aller Vorschüsse den bilanzmäßig ermittelten Fehlbetrag übersteigt.[620]

Die Vorschußberechnung ist vom Insolvenzverwalter sofort nach Aufstellung dem Insolvenzgericht mit dem Antrag einzureichen, sie für vollstreckbar zu erklären (§ 106 Abs. 3 GenG). Um für Insolvenzgericht und Insolvenzgläubiger eine Kontrollmöglichkeit zu schaffen, gilt dies auch dann, wenn sich ein durch Vorschüsse zu deckender Fehlbetrag nicht ergibt und sich die Vorschußberechnung in

---

615 Beabsichtigt der Insolvenzverwalter den Betrieb der eingetragenen Genossenschaft im Interesse einer effektiven Masseverwertung für bestimmte Zeit weiterzuführen und ist dabei ein Vermögensüberschuß zu erwarten, so ist dieser zu den vorhandenen Aktiva hinzuzurechnen, *Beuthien,* GenG, Rn 2; zweifelnd *Müller,* GenG, § 106 Rn 3, die Berücksichtigung dieser Überschüsse sei zu verneinen, wenn das in § 106 Abs. 1 GenG enthaltene Gebot, den Fehlbetrag auf der Grundlage der Stillegungswerte zu bestimmen, als allgemeines Postulat aufzufassen sei, den Fehlbetrag auf der Annahme zu berechnen, daß mit der Eröffnung des Insolvenzverfahrens der Betrieb stillgelegt werde.

616 *Beuthien*, GenG, § 106 Rn 2.

617 Die Zusatzberechnung nach § 113 Abs. 1 Satz 1 GenG bezieht sich auf die Vorschußberechnung nach § 106 GenG. Der Insolvenzverwalter muß sie aufstellen sobald sich herausstellt, daß der ursprünglich ermittelte Gesamtbetrag der Vorschüsse zur Deckung des Fehlbetrages nicht ausreicht. Das Verfahren bei der Zusatzberechnung entspricht dem der Vorschußberechnung (§ 113 Abs. 1 Satz 1 GenG).

618 Vgl. unten S. 161.

619 *Müller*, GenG, § 106 Rn 4; *Beuthien*, GenG, § 106 Rn 3.

620 *Müller*, GenG, § 106 Rn 5; *Beuthien*, GenG, § 106 Rn 3.

dieser Feststellung erschöpft.[621] Der Berechnung sind, soweit dies zur sachlichen Überprüfung erforderlich ist, entsprechende Erläuterungen beizufügen. Im Antrag ist zu begründen, warum bestimmte Genossen unvermögend oder trotz Eintragung in die Mitgliederliste nicht berücksichtigt sind. Das Insolvenzgericht prüft nur die Ordnungsmäßigkeit der Anmeldung; eine sachliche Prüfung erfolgt erst im Erklärungstermin.[622]

2. Der Erklärungstermin

Um die Richtigkeit der Berechnungen des Insolvenzverwalters zu überprüfen, wird der Erklärungstermin abgehalten. Er dient damit der Vorbereitung der insolvenzgerichtlichen Entscheidung über die Vollstreckbarkeitserklärung. Ein solcher Termin wird auch bei allen weiteren vom Insolvenzverwalter erstellten Berechnungen durchgeführt. Das Insolvenzgericht hat die Richtigkeit der vom Insolvenzverwalter eingereichten Berechnungen im Rahmen des § 5 InsO von Amts wegen festzustellen.[623]

Gemäß § 108 Abs. 1 GenG sind in dem Termin Vorstand und Aufsichtsrat der Genossenschaft, sowie der Insolvenzverwalter und der Gläubigerausschuß zu hören. Die Genossen sind nur anzuhören soweit sie Einwendungen erheben.[624] Das Geltendmachen der Einwendungen im Erklärungstermin ist Voraussetzung für die Anfechtungsklage nach § 111 GenG. Nach der Anhörung der Beteiligten und der Aufklärung aller Zweifelsfragen entscheidet das Gericht, indem es die nach seiner Überzeugung zutreffende Vorschußberechnung festlegt und sie für vollstreckbar erklärt. Das Gericht darf den Antrag des Insolvenzverwalters auf Vollstreckbarkeitserklärung nicht zurückweisen, sondern muß die Verhandlung darüber solange fortsetzen bis eine zur Vollstreckbarkeitserklärung geeignete Berechnung vorliegt.[625]

---

621 *Müller*, GenG, § 106 Rn 7; *Beuthien*, GenG, § 106 Rn 5.

622 *Müller*, GenG, § 106 Rn 8; *Beuthien*, GenG, § 106 Rn 5.

623 Das Gericht kann daher Ermittlungen bereits vor dem Erklärungstermin anstellen, *Müller*, GenG, § 108 Rn 1. Es ist an Anträge oder Erklärungen der Beteiligen nicht gebunden, zu § 75 KO vgl. *OLG Hamm* MDR 1972, 521.

624 Die Einwendungen können sich auf jeden Gesichtspunkt beziehen, der geeignet ist, die Berechnung als fehlerhaft zu qualifizieren. Da dem Genossen generell das Interesse an einer ordnungsgemäßen Vorschußberechnung zuzusprechen ist, kann er Einwendungen ohne Rücksicht darauf erheben, ob sich der Fehler zu seinen Ungunsten auswirkt, *Beuthien*, GenG, § 108 Rn 2; *Müller*, GenG, § 108 Rn 8.

625 *Beuthien*, GenG, § 108 Rn 3; *Müller*, GenG, § 108 Rn 11.

3. Hinterlegung oder Anlegung der Vorschüsse

Der Insolvenzverwalter hat gemäß § 109 Abs. 1 GenG unverzüglich nach der Vollstreckbarkeitserklärung der Vorschußberechnung, die Beiträge von den Genossen einzuziehen. Da die eingetriebenen Vorschüsse grundsätzlich erst nach Vollstreckbarkeitserklärung der Nachschußberechnung an die Gläubiger ausgeschüttet werden dürfen und diese erst aufgestellt werden kann, nachdem nach vollständiger Verwertung der Insolvenzmasse mit dem Vollzug der Schlußverteilung begonnen worden ist, sind die Vorschüsse bis dahin zu hinterlegen oder anzulegen (§ 110 GenG). Ausgenommen sind hiervon nur Beträge, die für Kosten des Insolvenzverfahrens oder sonstige Masseverbindlichkeiten verwendet werden müssen.[626]

4. Die Anfechtungsklage

Die Anfechtungsklage gemäß § 111 GenG zielt auf Aufhebung oder Unwirksamkeitserklärung der für vollstreckbar erklärten Vorschußberechnung, soweit diese den klagenden Genossen betrifft. Sie ist Gestaltungsklage und keine Feststellungsklage.[627] Eine Abänderung der Berechnung selbst kann nicht begehrt werden. Vielmehr muß diese durch Aufstellung einer Zusatzberechnung gemäß § 113 GenG erfolgen.[628] Ist die Anfechtungsklage begründet, erklärt das Gericht die Zwangsvollstreckung aus der Vorschußberechnung für unzulässig. Die Rechtskraft des Urteils erstreckt sich nach § 111 Abs. 2 GenG auf alle beitragspflichtigen Genossen. Dies bedeutet aber nur, daß diese nicht die Heranziehung des Klägers in einer notwendig werdenden Zusatzberechnung verlangen können.[629]

5. Die Nachschußberechnung

Die Nachschußberechnung hat zu erfolgen, wenn mit der Schlußverteilung (§ 196 ff. InsO) oder nach Anzeige der Masseunzulänglichkeit mit der Befriedigung der Massegläubiger (§ 209 InsO) begonnen wurde (§ 114 Abs. 1 GenG). Das Nachschußverfahren entspricht weithin dem der Vorschußberechnung und deren Vollstreckbarkeitserklärung. Jedoch werden hier die unvermögenden Genossen nicht mehr in die Berechnung aufgenommen; vielmehr wird der Fehlbetrag sogleich ausschließlich auf die zahlungsfähigen Genossen im Rahmen ihrer Haftsummen verteilt. Ein Genosse kann im Erklärungstermin keine Einwendungen erheben, mit denen er in bezug auf die Vorschußberechnung ausgeschlossen ist.

---

626 *Müller*, GenG, § 110 Rn 1.

627 *Müller*, GenG, § 111 Rn 1.

628 *Beuthien*, GenG, § 111 Rn 1.

629 *Beuthien*, GenG, § 111 Rn 5; abweichend *Müller*, GenG, § 111 Rn 11c, d.

6. Verteilung der Nachschüsse

Im Insolvenzverfahren können im Regelfall gemäß § 187 Abs. 2 Satz 1 InsO nach Abhalten des Prüfungstermins immer schon dann Abschlagsverteilungen stattfinden, sooft eine hinreichende bare Masse vorhanden ist. Dieser Grundsatz wird durch das Genossenschaftsgesetz in bezug auf die hinterlegten Vorschüsse und die aufgrund der Nachschußberechnung noch eingehenden Nachschüsse durchbrochen. Gemäß § 115 Abs. 1 Satz 1 GenG können diese Beträge im Regelfall erst im Wege der Nachtragsverteilung gemäß § 203 InsO unter die Gläubiger verteilt werden. Der Bestimmung des § 115 GenG liegt damit das Regelungskonzept des Genossenschaftsgesetzes zugrunde, im Insolvenzverfahren der Genossenschaft zwar die Einziehung der voraussichtlich erforderlichen Haftsumme unverzüglich vorzunehmen, die eingezogenen Beträge aber erst auszuzahlen, wenn eindeutig feststeht, in welchem Umfang die Haftsummen zur Deckung der Verbindlichkeiten der Genossenschaft herangezogen werden müssen.[630] Bei länger dauernden Verfahren erlaubt jedoch § 115 a GenG Abschlagsverteilungen der Nachschüsse bereits zu einem früheren Zeitpunkt. Da die Gläubiger in erster Linie aus der eigentlichen Insolvenzmasse befriedigt werden sollen, dürfen allerdings nur soviel Nachschüsse vorzeitig an die Gläubiger gezahlt werden, als nach dem voraussichtlichen Ergebnis der Verwertung der eigentlichen Insolvenzmasse erforderlich ist.

Bei der Verteilung der Nachschüsse sind neben den Beträgen für Forderungen, die bereits in den §§ 189 bis 191 InsO bezeichnet sind, auch solche zurückzubehalten, die im Prüfungstermin vom Vorstand oder den Liquidatoren ausdrücklich bestritten worden sind (§ 115 Abs. 2 Satz 1 GenG). Das Widerspruchsrecht aus § 115 Abs. 2 Satz 1 GenG geht über § 178 Abs. 1 InsO hinaus, wonach nur Insolvenzverwalter und Insolvenzgläubiger widerspruchsberechtigt sind. Es dient den Interessen der nachschußpflichtigen Genossen, zu deren Ungunsten es sich auswirken würde, wenn Verwalter und Insolvenzgläubiger unbegründeten Forderungen nicht widersprechen würden.[631] Der Gläubiger der bestrittenen Forderungen kann den Widerspruch gemäß § 115 Abs. 2 Satz 2 GenG nur durch Klage gegen die eingetragene Genossenschaft und nicht durch Klage gegen den Insolvenzverwalter beseitigen. Unterliegt der Gläubiger, so ist er von der Verteilung der Nachschüsse ausgeschlossen; der für ihn zurückzubehaltene Anteil wird für die übrigen Gläubiger frei. Das Urteil wirkt aber nur für die Nachschußmasse und schließt den Gläubiger nicht von der Berücksichtigung bei der Verteilung der übrigen Insolvenzmasse aus.[632]

---

630 *Müller*, GenG, § 115 Rn 1.

631 *Beuthien*, GenG, § 115 Rn 3.

632 *Beuthien*, GenG, § 115 Rn 4.

C. Die Nachschußpflicht gemäß § 735 BGB und die Geltendmachung der Gesellschafteraußenhaftung gemäß § 93 InsO im Vergleich

I. Probleme bei der praktischen Handhabung des § 93 InsO im Sinne des Gesetzgebers

1. Kritik an der Anlehnung des § 93 InsO an die Kommanditistenhaftung im Insolvenzverfahren über das Gesellschaftsvermögen

Abschließend soll darauf eingegangen werden, daß trotz der Möglichkeit die Gesellschafteraußenhaftung durch den Insolvenzverwalter gemäß § 93 InsO geltend zu machen, ein Bedürfnis für eine Nachschußpflicht im Insolvenzverfahren besteht. Dies ergibt sich daraus, daß die in § 93 InsO enthaltene Ermächtigungsfunktion in der Praxis zu vielen Problemen führen und im Regelfall die Geltendmachung der Nachschußpflicht durch den Insolvenzverwalter unkomplizierter sein wird. Viele Schwierigkeiten im Zusammenhang mit der praktischen Handhabung des § 93 InsO werden dadurch entstehen, daß der Gesetzgeber diese Norm der Kommanditistenhaftung gemäß § 171 Abs. 2 HGB nachgebildet hat[633], obwohl eine systematische Verwandtschaft zwischen diesen beiden Vorschriften nicht besteht. Der Kommanditist haftet gemäß § 171 Abs. 1 HGB unmittelbar gegenüber den Gesellschaftsgläubigern bis zur Höhe seiner Einlage, soweit er diese nicht geleistet hat. Nach § 171 Abs. 2 HGB kann diese Haftung während des Insolvenzverfahrens nur vom Insolvenzverwalter geltend gemacht werden. Auch wenn man dogmatisch zwischen einer Haftung gegenüber der Gesellschaft auf die rückständige Einlage und der Haftung gegenüber den Gläubigern unterscheiden muß[634], betrifft die Realisierung der Kommanditistenhaftung letztendlich haftendes Eigenvermögen der KG und kann nur über das Gesellschaftsvermögen Gläubigergleichbehandlung herstellen. Letzteres ergibt sich daraus, daß die auf eine Haftsumme beschränkte Kommanditistenhaftung kein Sonderinsolvenzverfahren über einen Teil des Kommanditistenvermögens erlaubt.[635]

---

633 Begründung zu § 105 RegE, abgedruckt in *Balz/Landfermann*, S. 175; *K. Schmidt*, ZGR 1996, 209, 216; *ders.*, ZIP 2000, 1077, 1081.

634 Schlegelberger/*K. Schmidt*, §§ 171, 172 Rn 112.

635 *Häsemeyer*, Insolvenzrecht, Rn 31.15; bereits der Gesetzgeber verweist auf den Entzug von Gesellschaftskapital durch die Geltendmachung der Außenhaftung des Kommanditisten, vgl. HGB-Denkschrift II, in: *Schubert/Schmiedel/Krampe*, Materialien zum HGB, Bd. II/2, 1988, S. 1044, „*Dagegen muß allerdings im Konkurs der Gesellschaft das Recht des einzelnen Gläubigers, sich unmittelbar an den Kommanditisten zu halten, ausgeschlossen werden; denn der Gläubiger, der bei einem Kommanditisten Befriedigung sucht, entzieht dadurch der Konkursmasse den Anspruch auf die rückständige Einlage.*"

Im Gegensatz dazu steht die Außenhaftung der persönlich haftenden Gesellschafter in keinerlei Verbindung mit einer gegenüber der Gesellschaft noch ausstehenden Einlagepflicht. Damit liegt kein vergleichbarer Sachverhalt vor, der in Analogie zur Kommanditistenhaftung rechtfertigen könnte, daß im Insolvenzverfahren über das Gesellschaftsvermögen diese Außenhaftung nur noch vom Insolvenzverwalter geltend gemacht werden kann. Vielmehr bleibt das Vermögen des persönlich haftenden Gesellschafters im Insolvenzverfahren der Gesellschaft haftungsrechtlich völlig selbständig und bildet niemals haftendes Eigenvermögen der Gesellschaft. Aus ihm sind Gesellschafter- und Gesellschaftsgläubiger gleichmäßig zu befriedigen, wenn es zum Gesellschafterinsolvenzverfahren kommt.[636]

Auch wenn eine systematische Verwandtschaft zwischen § 171 Abs. 2 HGB und § 93 InsO abzulehnen ist, wird man bei Streitigkeiten hinsichtlich der Anwendung des § 93 InsO in Anbetracht dessen, daß sich der Gesetzgeber an der Kommanditistenhaftung orientiert hat, auf die Praxis zu § 171 Abs. 2 HGB Rückgriff nehmen müssen, was daher in den folgenden Ausführungen auch getan wird.

2. Die Ermächtigungsfunktion des § 93 InsO

Das Kernproblem im Zusammenhang mit der praktischen Handhabung des § 93 InsO ist die rechtliche Einordnung der Ermächtigungsfunktion und damit die Frage, wem nach der Realisierung der Ansprüche die eingezogene Haftungsmasse zustehen soll. Bei der Kommanditistenhaftung versteht die herrschende Meinung die Ermächtigungsfunktion des § 171 Abs. 2 HGB als eine Art Treuhandschaft für die Gläubiger. Der Insolvenzverwalter soll danach die Ansprüche der Gläubiger im eigenen Namen, aber für Rechnung der Gläubiger, denen diese Ansprüche weiterhin zustehen, geltend machen.[637] Gegen die Annahme einer cessio legis wird argumentiert, daß § 171 Abs. 2 HGB eine materielle Rechtsänderung nicht bewirken könne, da nach Beendigung des Insolvenzverfahrens die Gesellschaftsgläubiger wieder unmittelbar auf den haftenden Kommanditisten Zugriff nehmen können. Wolle man eine cessio legis bejahen, so wäre dem § 171 Abs. 2 HGB eine Doppelzession immanent, die mit dem Wortlaut der Vorschrift nicht mehr zu vereinbaren sei.[638]

---

636 *Häsemeyer*, Insolvenzrecht, Rn 31.15.

637 Schlegelberger/*K. Schmidt*, § 171 Rn 108; *Armbruster*, S. 54; *Keuk*, ZHR 1971, 411, 430; *OLG Celle* ZIP 1985 100, 101, *BGHZ* 27, 51, 56 ff.; *BGHZ* 42, 192 ff.

638 *Armbruster*, S. 55. *Häsemeyer* hingegen sieht durch diese Vorschrift, in Anlehnung an die Konstruktion der Gläubigeranfechtung (§§ 1 und 7 AnfG), das Kommanditistenvermögen haftungsrechtlich dem Gesellschaftsvermögen zugewiesen, so daß es bis zur Höhe der Haftsumme wie Gesellschaftsvermögen zu behandeln sei, *Häsemeyer*, ZHR 1985, 42, 48 ff. Diese Ansicht überzeugt nicht, da durch die §§ 1 und 7 AnfG vormals dem Schuldner zuge-

Der Wortlaut des § 93 InsO läßt ebenfalls offen, wie die Ermächtigungsfunktion dieser Vorschrift zu verstehen ist. Die überwiegende Ansicht scheint daher auf die zur Kommanditistenhaftung entwickelte Treuhandlösung zurückzugreifen.[639] Man kann dies jedoch nur erahnen, da zur Erklärung ungenaue Formulierungen gewählt werden, wie zum Beispiel die Vorschrift bewirke *„die Überleitung der Ausübung der Haftungsansprüche auf den Verwalter“*[640] oder der Anspruch gehöre *„zur Masse“*[641].

Eine cessio legis würde zwar der Intention des Gesetzgebers entgegenkommen, mit § 93 InsO neben der Gläubigergleichbehandlung auch einen Beitrag zur Überwindung der Massearmut zu leisten, denn dann könnte auch materiell-rechtlich eine Zuweisung der Ansprüche zur Masse erfolgen. Gegen die Bejahung einer cessio legis spricht jedoch wie bei der Kommanditistenhaftung, daß die Ermächtigungsfunktion nur für die Dauer des Insolvenzverfahrens gilt, und die Gläubiger nicht daran gehindert werden sollen, nach Beendigung des Insolvenzverfahrens bei noch ausstehenden Ansprüchen gegen die Gesellschafter vorzugehen.

Pelz[642] schließt aus der Intention des Gesetzgebers durch die Neuregelung des § 93 InsO zur Masseerhöhung beitragen zu wollen, daß die eingezogenen Beträge in die Masse fallen bzw. wie die Masse verwendet werden müßten. Dies spreche gegen die Übernahme der Treuhandlösung bei der Kommanditistenhaftung, da bei dieser aus den eingezogenen Haftungsbeträgen eine Sondermasse gebildet wird, die nur die Kosten ihrer Einziehung und Verwertung trägt, nicht jedoch die allgemeinen Verfahrenskosten.[643] Er will einen Mittelweg finden, der einerseits der Massezugehörigkeit der Ansprüche gerecht wird, jedoch andererseits im Falle der Beendigung des Verfahrens die Ansprüche den Gläubigern beläßt. Einen solchen Weg leitet er aus einer Analogie zu § 1978 Abs. 2 BGB ab.[644] Nach dieser Vorschrift werden die den Nachlaßgläubigern zustehenden Ersatzansprüche gegen den Erben im Zusammenhang mit der Nachlaßverwaltung gesetzlich dem Nachlaß zugeordnet, damit sie der Verwalter im Interesse aller Nachlaßgläubiger gegen den

---

wiesenes Vermögen demselben wieder zugeordnet wird. Das Kommanditistenvermögen hat hingegen zu keiner Zeit zum Gesellschaftsvermögen gehört, vgl. auch *Ambruster*, S. 53, 54; *Pelz*, S. 82 ff.

639 *Breuer*, S. 91; *K. Schmidt/Bitter*, ZIP 2000, 1077, 1081; *Bork* in: Kölner Schrift zur Insolvenzordnung, S. 1017, 1026 Rn 25, 1028, Rn 32, *Dinstühler*, ZIP 1998, 1697, 1706.

640 Smid/*Smid*, InsO, § 93 Rn 1; *Eickmann* in: Heidelberger Kommentar, InsO, § 93 Rn 1, 4.

641 *Fuchs*, ZIP 2000, 1089; *Braun/Uhlenbruck*, S. 74, 303.

642 *Pelz*, S. 81.

643 Schlegelberger/*K. Schmidt*, § 171, 172 Rn 112.

644 *Pelz*, S. 83, 84.

Erben geltend machen kann. Es wird insoweit von einer Fiktion der Nachlaßzugehörigkeit gesprochen.[645]

3. Umfang der Inanspruchnahme

Die Höhe der Gesellschafterhaftung ist denknotwendig durch die Summe der Forderungen der Gesellschaftsgläubiger begrenzt. Weiterhin darf der Insolvenzverwalter nach dem Willen des Gesetzgebers „*keine Zahlungen einfordern, die über den Betrag hinausgehen, der bei Berücksichtigung des Liquidationswertes der bereits vorhandenen Insolvenzmasse zur Befriedigung aller Insolvenzgläubiger erforderlich ist; denn ein solcher Überschuß müßte anschließend wieder an die Gesellschafter zurückgezahlt werden (vgl. die §§ 227, 298 des Entwurfs)*[646]“.[647] Dieses Ergebnis ist zu begrüßen, entbehrt jedoch einer rechtlichen Begründung. Insbesondere paßt hier nicht der Einwand aus „dolo agit“ (§ 242 BGB), denn der Insolvenzverwalter macht nach wohl herrschender Meinung treuhänderisch die Ansprüche der Gläubiger geltend. Es sind jedoch nicht die Gläubiger, die gemäß § 199 InsO verpflichtet sind einen Überschuß den Gesellschaftern herauszugeben, sondern der Insolvenzverwalter. *Pelz* spricht daher von der Subsidiarität der persönlichen Gesellschafterhaftung gegenüber der Haftung des Gesellschaftsvermögens im Insolvenzverfahren.[648]

Sehr problematisch ist, inwieweit gemäß § 93 InsO der Insolvenzverwalter auch eine persönliche Haftung der Gesellschafter für Masseverbindlichkeiten geltend machen kann. Eine persönliche Haftung wird man auch künftig bei den sogenannten Altverbindlichkeiten bejahen müssen, so daß diese Forderungen vom Insolvenzverwalter eingezogen werden können.[649] Nicht zu den Altverbindlichkeiten gehören aber nach überwiegender Ansicht die Kosten des Insolvenzverfahrens gemäß § 54 InsO.[650] Insoweit geht die Zielsetzung des Gesetzgebers fehl, über die Einführung des § 93 InsO die Überwindung der Massearmut zu erreichen. Denn eine Verhinderung der Abweisung mangels Masse setzt die Deckung der Kosten des Insolvenzverfahrens voraus (§ 26 InsO).

Zu überlegen bleibt daher, inwieweit die eingezogenen Beträge zur Tilgung dieser Neuverbindlichkeiten herangezogen werden können, obwohl die Gesell-

---

645 Vgl. auch Palandt/*Edenhofer*, § 1978 Rn 4.

646 § 227 RegE entspricht § 199 InsO.

647 Begründung zu § 105 RegE, abgedruckt in *Balz/Landfermann*, S. 176.

648 *Pelz*, S. 95.

649 *Dinstühler*, ZIP 1998, S. 1697, 1706.

650 Schlegelberger/*K. Schmidt*, § 128 Rn 70: die Kosten seien verfahrensimmanent und sollten daher nur die Insolvenzmasse der Gesellschaft treffen; *Häsemeyer*, Insolvenzrecht, Rn 31.16; a. A. *Armbruster*, S. 159 ff., 173.

schafter aufgrund der Parallele zur Haftung ausgeschiedener Gesellschafter für diese nicht persönlich haften. Diese Frage ist äußerst umstritten. Hier werden im wesentlichen zwei Positionen vertreten. *Häsemeyer*[651] lehnt eine Haftung der Gesellschafter für Neuverbindlichkeiten der Gesellschaft über diesen Umweg strickt ab. Nach ihm muß der Insolvenzverwalter zwecks entsprechender haftungsrechtlicher Abgrenzung im Insolvenzverfahren der Gesellschaft eine Sondermasse aus dem gemäß § 93 InsO Beigetriebenen bilden. Die Hoffnung des Gesetzgebers auf eine Anreicherung der Kostenmasse im Insolvenzverfahren seien daher verfehlt. Das Insolvenzverfahren über das Gesellschaftsvermögen dürfe nur eröffnet werden, wenn dieses Vermögen selbst eine zureichende Masse hergebe. *Uhlenbruck*[652] hingegen hält die Einbeziehung der persönlichen Haftung der Gesellschafter bei der Frage der Massekostendeckung für unentbehrlich und begründet dies mit den Vorstellungen des Gesetzgebers, einen Beitrag zur Überwindung der Massearmut der Insolvenzen leisten zu wollen.[653]

4. Einwendungen des Gesellschafters gegen die Inanspruchnahme

a) Einwendungen gegen die Gläubiger

Soweit der Gesellschafter von den Gläubigern außerhalb des Insolvenzverfahrens in Anspruch genommen wird, kann er ihnen Einwendungen der Gesellschaft und auch persönliche Einwendungen entgegenhalten (§ 129 Abs. 1 HGB). Insoweit stellt sich die Frage, ob er die persönlichen Einwendungen auch gegenüber dem Insolvenzverwalter vorbringen kann, wenn dieser die Ansprüche der Gläubiger gemäß § 93 InsO geltend macht. Für den Kommanditisten wird das Recht zur Geltendmachung von Einwendungen, die ihm gegenüber einzelnen Gläubigern zustehen, bei der Inanspruchnahme durch den Insolvenzverwalter gemäß § 172 Abs. 2 HGB verneint. Er könne vielmehr nur solche Einwendungen geltend machen, die ihm gegen alle Gläubiger zustünden, denen er hafte, da ihm im Insolvenzverfahren nicht mehr einzelne Gesellschaftsgläubiger gegenüberstehen würden, sondern der Insolvenzverwalter für die Gesamtheit der Gläubiger.[654]

Die Rechtslage beim unbeschränkt haftenden Gesellschafter ist wiederum anders. Hier macht der Insolvenzverwalter nicht pauschal eine Haftsumme geltend, sondern einzelne Forderungen der jeweiligen Gläubiger. Daher muß sich der

---

651 *Häsemeyer*, Insolvenzrecht, Rn 31.16 ff.

652 *Uhlenbruck*, in: Kölner Schrift zur Insolvenzordnung, S. 888 Rn 20.

653 Im Ergebnis ebenso *Pelz*, S. 83, 84, wobei *Pelz* dieses Ergebnis aus einer Analogie zu § 1978 BGB herleitet und von einer Fiktion der Massezugehörigkeit der nach § 93 InsO eingezogenen Beiträge ausgeht.

654 *BGHZ* 42, 192, 194; Schlegelberger/*K. Schmidt*, §§ 171, 172 Rn 110; *Armbruster*, S. 92.

Gesellschafter auch gegen diese konkret bezeichneten Forderungen verteidigen können. Dieses Ergebnis hat bestand unabhängig davon, ob man bei der Einordnung der Ermächtigungsfunktion des § 93 InsO der Theorie der Fiktion der Massezugehörigkeit oder der Treuhandlösung folgt. Ausgangspunkt für die Überlegung, ob § 93 InsO Einwendungen gegen den ursprünglichen Gläubiger im Insolvenzverfahren abschneiden kann, soll dabei die Rechtslage bei der Abtretung sein. Auch bei dieser wird die Forderung nicht von der Person geltend gemacht, der sie zum Zeitpunkt der Entstehung zustand. Dabei ist die Abtretung ein noch härterer Einschnitt in die Rechtszuständigkeit als die Fiktion der Massezugehörigkeit oder Treuhandlösung, da bei ihr der Rechtsübergang tatsächlich stattfindet. Nach § 404 BGB ändert sich jedoch an der Rechtsstellung des Schuldners hinsichtlich der Einwendungen durch die Abtretung nichts. Dementsprechend würde nach § 412 BGB auch eine Legalzession der Forderung der Gläubiger an die Masse dem Gesellschafter die Einwendungen, die er bereits vor Eröffnung des Verfahrens gegen den Gläubiger hatte, nicht abschneiden.[655] Auch bei einer bloßen Einziehungsermächtigung kann der Schuldner dem Ermächtigten alle ihm gegen den Gläubiger zustehenden Einwendungen entgegen halten.[656] Demnach bleibt der Gesellschafter insbesondere auch zur Aufrechnung mit persönlichen Forderungen gegen die Gesellschaftsgläubiger bei einer Inanspruchnahme gemäß § 93 InsO berechtigt.[657]

b) *Aufrechnung gegen die Gesellschaft*

Weiterhin bleibt zu überlegen, ob der Gesellschafter bei einer Inanspruchnahme durch den Insolvenzverwalter im Sinne des § 93 InsO mit Ansprüchen gegen die Gesellschaft aufrechnen kann. Beim Kommanditisten ist diese Frage bei Geltendmachung der Haftung gemäß § 171 Abs. 2 HGB durch den Insolvenzverwalter umstritten. Streng genommen müßte man die Möglichkeit der Aufrechnung mangels einer Aufrechnungslage (§ 387 BGB) ablehnen, denn nachdem nach überwiegender Ansicht die Haftungsansprüche vom Insolvenzverwalter nur treuhänderisch geltend gemacht werden und damit weiterhin den Gläubigern zustehen, fehlt es an der Gegenseitigkeit der Ansprüche. Die Befürworter der Aufrechenbarkeit verweisen jedoch darauf, daß der Kommanditist vor Eröffnung des Insolvenzverfahrens auch an die Gesellschaft leisten und sich dadurch von der Haftung gegenüber den

---

655 *Pelz*, S. 89.

656 Palandt/*Heinrichs*, § 398 Rn 32.

657 Vgl. auch im Ergebnis die Begründung zu § 105 RegE, abgedruckt in *Balz/Landfermann*, S. 175. Auch die Gläubiger bleiben nach dem Willen des Gesetzgebers trotz § 93 InsO bei Eröffnung des Insolvenzverfahrens über das Gesellschaftsvermögen zur Aufrechnung gegenüber Gesellschafterforderungen berechtigt.

Gläubigern befreien könne. Insofern soll ihm auch nach Eröffnung des Insolvenzverfahrens diese Möglichkeit durch die Aufrechnung zugestanden werden.[658]

Geht man davon aus, daß auch bei der Inanspruchnahme des persönlich haftenden Gesellschafters gemäß § 93 InsO die Ansprüche der Gläubiger vom Insolvenzverwalter nur treuhänderisch geltend gemacht werden, so muß man die Möglichkeit der Aufrechnung mangels Aufrechnungslage ablehnen. Eine Ausnahme von dieser Regel stellt sich im Zusammenhang mit den persönlich haftenden Gesellschaftern nicht, da diese sich auch vor Eröffnung des Insolvenzverfahrens über das Gesellschaftsvermögen nicht durch die Zahlung der entsprechenden Summe von der Haftung gegenüber den Gesellschaftsgläubigern befreien können.[659] Aber auch nach der Ansicht, daß die Ansprüche der Gesellschaftsgläubiger infolge des § 93 InsO der Insolvenzmasse angehören, muß man die Möglichkeit der Aufrechnung ablehnen. In diesem Fall kann man zwar grundsätzlich die Voraussetzungen der Aufrechnung zwischen den Ansprüchen des Gesellschafters gegen die Gesellschaft und denjenigen Ansprüchen, die der Insolvenzverwalter infolge der Ermächtigungsfiktion des § 93 InsO geltend macht, bejahen. Dies ist allerdings eine Folge der Verfahrenseröffnung. Grundsätzlich sollen jedoch im Insolvenzverfahren nur bestehende Aufrechnungslagen geschützt werden, so daß schon aus diesem Grund eine Aufrechnung mit einer Forderung gegen die Gesellschaft nicht gestattet sein kann.[660]

5. Zeitpunkt der Geltendmachung der Ansprüche gemäß § 93 InsO

a) Keine Regelung in der InsO

Zu welchem Zeitpunkt der Insolvenzverwalter die Forderungen der Gläubiger gegen die Gesellschafter geltend machen kann, ist ebenfalls nicht in § 93 InsO geregelt. Bei der Lektüre der Literatur zu dieser neuen Norm entsteht der Eindruck, daß der Insolvenzverwalter aufgrund seiner Einschätzung nach Aufstellung der Vermögensübersicht (§ 153 InsO) zur Einforderung der Fehlbeträge befugt sein soll.[661] Diese Interpretation ist aus den folgenden Gründen sehr zweifelhaft.

b) Das Erfordernis der Anmeldung der Forderungen gegen die Gesellschaft

Eine Geltendmachung der Gläubigeransprüche gegen die Gesellschafter vor der Anmeldung der Insolvenzforderungen kann nicht mit der Ermächtigungsfunktion

---

658 Schlegelberger/*K. Schmidt*, §§ 171, 172 Rn 111; *Pelz*, S. 92 mit umfangreichen Nachweisen in Fn 292 und 294.

659 *Armbruster*, S. 194.

660 *Pelz*, S. 94.

661 *Eickmann* in: Heidelberger Kommentar, InsO, § 93 Rn 5; *Fuchs*, ZIP 2000, 1089, 1090.

des § 93 InsO gerechtfertigt werden. Bei genauerer Betrachtung kann diese Funktion nur in Kombination mit der Anmeldung der Forderungen im Insolvenzverfahren bejaht werden. Dies ergibt sich zum einen aus den Grundsätzen der Gläubigerautonomie und zum anderen aus materiellen bzw. insolvenzrechtlichen Gesichtspunkten. Kein Gläubiger ist gezwungen seine Ansprüche gegen die Gesellschaft im Insolvenzverfahren zu verfolgen. Diese Regel kann nicht dadurch ausgehebelt werden, daß der Insolvenzverwalter die persönliche Gesellschafterhaftung im Wege des § 93 InsO geltend macht. Vielmehr kann nur dann, wenn der Gläubiger durch die Anmeldung seiner Forderungen gegen die Gesellschaft seinen Willen sich am Insolvenzverfahren zu beteiligen kundtut, auch die Befugnis des Insolvenzverwalters die persönliche Gesellschafterhaftung geltend zu machen ausgelöst werden.

Weiterhin würde die Bejahung der Ermächtigungsfunktion des § 93 InsO ohne Anmeldung der Forderungen gegen die Gesellschaft zu dem seltsamen Ergebnis führen, daß der Insolvenzverwalter Ansprüche der sich nicht am Verfahren beteiligenden Gläubiger einziehen könnte und den auf sie entfallenden Anteil über die Quote an die am Verfahren teilnehmenden Gläubiger ausschütten müßte. Das kann weder nach materiellem Recht richtig sein noch steht diese Lösung im Einklang damit, daß die Sperrwirkung hinsichtlich der Geltendmachung der Ansprüche nur für die Dauer des Insolvenzverfahrens eintritt.[662]

Ein Vergleich mit § 171 Abs. 2 HGB führt insofern zu keinem anderen Ergebnis. Da der Kommanditist gegenüber dem Insolvenzverwalter auf eine Haftsumme haftet und der Insolvenzverwalter nicht einzelne Gläubigerforderungen wie bei § 93 InsO geltend macht, ist hier das Erfordernis der Anmeldung nicht so offensichtlich. Im Regelfall werden genügend Gläubiger ihre Forderungen anmelden, so daß zumindest die Höhe der Haftsumme des Kommanditisten erreicht wird und dieser Betrag vom Insolvenzverwalter eingefordert werden kann. Ist allerdings sicher, daß die Forderung ausschließlich den Gläubigern zusteht, die ihre Forderung nicht angemeldet haben, kann auch nach dem *BGH* der Insolvenzverwalter die Haftsumme nicht mehr geltend machen.[663]

c) Das Erfordernis der verbindlichen Feststellung der Forderungen gegen die Gesellschaft im Feststellungsverfahren

Neben der Anmeldung der Forderungen ist auch die verbindliche Feststellung der Forderungen im Forderungsfeststellungsverfahren (§§ 174 ff. InsO) wichtig. Dies

---

662 Eine Ermächtigungswirkung gemäß § 92 InsO nur in Verbindung mit der Beteiligung des Anspruchsberechtigten am Insolvenzverfahren aus diesen Gründen bejahend: *Bork*, in: Kölner Schrift zur Insolvenzordnung, S. 1017, 1022 Rn 14.

663 *BGH* NJW 1958, 1139.

ergibt sich daraus, daß der Gesellschafter andernfalls der Inanspruchnahme entgegnen kann, daß er für eine bestimmte Summe mangels Hauptforderung, das heißt mangels eines Gläubigeranspruchs gegen die Gesellschaft, nicht hafte (§ 129 Abs. 1 HGB).[664]

d) Das Erfordernis eines Titels gegen den Gesellschafter

Im Gegensatz zu den Nachschüssen macht der Insolvenzverwalter hier nicht Ansprüche der Gesellschaft geltend, sondern der Gläubiger. Allein die rechtskräftige Feststellung der Forderung im Feststellungsverfahren gegen die Gesellschaft braucht sich der Gesellschafter gemäß § 129 Abs. 4 HGB nicht entgegenhalten zu lassen. *Häsemeyer*[665] ist daher der Ansicht, daß der Insolvenzverwalter Forderungen von Gesellschaftern erst einziehen darf, wenn alle Widersprüche beseitigt sind, notfalls Titel gegen die Gesellschaft und die Gesellschafter vorliegen. Denn der Insolvenzverwalter könne die Forderungen nur nach Maßgabe der zwischen den Gesellschaftsgläubigern und den einzelnen Gesellschaftern bestehenden materiellen Rechtslagen durchsetzen.

6. Notwendigkeit der Berücksichtigung der internen Verlustbeteiligung bei der Geltendmachung der Ansprüche gemäß § 93 InsO

Es stellt sich die Frage, ob der Insolvenzverwalter bei der Geltendmachung der Ansprüche gemäß § 93 InsO nach den Regeln der Gesamtschuld vorgehen darf mit der Folge, daß er nach freiem Ermessen entscheiden kann, welchen Gesellschafter er zu welchem Betrag in Anspruch nimmt oder ob er verpflichtet ist, die Gesellschafter ähnlich wie bei § 735 BGB entsprechend ihrer Verlustanteile heranzuziehen. Für die erste Möglichkeit spricht, daß der Insolvenzverwalter ausweislich der Motive zu § 93 InsO die Ansprüche der Gläubiger gemäß § 128 HGB geltend machen kann.[666] Für die zweite Möglichkeit sprechen praktische Erwägungen und die Ziele der Insolvenzordnung.

Die Geltendmachung der persönlichen Außenhaftung der Gesellschafter durch den Insolvenzverwalter (§§ 421 BGB, § 93 InsO) ohne Berücksichtigung der Verlustbeteiligung der Gesellschafter führt zu erheblichen praktischen Problemen. Wird ein Gesellschafter von einem Gesellschaftsgläubiger während der werbend tätigen Gesellschaft in Anspruch genommen und zahlt den Betrag, so steht dem Gesellschafter neben einem Rückgriffsanspruch gegen die Gesellschafter (§ 426 BGB) ein Regreßanspruch gegen die Gesellschaft zu (§ 110 HGB, § 670 BGB).[667]

---

664 *Bork*, in: Kölner Schrift zur Insolvenzordnung, S. 1017, 1028 Rn 31.

665 *Häsemeyer*, Insolvenzrecht, Rn 31.19.

666 So auch *K. Schmidt* in: *K. Schmidt/Bitter*, ZIP 2000, 1077, 1086.

667 Palandt/*Thomas*, § 713 Rn 12, 13; *BGH* NJW 1980, 339.

Dieser Regreßanspruch des Gesellschafters entsteht ebenfalls, wenn der Insolvenzverwalter die persönliche Haftung gemäß § 93 InsO geltend macht. Dies wiederum führt zu der seltsamen Konstruktion, daß der Insolvenzverwalter unter Umständen den Regreßanspruch des in Anspruch genommenen Gesellschafters gegen die Gesellschaft bei der Geltendmachung der Gläubigeransprüche gemäß § 93 InsO zu berücksichtigen und den gesamtschuldnerischen Ausgleichsanspruch dieses Gesellschafters gegen die Mitgesellschafter (§ 426 BGB) geltend zu machen hat.[668] In Anbetracht dessen erscheint es sinnvoller, von vornherein alle Gesellschafter in Höhe ihrer Verlustbeteiligung in Anspruch zu nehmen und nur für den Fall, daß nur ein Gesellschafter zahlungsfähig ist, von der Möglichkeit Gebrauch zu machen, den Betrag in voller Höhe von diesem einzufordern. Durch diese Vorgehensweise haben die Gesellschafter zwar dennoch Regreßansprüche gegen die Gesellschaft, der Insolvenzverwalter kann jedoch im Rahmen von § 426 BGB i. V. m. § 93 InsO gegen die Gesellschafter nicht vorgehen, denn jeder Gesellschafter ist gegenüber den Mitgesellschaftern zur Teilnahme in Höhe der Verlustbeteiligung verpflichtet bzw. auch zu einem höheren Beitrag, wenn einzelne Gesellschafter zahlungsunfähig sind (§ 426 Abs. 1 Satz 2 BGB).

Eine weitere Schwierigkeit bei Geltendmachung der persönlichen Haftung ohne Berücksichtigung der Verlustbeteiligungspflicht der Gesellschafter besteht darin, daß die Regreßansprüche der in Anspruch genommenen Gesellschafter gegen die Gesellschaft den Fehlbetrag der Gesellschaft erhöhen, so daß - zumindest bei der BGB-Gesellschaft auch nach der Rechtsprechung und Literatur[669] - wiederum Nachschußpflichten entstehen können. Werden diese Nachschußansprüche nicht während des Insolvenzverfahrens berücksichtigt, machen sie nach Beendigung des Verfahrens eine gesellschaftsrechtliche Liquidation erforderlich. Dies sollte aber nach der Intention des Gesetzgebers gerade vermieden werden.[670] Macht der

---

668 Der Gesetzgeber hat bei § 93 InsO in erster Linie an die Geltendmachung der Ansprüche gegen die Gesellschafter aus § 421 BGB gedacht. Gemäß § 426 Abs. 2 BGB haften die übrigen Gesellschafter dem in Anspruch genommenen Gesellschafter in Folge des Forderungsübergangs gesamtschuldnerisch. Selbst die Geltendmachung des Ausgleichsanspruchs gemäß § 426 Abs. 1 BGB kann man unter den Wortlaut des § 93 InsO subsumieren, denn im Grunde handelt es sich dabei ebenfalls um eine persönliche Haftung eines Gesellschafters für die Verbindlichkeiten der Gesellschaft.

669 Vgl. oben S. 82.

670 Begründung zu § 227 RegE abgedruckt in *Balz/Landfermann* S. 304. Das Verfahren übernehme bei Gesellschaften damit *„regelmäßig zugleich die Aufgabe der gesellschaftsrechtlichen Abwicklung bis hin zur Herbeiführung der Löschungsreife und anschließenden Löschung. Für eine außergerichtliche Liquidation im Anschluß an das Insolvenzverfahren besteht dann kein Bedürfnis mehr. Im Interesse des Rechtsverkehrs wird sichergestellt, daß insolvente Gesellschaften nach Durchführung des Verfahrens in aller Regel gelöscht werden*“, Allgemeine Begründung zum Regierungsentwurf der Insolvenzordnung, abgedruckt in: *Balz/Landfermann*, S. 20.

Insolvenzverwalter hingegen die persönliche Haftung der Gesellschafter in Höhe der Verlustbeteiligung gleichmäßig gegen alle Gesellschafter geltend, entstehen keine Nachschußpflichten, denn wie bereits erläutert wurde, soll die Nachschußpflicht nicht zu einem Vollausgleich negativer Kapitalkonten führen. Sie entsteht nur, wenn ein Gesellschafter im Innenverhältnis mehr gezahlt hat als er nach der Verlustbeteiligung müßte, daher einen Anspruch gegen die Gesellschaft hat, der wiederum Nachschußansprüche gegen die übrigen Gesellschafter auslöst.

Allein diese Überlegungen verdeutlichen, daß im Regelfall der Insolvenzverwalter von vornherein die Gesellschafter nur in der Höhe ihrer Verlustbeteiligung in Anspruch nehmen sollte, um diesen angedeuteten rechtlichen und praktischen Problemen auszuweichen. Entgegen der Ansicht von *Pelz*[671] wird durch diese Vorgehensweise auch nicht die Geltendmachung der Haftungsansprüche deutlich erschwert, denn die Zahlungsunfähigkeit muß vom Insolvenzverwalter nicht durch einen fruchtlosen Vollstreckungsversuch nachgewiesen werden, sondern kann sich auch aus anderen Umständen ergeben.[672]

II. Die Vorzüge der Nachschußpflicht und der verbleibende eigenständige Anwendungsbereich des § 93 InsO

Die Ausführungen zu § 93 InsO verdeutlichen, daß trotz der gesetzlichen Ausgestaltung die praktische Handhabung dieser Norm und damit die Gesellschafterhaftung im Insolvenzverfahren sehr problematisch erscheint. Insbesondere ist das Modell des Gesetzgebers, mit § 93 InsO die persönliche Haftung der Gesellschafter gegenüber den Gesellschaftsgläubigern zur Insolvenzmasse zu ziehen, dem hier vorgeschlagenen Haftungsmodell zur Nachschußpflicht unter Berücksichtigung der Ziele der neuen Insolvenzordnung nicht überlegen.[673] Hinsichtlich des Zeitpunktes der Geltendmachung der Ansprüche ist letztendlich nach beiden Konzepten die verbindliche Feststellung der Forderungen im Forderungsfeststellungsverfahren abzuwarten. Weiterhin muß der Insolvenzverwalter im Zweifel auch bei der Geltendmachung der Gläubigeransprüche die interne Verlustbeteiligung der Gesellschafter berücksichtigen.

Im Ergebnis wird die Einziehung von Nachschüssen im Insolvenzverfahren aber unproblematischer sein: Die Geltendmachung der Nachschußansprüche durch den Insolvenzverwalter entspricht der Systematik des Gesellschafts- und Insolvenzrechts, denn im Insolvenzverfahren gehen die Verwaltungs- und Verfügungsrechte hinsichtlich der Insolvenzmasse des Gemeinschuldners - zu der auch der

---

671 *Pelz*, S. 100.

672 *Müller*, GenG § 105 Rn 24; *Beuthien*, GenG, § 105 Rn 11.

673 Vgl. zu den Zielen der Insolvenzordnung oben S. 99 ff., 141 ff.

Nachschußanspruch zählt - auf den Insolvenzverwalter über (§ 148 InsO). Man erspart sich daher im Zusammenhang mit der Geltendmachung der Nachschußpflicht viele dogmatische Schwierigkeiten, die durch die schwer zu erklärende Ermächtigungsfunktion des § 93 InsO entstehen. So kann man über die Nachschußpflicht eine Haftung für Verfahrenskosten und sonstige Masseverbindlichkeiten in Anlehnung an das Genossenschaftsrecht rechtfertigen. Auch entstehen bei der Geltendmachung der Nachschußansprüche keine Regreßansprüche gegen die Gesellschaft, die die weitere Abwicklung erschweren können. Von Vorteil ist weiterhin, daß der Insolvenzverwalter bei der Einforderung der Nachschüsse gemäß § 735 BGB, Einwendungen der Gesellschafter nur im Verhältnis zur Gesellschaft zu beachten hat.

Durch die Bejahung der Nachschußpflicht verliert § 93 InsO aber nicht seine eigenständige Bedeutung. Die von § 93 InsO vorgesehen Sperrfunktion bleibt unentbehrlich, da ansonsten eine geordnete Haftungsabwicklung nicht möglich ist.[674] § 93 InsO ist auch unverzichtbar, wenn die Gesellschafter intern die Verlustausgleichspflicht ausgeschlossen haben. Weiterhin ermöglicht § 93 InsO im Gegensatz zu § 735 BGB, daß der Insolvenzverwalter die persönliche Haftung der ausgeschiedenen Gesellschafter zugunsten der Insolvenzmasse geltend machen kann.

III. Wahlrecht zwischen Geltendmachung der Nachschüsse oder der Haftung aus § 93 InsO?

Abschließend stellt sich noch die Frage, ob der Insolvenzverwalter ein Wahlrecht zwischen der Geltendmachung der Nachschüsse oder der persönlichen Haftung gemäß § 93 InsO hat. Diese Frage stellt sich ebenfalls im Zusammenhang mit der Kommanditistenhaftung im Konkurs, denn auch hier stehen die Haftung auf die Haftsumme und wegen noch ausstehender Einlage nebeneinander, so daß der Insolvenzverwalter sich bei der Geltendmachung zwischen beiden Ansprüchen entscheiden muß. Die h. M. gewährt dem Insolvenzverwalter ein Wahlrecht, so daß er jeweils den für die Masse günstigeren Anspruch geltend machen kann[675]

---

674 Bereits *Hillers* verweist darauf, daß mit § 735 BGB dem Grundsatz der „par conditio creditorum" Rechnung getragen werden kann, allerdings mit der Einschränkung, daß vor Geltung der Insolvenzordnung der Wettlauf der Gläubiger auf die Gesellschafter nicht ausgeschlossen werden konnte, *Hillers*, S. 278, 279 Fn 94.

675 *Armbruster*, S. 44; *Häsemeyer*, ZHR 1985, 42, 74; *Keuk*, ZHR 1971, 410, 434; *Michel*, KTS 1991, 67, 73, der darauf verweist, daß vor dem Konkurs der Kommanditist sowohl von der Gesellschaft als auch einem ihrer Gläubiger in Anspruch genommen werden könne, ohne daß zwischen den Ansprüchen ein Rangverhältnis bestehe. Da der Konkursverwalter entweder die Ansprüche der Gläubiger oder der KG gegenüber dem Kommanditist geltend mache, müsse auch ihm das Wahlrecht zugestanden werden.

und muß.[676] *K. Schmidt*[677] bejaht hingegen in den Fällen, in denen sich bezüglich des Wertes und der Verwertbarkeit kein Unterschied zwischen beiden Ansprüchen feststellen läßt, im Hinblick auf das zwischen der KG und dem Kommanditisten maßgebende Gesellschaftsverhältnis einen grundsätzlichen Vorrang der Einlageschuld. Auf die Nachschußpflicht bezogen, müßte demnach die Einziehung der Nachschüsse gemäß § 735 BGB der Geltendmachung der persönlichen Gesellschafterhaftung vorgehen.

Der Streit um das Wahlrecht wird jedoch in der Praxis keine Rolle spielen. Erstens wird die Geltendmachung der Nachschußpflicht im Zweifel immer die bessere Vorgehensweise sein. Weiterhin hat der Insolvenzverwalter bei der Einforderung nach dem für ihn zu überblickenden Sachverhalt zu entscheiden, welche Ansprüche im Einzelfall für die Gläubigerbefriedigung günstiger sind. Stellt sich dies im Nachhinein als falsch heraus, haftet er nach § 60 InsO nur dann, wenn dies für ihn erkennbar war. Im Ergebnis kommt dies einem Wahlrecht nahe.[678]

D. Zusammenfassung

Im Insolvenzverfahren über das Gesellschaftsvermögen gibt es im Genossenschaftsrecht und der Personengesellschaft eine gesetzlich vorgesehene Nachschußpflicht. Während im Recht der Genossenschaften diese Nachschußpflicht sehr detailliert geregelt ist, gibt es zur Nachschußpflicht im Personengesellschaftsrecht bisher keine näheren Ausführungen zu diesem Thema. Eine Nachschußpflicht im Personengesellschaftsrecht ergibt sich jedoch daraus, daß gemäß § 735 BGB die persönlich haftenden Gesellschafter nach Auflösung der Gesellschaft für die verbleibenden Fehlbeträge gegenüber der Gesellschaft haften. Das Insolvenzverfahren bewirkt die Auflösung der Gesellschaft (§ 131 Abs. 1 Nr. 3 HGB, § 728 BGB) mit der einzigen Besonderheit, daß dieser Auflösungstatbestand kein gesellschaftsrechtliches, sondern ein staatlich geordnetes Liquidationsverfahren auslöst.

Bei der Erarbeitung eines Konzepts zur Nachschußpflicht im Personengesellschaftsrecht sollte man einen Blick auf das Genossenschaftsrecht werfen. Dies ist zum einen mit der Überlegung gerechtfertigt, daß die Nachschußpflicht im Genossenschaftsrecht als etabliertes Rechtsinstitut bezeichnet werden kann und bereits bei anderen Verbandsformen als Grundmodell zurate gezogen wurde. Zum ande-

---

676 *Armbruster*, S. 47; *Schilling* in: Staub, GroßKomm. HGB, § 171 Rn 19; *Michel*, KTS 1991, 67, 73; letztendlich auch nach *K. Schmidt*, denn er will die Entscheidung vom Zweck der Schuldenabwicklung in der Insolvenz abhängig machen, was darauf hinausläuft den günstigeren Anspruch geltend zu machen, *K. Schmidt*, Gesellschaftsrecht S. 1597.

677 Schlegelberger/*K. Schmidt*, § 171, 172 Rn 99; *K. Schmidt*, Einlage und Haftung S. 128 ff.

678 *Pelz*, S. 119.

ren entspringt die Nachschußpflicht einer Zeit, in der die Genossen noch einer persönlichen Außenhaftung ausgesetzt waren, so daß die strukturelle Verwandtschaft zur Personengesellschaft bejaht werden kann. Dieser Aspekt wird dadurch verstärkt, daß die persönlich haftenden Personengesellschafter wie die Genossen infolge der Sperrwirkung des § 93 InsO keiner Außenhaftung im Insolvenzverfahren mehr ausgesetzt sind.

Eine Nachschußpflicht im Insolvenzverfahren setzt voraus, daß sie nicht gesellschaftsvertraglich ausgeschlossen wurde, die Eröffnung des Insolvenzverfahrens und, daß die Ansprüche der Masse- und Insolvenzgläubiger nicht aus dem vorhandenen Gesellschaftsvermögen befriedigt werden können.

Sie trifft in jedem Fall die Gesellschafter, die zum Zeitpunkt der Eröffnung des Insolvenzverfahrens tatsächlich Mitglieder der Gesellschaft sind. Zu den Mitgliedern werden im Genossenschaftsrecht auch Genossen gerechnet, die innerhalb von 6 Monaten vor Eröffnung des Insolvenzverfahrens aus der Genossenschaft ausgeschieden sind (§ 75 GenG). Darüber hinaus kann im Genossenschaftsrecht auch ausgeschiedene Genossen eine Nachschußpflicht infolge einer subsidiären Haftung treffen (§§ 76 Abs. 3, 115 b GenG).

Bei der Berechnung des Umfangs der Nachschußpflicht müssen die Forderungen der Insolvenz- und Massegläubiger berücksichtigt werden. Bei der Genossenschaft ergibt sich dies inzwischen ausdrücklich aus dem Gesetz (§ 105 Abs. 1 GenG). Bei der Personengesellschaft kann man dieses Ergebnis vor allem unter Berücksichtigung des Genossenschaftsgesetzes und der Ziele der Insolvenzordnung vertreten. Auch im Genossenschaftsrecht gilt das Prinzip der Selbstorganschaft und des Eigennutzes, dennoch müssen die Genossen im Wege der Nachschußpflicht für Masseverbindlichkeiten einstehen. Weiterhin ist dem Liquidationsrecht der Personengesellschaft und damit dem Anwendungsbereich des § 735 BGB das Prinzip der Fremdorganschaft nicht fremd. Im übrigen wird durch die Einbeziehung der Masseverbindlichkeiten bei der Berechnung der Nachschußpflicht im Sinne des Gesetzgebers der neuen Insolvenzordnung, ein Beitrag zur Überwindung der Massearmut im Insolvenzverfahren über das Vermögen von Personengesellschaften geleistet und dem Grundsatz der Gläubigergleichbehandlung Rechnung getragen.

Im Personengesellschaftsrecht richtet sich der Umfang der Nachschußpflicht nach den Regelungen der Verlustbeteiligung (§ 735 BGB), dagegen sieht das Genossenschaftsgesetz eine Verteilung nach Köpfen vor (§ 105 Abs. 2 GenG). Wird im Genossenschaftsstatut die Höhe der Nachschußpflicht von der Zahl der Geschäftsanteile abhängig gemacht, muß in Anlehnung an das Liquidationsrecht bei pflichtwidrig nicht übernommenen Geschäftsanteilen die Übernahme gemäß § 87 a Abs. 2 GenG fingiert werden. Im übrigen erhöht sich die Nachschußpflicht für die Gesellschafter bzw. Genossen, wenn einzelne Mitglieder infolge Vermögenslosigkeit oder anderer Umstände ausfallen (§ 105 Abs. 3 GenG, § 735 Satz 2 BGB).

Nachschüsse können endgültig geltend gemacht werden, wenn die Haftung der Insolvenzmasse im Forderungsfeststellungsverfahren geklärt ist und die Verwertung der Insolvenzmasse mit Ausnahme der Nachschüsse realisiert wurde. Bei der Genossenschaft ergibt sich dies aus dem Gesetz (§ 114 Abs. 1 GenG), bei der Personengesellschaft im Regelfall aus faktischen Gründen, da erst zu diesem Zeitpunkt die Höhe der Nachschußpflicht mit Sicherheit feststeht. Bei der Genossenschaft können jedoch bereits zu einem früheren Zeitpunkt Fehlbeträge im Wege des Vorschußverfahrens eingefordert werden. Bei der Personengesellschaft kann der Insolvenzverwalter immer dann erfolgreich von den Gesellschaftern Nachschüsse einfordern, wenn bereits vor endgültiger Verwertung der Insolvenzmasse Fehlbeträge mit Sicherheit berechnet werden können.

Genossen und Personengesellschafter können der Forderungsanmeldung widersprechen. Sie können jedoch allein durch den Widerspruch nicht verhindern, daß die Forderungen gegen die Gesellschaft rechtskräftig festgestellt und bei der Nachschußberechnung berücksichtigt werden. Im Genossenschaftsrecht kann die Nachschußberechnung daher trotz der Einwände der Genossen für vollstreckbar erklärt werden und der Genosse auf das Anfechtungsverfahren verwiesen werden. Bei einem Widerspruch des Vorstandes sind jedoch zum Schutz der Genossen kraft ausdrücklicher gesetzlicher Regelung, die Beträge für die bestrittenen Forderungen bei der Schlußverteilung zunächst zurückzubehalten (§ 115 Abs. 2 Satz 1 GenG). Im Personengesellschaftsrecht muß der Insolvenzverwalter bei Zahlungsverweigerung des Gesellschafters gegen diesen den Nachschußanspruch gerichtlich durchsetzen. Die rechtskräftige Forderungsfeststellung gegen die Gesellschaft entfaltet jedoch keine Rechtskraft gegenüber dem Gesellschafter.

Weiterhin können die Gesellschafter und Genossen gegen Nachschußansprüche mit Forderungen gegen die Gesellschaft in voller Höhe aufrechnen. Bei der Genossenschaft ergibt sich dies aus § 105 Abs. 5 GenG und im Personengesellschaftsrecht aus § 95 InsO. Die Gesellschafter sollten zudem ihre Forderungen gegen die Gesellschaft anmelden, um die Anmeldefrist nicht zu versäumen und sicherzustellen, daß der Insolvenzverwalter die Ansprüche registriert und prüft. Persönliche Einwendungen der Genossen und Gesellschafter gegen die Gläubiger der Genossenschaft bzw. Gesellschaft werden hingegen bei der Berechnung der Nachschußansprüche nicht berücksichtigt.

Neben diesen genannten Gemeinsamkeiten gibt es im Genossenschaftsrecht Besonderheiten im Nachschußverfahren, die mangels gesetzlicher Regelung nicht ohne weiteres auf die Personengesellschaft übertragen werden können. Der Insolvenzverwalter muß, bereits bevor er die Nachschüsse nach Verwertung der Insolvenzmasse verbindlich berechnen kann, ein Vorschußverfahren durchführen. Dazu muß er eine Vorschußberechnung auf der Grundlage der Vermögensübersicht bei Eröffnung des Insolvenzverfahrens aufstellen und diese vom Insolvenzgericht für vollstreckbar erklären lassen. Zur Vorbereitung der Vollstreckbarkeitserklärung wird der Erklärungstermin abgehalten, in dem die Beteiligten zu hören sind. Die nach Vollstreckbarkeitserklärung vom Insolvenzverwalter eingeforderten Vorschüsse müssen hinterlegt oder angelegt werden. Sie können im Regelfall erst im Wege der Nachtragsverteilung, nach Erstellung der endgültigen Nachschußberechnung, verteilt werden. Eine Abschlagsverteilung darf nur bei länger anhaltenden Insolvenzverfahren erfolgen und soweit voraussichtlich die eigentliche Insolvenzmasse nicht zur Gläubigerbefriedigung ausreicht. Das Vorschußverfahren kann durch weitere Zusatzberechnungen erneut durchgeführt werden. Die Genossen können die Heranziehung nur verhindern, indem sie die für vollstreckbar erklärte Vorschußberechnung anfechten.

Ein Vergleich der Nachschußpflicht im Personengesellschaftsrecht und der Geltendmachung der persönlichen Gesellschafterhaftung durch den Insolvenzverwalter gemäß § 93 InsO ergibt, daß beide Konzepte in vielerlei Hinsicht zu demselben Ergebnis führen, die Nachschußpflicht jedoch im Regelfall das bessere Regelungsmodell darstellt.

Die Gemeinsamkeiten bestehen darin, daß auch die erfolgreiche Geltendmachung der persönlichen Gesellschafterhaftung durch den Insolvenzverwalter die Anmeldung der Gläubigerforderungen und die vorherige Durchführung des Forderungsfeststellungsverfahrens erfordert. Weiterhin sollte der Insolvenzverwalter auch bei der Geltendmachung der Ansprüche gemäß § 93 InsO die interne Verlustbeteiligung in der Gesellschaft berücksichtigen und nicht lediglich einen Gesellschafter auf den vollen Betrag in Anspruch nehmen.

Die Vorteile der Nachschußpflicht werden aber vor allem bei der Haftung für Masseverbindlichkeiten und der Möglichkeit der Gesellschafter, Einwendungen gegen die Inanspruchnahme zu erheben, deutlich. Unter Berücksichtigung der bisher herrschenden Meinung, die die Gesellschafter im Insolvenzverfahren hinsichtlich ihrer persönlichen Haftung wie ausgeschiedene Gesellschafter behandeln will, wird man eine Haftung der Gesellschafter für Masseverbindlichkeiten verneinen müssen. Damit stellt sich weiterhin das Problem, inwieweit aus den gemäß § 93 InsO eingezogenen Beträgen Sondermassen zu bilden sind, aus denen nur die Insolvenzgläubiger befriedigt werden können. Im Rahmen der Nachschußpflicht hingegen kann eine Haftung der Gesellschafter für die Masseverbindlichkeiten ohne dogmatische Bedenken bejaht werden. Weiterhin wird die Auffüllung der Insolvenzmasse mit Hilfe der Geltendmachung der persönlichen Gesellschafterhaftung dadurch erschwert, daß der Insolvenzverwalter auch die persönlichen Einwendungen gegenüber den Gläubigern berücksichtigen muß.

Insgesamt erscheint die Geltendmachung der Nachschußansprüche daher im Regelfall der bessere Weg zu sein, zumal bei diesen Ansprüchen auf das sehr genau geregelte Genossenschaftsgesetz Rückgriff genommen werden kann, während § 93 InsO keinen Vorgänger hat, der Interpretationshilfen leistet. Insbesondere wird die Praxis zur Kommanditistenhaftung hier nur begrenzt weiterhelfen. Der Gesetzgeber hat zwar die Haftung der persönlich haftenden Gesellschafter der Kommanditistenhaftung angepaßt, letztendlich besteht aber zwischen diesen beiden Konzepten nicht wirklich eine strukturelle Verwandtschaft.

Der Anwendungsbereich des § 93 InsO neben der Nachschußpflicht beschränkt sich daher im Grunde auf die Sperrfunktion dieser Vorschrift. Die Ermächtigungsfunktion bleibt allerdings unentbehrlich, wenn die Gesellschafter ihre Nachschußpflicht ausgeschlossen haben, sowie im Verhältnis zu ausgeschiedenen Gesellschaftern.

In Anbetracht dessen, daß die Geltendmachung der Nachschußpflicht im Insolvenzverfahren im Regelfall der bessere Weg sein dürfte, ist auch die Frage nach dem Wahlrecht des Insolvenzverwalters zwischen einer Vorgehensweise nach § 93 InsO oder der Geltendmachung des § 735 InsO eher akademischer Natur. Sollte der Insolvenzverwalter allerdings den ungünstigeren Weg hinsichtlich der Gläubigerbefriedigung gewählt haben, so haftet er nur, wenn dies für ihn erkennbar war (§ 60 InsO).

Schlußbetrachtung

I.

Zusammenfassend kann man festhalten, daß die Nachschußpflicht in ihrer Grundstruktur und, unter Berücksichtigung der einzelnen Lebenszyklen einer Gesellschaft, auch in ihrer Funktion in der Personengesellschaft, der Genossenschaft und der GmbH vergleichbar ist, so daß - auch wenn im Detail sehr viele Unterschiede bestehen - von der Nachschußpflicht als verbandsrechtlichem Institut gesprochen werden kann:

- Bei der Nachschußpflicht handelt es sich immer um einen in der Mitgliedschaft begründeten Geldanspruch der Gesellschaft gegen die Gesellschafter, der über die ursprünglich vereinbarte Kapitaleinzahlungs- bzw. Beitragspflicht hinausgeht, von keiner Gegenleistung abhängig ist und keine Auswirkung auf mitgliedschaftliche Rechte und Pflichten hat. Der Anspruch beruht entweder auf einer ausdrücklich gesellschaftsvertraglichen Grundlage oder ist gesetzlich vorgesehen.

- Eine gesellschaftsvertraglich vereinbarte Nachschußpflicht ist in der Praxis im Regelfall nur während der werbend tätigen Gesellschaft gebräuchlich. Sie fördert den werbenden Gesellschaftszweck und dient in erster Linie der Gesellschaft. Gesetzliche Nachschußpflichten bestehen hingegen in der Liquidation der Gesellschaft, bei Eröffnung des Insolvenzverfahrens über das Gesellschaftsvermögen und bei Ausscheiden eines Gesellschafters aus dem Verband. Diese Nachschußpflichten dienen der Abwicklung aller gesellschaftsrechtlichen Verhältnisse und sollen vor allem auch den Gläubigern der Gesellschaft zugute kommen. In Anbetracht der funktionellen Unterschiede ist die Nachschußpflicht als verbandsrechtliches Institut unter Berücksichtigung der Lebenszyklen einer Gesellschaft zu verstehen. Man muß insofern von einer *Nachschußpflicht im Gesellschaftsrecht während der werbend tätigen Gesellschaft*, *in der Liquidation* und *bei Eröffnung des Insolvenzverfahren* sprechen. Die *Nachschußpflicht bei Ausscheiden aus der Gesellschaft* ist mit einem vorweggenommenen Innenausgleich vergleichbar und daher als Unterfall der Nachschußpflicht nach Auflösung der Gesellschaft im Liquidations- bzw. Insolvenzstadium einzuordnen.

Ausgehend von der Terminologie im Kapitalgesellschaftsrecht, ist die gesellschaftsvertraglich vereinbarte Nachschußpflicht von der Kapitalerhöhungs– inklusive Bezugspflicht zu unterscheiden. Das wesentliche Unterscheidungskriterium ist dabei, daß Nachschüsse das Grundkapital und die Stammeinlage unberührt lassen und damit keinerlei Auswirkung auf die Mitgliedschaft haben. Die Unterscheidung ist im Interesse einer einheitlichen Terminologie und der Erarbeitung vergleichbarer Rechtsinstitute auf die Personengesellschaft und Genossenschaft zu übertragen. Insofern kann nur bei der kapitalistischen Personengesellschaft mit festen Kapitalanteilen von einer gesellschaftsvertraglich vereinbarten Nachschußpflicht gesprochen werden und auch nur dann, wenn die Nachzahlungen die Kapitalanteile des einzelnen Gesellschafters unverändert lassen. Bei der Genossenschaft muß unter Zugrundelegung dieser Unterscheidung die Zulässigkeit einer rein vertraglich begründeten Nachschußpflicht infolge des numerus clausus der genossenschaftlichen Geldzahlungpflichten verneint werden.

Die Nachschußpflicht ist weiterhin von einer Reihe anderer Nachzahlungspflichten abzugrenzen, die strukturell mit der Nachschußpflicht im Sinne des Themas nicht zu vergleichen sind. Sie ist insbesondere von rein schuldrechtlichen Vereinbarungen, Durchgriffs- und Verschuldenshaftungen, eigenkapitalersetzenden Finanzleistungen und Finanzplankrediten zu unterscheiden.

II.

Im *werbenden Stadium der Gesellschaft* findet man den Begriff der Nachschußpflicht im GmbH-Recht in den §§ 26 ff. GmbHG. Daneben können Nachschußpflichten bei der GmbH in Form von Nebenleistungspflichten (§ 3 Abs. 2 GmbHG) und bei der Personengesellschaft gesellschaftsvertraglich vereinbart werden. Bei der Nachschußpflicht gemäß den §§ 26 ff. GmbHG sind viele Einzelheiten von der Ausgestaltung, Durchsetzung bis zur Bilanzierung gesetzlich vorgeschrieben. Ein Vergleich dieser gesetzlich vorgeschriebenen Gestaltungsmerkmale mit den vertraglichen Gepflogenheiten in der Praxis - unter Berücksichtigung der höchstrichterlichen Rechtsprechung zu den Nachschußpflichten in Form der Nebenleistungspflicht und im Personengesellschaftsrecht - ergibt, daß die zwingenden Bestimmungen der §§ 26 ff. GmbHG weitgehend Besonderheiten dieser Nachschußpflicht und nicht als Grundprinzipien dieses Finanzierungsinstrumentes zu verstehen sind.

Neben der bereits anfangs erwähnten Grundstruktur sind die wesentlichen Charakteristika der Nachschußpflicht im werbenden Stadium der Gesellschaft, daß sie erstens einer ausdrücklichen gesellschaftsvertraglichen Vereinbarung bedarf. Neben dem Wortlaut muß dabei auch die Systematik des Vertrages für die Eindeutigkeit der Regelung sprechen.

Zweitens darf die Nachschußpflicht nicht dazu führen, daß der Gesellschafter sich völlig schrankenlos dem Willen der Gesellschaft unterwirft, denn eine solche Vereinbarung wäre sittenwidrig und damit nichtig (§ 138 BGB). Um die Nichtigkeit der Satzungsbestimmung zu vermeiden, müssen die betroffenen Gesellschafter das Ausmaß der auf sie zukommenden Verpflichtung aus dem Gesellschaftsvertrag erkennen können. Bei der Nachschußpflicht gemäß den §§ 26 ff. GmbHG wird diesem Gedanken Rechnung getragen, indem der Gesellschafter seine Haftung entweder bei der unbeschränkten Nachschußpflicht gemäß § 27 GmbHG durch das Preisgaberecht auf den Geschäftsanteil beschränken kann, oder von vornherein nur eine beschränkte Nachschußpflicht gemäß § 28 GmbHG durch Angabe eines Höchstbetrages vereinbart wird. Bei der Nebenleistungspflicht und im Personengesellschaftsrecht ist erforderlich, daß im Gesellschaftsvertrag Kriterien angegeben werden, die das Erhöhungsrisiko eingrenzen. Diese relativ streng klingende Grundregel läßt in der Praxis einen weiten Gestaltungsspielraum und führt dazu, daß immer wiederkehrende und damit unbeschränkte Nachschußpflichten ohne Preisgaberecht auch im GmbH-Recht in Form von Nebenleistungspflichten vereinbart werden können. Je größer die finanzielle Belastung für den Gesellschafter ist, desto genauer müssen jedoch die Kriterien bereits im Gesellschaftsvertrag angegeben werden, damit die Nachschußklausel auch den konkreten Einforderungsfall deckt. Außerhalb der §§ 26 ff. GmbHG ist daher die Gefahr einer gesellschaftsvertraglichen Fehlregelung bei sehr belastenden Nachschußpflichten sehr groß.

Die Bestimmtheit der Nachschußklausel wird immer dann wichtig, wenn die Einforderung von Nachschüssen im konkreten Fall gegen den Willen des einzelnen Gesellschafters durch Mehrheitsbeschluß oder den Geschäftsführer möglich sein soll, denn im Gesellschaftsrecht ist eine nachträgliche Leistungsvermehrung immer nur mit Zustimmung des betroffenen Gesellschafters zulässig (§ 53 Abs. 3 GmbHG und § 707 BGB in Verbindung mit der Kernbereichslehre und dem Belastungsverbot). Die Zustimmung kann jedoch in antizipierter Form vorliegen, vorausgesetzt der Gesellschaftsvertrag sieht eine hinreichend bestimmte Nachschußpflicht vor.

Ein Gesellschafterbeschluß ist vorbehaltlich keiner anderweitigen gesellschaftsvertraglichen Ausgestaltung ausschließlich bei der Nachschußpflicht gemäß den §§ 26 ff. GmbHG Voraussetzung für die Entstehung des Nachschußanspruchs. Wird ein Mehrheitsbeschluß zur Einforderung von Nachschüssen gefaßt, obwohl entweder keine oder eine nichtige Nachschußregel vorliegt, ist der Beschluß ohne Zustimmung des Betroffenen schwebend unwirksam und wird bei Verweigerung der Zustimmung endgültig unwirksam.

Die Nachschußpflicht trifft infolge ihrer mitgliedschaftlichen Natur die gegenwärtigen Gesellschafter. Daneben haften im GmbH-Recht bei Fälligkeit der Nachschußpflicht vor Anteilsveräußerung auch die früheren Gesellschafter neben dem Erwerber. Bei der beschränkten Nachschußpflicht gemäß § 28 GmbHG besteht zusätzlich eine Ausfallhaftung des Rechtsvorgängers im Kaduzierungsverfahren.

Ohne ausdrückliche vertragliche Ausgestaltung gibt es, mit Ausnahme bei der unbeschränkten Nachschußpflicht gemäß § 27 GmbHG durch das Preisgaberecht, keine Möglichkeit der Gesellschafter sich von einer fälligen Nachschußpflicht einseitig zu befreien bzw. die Haftung auf den Geschäftsanteil zu beschränken. Die Gesellschafter können sich allenfalls von zukünftig entstehenden Nachschüssen durch Anteilsveräußerung oder Kündigung der Mitgliedschaft befreien.

Die Durchsetzung des Nachschußanspruchs ist bei der Nachschußpflicht gemäß den §§ 26 ff. GmbHG genau gesetzlich geregelt. Die Gesellschaft kann entweder

Leistungsklage erheben oder auf das fingierte Preisgaberecht bei der unbeschränkten Nachschußpflicht bzw. das Kaduzierungsverfahren bei der beschränkten Nachschußpflicht zurückgreifen. Bei der Nachschußpflicht in Form der Nebenleistungspflicht und im Personengesellschaftsrecht ist die Durchsetzung hingegen nicht gesetzlich vorgeschrieben. Die Gesellschaft hat hier immer die Möglichkeit Leistungsklage zu erheben. In schwerwiegenden Fällen kann die Nichtleistung zu einem Gesellschafterausschluß aus wichtigem Grund führen. Im übrigen kann die Gesellschaft die Folgen der Nichtleistung bzw. die Art der Durchsetzung des Nachschußanspruchs gesellschaftsvertraglich regeln. Bei der Vertragsgestaltung ist dabei besonderes Augenmerk darauf zu richten, daß der Verlust der Mitgliedschaft in der Regel Abfindungsfragen hervorruft und daher an Abfindungsklauseln gedacht werden sollte.

Im GmbH-Recht dürfen Nachschüsse gemäß § 30 Abs. 1 GmbHG nur an die Gesellschafter zurückgezahlt werden, wenn das Vermögen nicht zur Erhaltung des Stammkapitals erforderlich ist. Für Nachschüsse gemäß den §§ 26 ff. GmbHG werden in § 30 Abs. 2 GmbHG weitere Voraussetzungen gefordert.

Schließlich ist auch die Bilanzierung der Nachschüsse bei der Nachschußpflicht gemäß den §§ 26 ff. GmbHG zwingend vorgeschrieben (§ 42 Abs. 2 GmbHG). Nachschüsse müssen nach dieser Vorschrift immer erfolgsneutral durch Einstellung in die Kapitalrücklage verbucht werden. Bei Auflösung der Kapitalrücklage innerhalb eines Geschäftsjahres können diese „freigewordenen" Nachschüsse den Jahresfehlbetrag oder –überschuß in der Gewinn- und Verlustrechnung nicht beeinflussen, da Entnahmen aus der Kapitalrücklage immer erst nach diesen Positionen dargestellt werden dürfen (§ 275 Abs. 4 HGB). Nachschüsse in Form von Nebenleistungspflichten können hingegen sowohl erfolgsneutral als auch ergebniswirksam vereinnahmt werden. Ohne diesbezügliche Vereinbarung kommt es auf die Zwecksetzung der Nachschüsse an.

III.

Im *Liquidationsstadium der Gesellschaft* existiert eine gesetzlich vorgesehene Nachschußpflicht im Genossenschafts- und Personengesellschaftsrecht. Mit Ausnahme der eingangs erwähnten Grundstruktur und der Funktion, durch diese Nachschüsse die Abwicklung der Gesellschaft im Außenverhältnis zu den Gesellschaftsgläubigern zu gewährleisten, haben diese beiden Nachschußpflichten keine zwingend vorgeschriebenen strukturellen Gemeinsamkeiten.

Im Genossenschaftsrecht ist die Nachschußpflicht in der Liquidation genau gesetzlich ausgestaltet und bietet wenig Anlaß für Kontroversen. Nach dem Genossenschaftsgesetz können die Genossen auf Beschluß der Generalversammlung zu beschränkten Nachschüssen bis zur Höhe der gehaltenen bzw. pflichtwidrig nicht gehaltenen Geschäftsanteile herangezogen werden, wenn die Aufstellung einer Bilanz ergibt, daß das Genossenschaftsvermögen die Schulden nicht deckt

(§ 87 a Abs. 1 GenG). Eine Regelung der Nachschußpflicht im Statut ist allerdings ausnahmsweise erforderlich, wenn die Genossenschaft die Nachschußpflicht im Insolvenzverfahren ausgeschlossen hat. Es besteht keine Ausfallhaftung der Genossen bei Zahlungsunfähigkeit einzelner Mitgenossen.

Im Personengesellschaftsrecht ist das Bestehen einer Nachschußpflicht gemäß § 735 BGB nicht nur im Recht der BGB-Gesellschaft, sondern auch im Personenhandelsgesellschaftsrecht zu bejahen. Dies ergibt sich zum einen aus gesetzessystematischen Erwägungen, und zum anderen erleichtert eine Nachschußpflicht im Regelfall die Abwicklung aller gesellschaftsrechtlichen Beziehungen im Außen- und Innenverhältnis, führt zu einer Harmonisierung mit den Zielen der Insolvenzordnung und trägt dem Grundsatz der Identität der Personengesellschaften Rechnung.

Bei der Geltendmachung der Nachschußpflicht ist der Grundsatz der Liquidationsbefangenheit gesellschaftsrechtlicher Ansprüche nicht zu berücksichtigen. Dieser Grundsatz ist generell abzulehnen, da er bei genauerer Betrachtung nur ein Schlagwort ohne Substanz darstellt und mit gesellschaftsrechtlichen und bilanziellen Regeln nicht zu vereinbaren ist.

Die Gesellschaft kann die Nachschüsse geltend machen, sobald sie mit Sicherheit feststehen. Dies ist spätestens zum Zeitpunkt der Erstellung der Schlußbilanz zu bejahen, da dann das Gesellschaftsvermögen vollständig versilbert ist und die verbleibenden Gesellschaftsschulden endgültig berechenbar sind. Eine festgestellte Schlußbilanz hat den Vorteil, daß die in ihr aufgeführten Nachschußansprüche für die Gesellschafter verbindlich werden und damit deren Durchsetzung für die Gesellschaft bzw. den Liquidator vereinfacht wird. Die Gesellschaft trägt die Darlegungs- und Beweislast bei der gerichtlichen Durchsetzung der Nachschußpflicht.

Die Höhe der Nachschußpflicht richtet sich nach den Schulden, die die Gesellschaft gegenüber Drittgläubigern und gegenüber den Gesellschaftern hat. Es besteht eine Ausfallhaftung der Gesellschafter, wenn gegen Mitgesellschafter die Nachschußpflicht nicht durchgesetzt werden kann (§ 735 Satz 2 BGB).

Bei der Berechnung des Liquidationsergebnisses und damit der Nachschußpflicht in der Schlußbilanz der Personenhandelsgesellschaft ist die neuere Auffassung vorzugswürdig, die in § 154 HGB nur die interne Rechnungslegungspflicht des Liquidators gegenüber der Gesellschaft geregelt sieht und diese von der externen Rechnungslegungspflicht gemäß den §§ 242 ff. HGB trennt. Inwieweit sich jedoch diese Unterschiede und auch Streitigkeiten innerhalb der neueren Auffassung auf die Ermittlung des Nachschußanspruchs in der Praxis auswirken, kann mangels jeglicher empirischer Studien hier nicht abschließend entschieden werden.

Bei der Personenhandelsgesellschaft, bei der keine natürliche Person als persönlich haftender Gesellschafter den Gläubigern haftet, ist die Nachschußpflicht ordnungsgemäß zu bilanzieren, denn nach § 264 c HGB muß bei negativen Kapitalanteilen aus der Bilanz hervorgehen, ob die Gesellschafter aufgrund dieser eine Einzahlungspflicht haben oder ob der Fehlbetrag bei der Gesellschaft verbleibt.

Der Nachschußanspruch gemäß § 735 BGB kann niemals einen Direktanspruch eines Gesellschafters gegen einen Mitgesellschafter auf Zahlung in das Gesellschafterprivatvermögen begründen. Ein solcher Direktanspruch auf Verlustausgleich kann immer nur infolge der Regeln zur Gesamtschuld bejaht werden.

Im Zusammenhang mit der Auseinandersetzung kann auch die gesetzliche Nachschußpflicht der Gesellschafter im Genossenschafts- (§ 73 Abs. 2 GenG) und Personengesellschaftsrecht (§ 739 BGB) bei *Ausscheiden aus der Gesellschaft* erwähnt werden. Diese besteht dann, wenn zum Zeitpunkt des Ausscheidens das Gesellschaftsvermögen die Schulden nicht deckt. Insoweit handelt es sich um eine Art vorgezogene Auseinandersetzung mit dem Ausscheidenden. Im Genossenschaftsrecht werden die Voraussetzungen und die Höhe dieser Nachschußpflicht anhand der Nachschußpflicht im Insolvenzverfahren bestimmt. Bei der Personengesellschaft entspricht dieser Anspruch letztendlich dem Anspruch gemäß § 735 BGB.

IV.

Eine ausdrücklich gesetzlich vorgesehene Nachschußpflicht gibt es weiterhin *bei Eröffnung des Insolvenzverfahrens über das Gesellschaftsvermögen* im Genossenschaftsrecht (§§ 105 ff. GenG) und infolge des § 735 BGB auch im Personengesellschaftsrecht. Während die Nachschußpflicht im Genossenschaftsrecht sehr detailliert im Gesetz geregelt ist und kaum Anwendungsschwierigkeiten bereitet, ist das Konzept einer Nachschußpflicht im Personengesellschaftsrecht in diesem Stadium der Gesellschaft bisher in Literatur und Rechtsprechung nicht näher thematisiert worden. Die genossenschaftlichen Vorschriften können weitgehend als die gesetzliche Ausgestaltung des Grundkonzepts der Nachschußpflicht im Insolvenzverfahren über das Gesellschaftsvermögen bezeichnet werden, denn Voraussetzungen und Rechtsfolgen, die sich bei der Genossenschaft aus gesetzlichen Vorschriften ergeben, finden auch bei der Personengesellschaft infolge allgemeiner rechtlicher Überlegungen Anwendung. Im übrigen ist ein Blick auf das Genossenschaftsrecht bei der Erarbeitung einer Nachschußpflicht im Personengesellschaftsrecht auch vor dem Hintergrund gerechtfertigt, daß die genossenschaftliche Nachschußpflicht einer Zeit entstammt, in der die Genossen einer persönlichen Außenhaftung ausgesetzt waren, so daß eine strukturelle Verwandtschaft zur Personengesellschaft zumindest im Bereich der Nachschußpflicht bejaht werden kann.

Die Nachschußpflicht besteht in diesem Lebensabschnitt der Gesellschaft immer, soweit sie nicht gesellschaftsvertraglich ausgeschlossen wurde.

Es haften die Gesellschafter, die zum Zeitpunkt der Eröffnung des Insolvenzverfahrens Mitglieder der Gesellschaft sind. Im Genossenschaftsrecht kann die Nachschußpflicht infolge der gesetzlichen Ausgestaltung auch bereits ausgeschiedene Gesellschafter treffen.

Bei der Berechnung des Umfangs der Nachschußpflicht müssen die Forderungen der Insolvenz- und Massegläubiger berücksichtigt werden. Es besteht eine Ausfallhaftung bei Zahlungsunfähigkeit einzelner Gesellschaftsmitglieder.

Nachschüsse können endgültig geltend gemacht werden, wenn die Haftung der Insolvenzmasse im Forderungsfeststellungsverfahren geklärt ist und die Verwertung der Insolvenzmasse mit Ausnahme der Nachschüsse realisiert wurde. Im Genossenschaftsrecht besteht jedoch die Möglichkeit im Wege des Vorschußverfahrens Fehlbeträge zu einem früheren Zeitpunkt einzufordern. Auch im Personengesellschaftsrecht können Nachschüsse vor endgültiger Verwertung der Insolvenzmasse eingefordert werden, wenn bestimmte Fehlbeträge bereits zu einem früheren Zeitpunkt mit Sicherheit feststehen.

Die Gesellschafter können der Forderungsanmeldung widerspechen. Sie können dadurch jedoch nicht verhindern, daß die Forderung bei der Berechnung der Nachschußpflicht berücksichtigt wird.

Die Gesellschafter können gegen Nachschußansprüche mit Forderungen gegen die Gesellschaft in voller Höhe aufrechnen.

Im übrigen gibt es einige verfahrensrechtliche Sonderregelungen im Genossenschaftsrecht, die mangels gesetzlicher Ausgestaltung nicht auf die Personengesellschaft übertragen werden können. Dazu gehört das Vorschußverfahren, die Möglichkeit sowohl Vorschüsse als auch Nachschüsse im Wege der Vollstreckbarkeitserklärung der Vorschuß- oder Nachschußberechnung durch das Gericht gegen die Gesellschafter durchzusetzen sowie, daß die eingeforderten Vorschüsse hinterlegt oder angelegt werden müssen und im Regelfall erst im Wege der Nachtragsverteilung verteilt werden dürfen.

Ein Vergleich der Nachschußpflicht im Personengesellschaftsrecht und der Geltendmachung der persönlichen Gesellschafterhaftung durch den Insolvenzverwalter gemäß § 93 InsO ergibt, daß die Nachschußpflicht im Regelfall das bessere Konzept darstellt. Dies hängt primär damit zusammen, daß die Ermächtigungsfunktion des § 93 InsO eine systemfremde Erfindung des Gesetzgebers ist und daher zu vielerlei Anwendungsschwierigkeiten führen wird. Hervorzuheben ist hier, daß über die Nachschußpflicht eine Haftung auch für Masseverbindlichkeiten dogmatisch begründet werden kann und der Insolvenzverwalter insbesondere nur Einwendungen im Verhältnis zwischen den Gesellschaftern und der Gesellschaft beachten muß. Der verbleibende Anwendungsbereich des § 93 InsO beschränkt sich daher weitgehend auf die Sperrfunktion dieser Vorschrift. Die Ermächtigungsfunktion ist jedoch unentbehrlich in den Fällen, in denen die Gesellschafter ihre Nachschußpflicht ausgeschlossen haben, sowie im Verhältnis zu ausgeschiedenen Gesellschaftern.

V.

Auch wenn im Detail die Nachschußpflicht in den verschiedenen Lebenszyklen der Gesellschaften sehr variiert, ist die hier vorgenommene Systematisierung und das rechtsformübergreifende Verständnis dieses Rechtsinstitutes durchaus von praktischer Relevanz. So kann zum Beispiel im Bereich der vertraglichen Nachschußpflicht auf diese Weise ein eigenständiges Finanzierungsinstrument entwikkelt werden, das es der Gesellschaft erlaubt, sich sehr flexibel Eigenkapital zu verschaffen, ohne den Regeln der Kapitalerhöhung, - herabsetzung oder den ebenfalls strengen Voraussetzungen der §§ 26 ff. GmbHG zu unterliegen. Erkennt man den eigenständigen und rechtsformübergreifenden Charakter der Nachschußpflicht, so wird die weitere Systematisierung und Erarbeitung von Kriterien, die eine wirksame gesellschaftsvertragliche Regelung garantieren, zu mehr Rechtssicherheit führen. Es bleibt auch zu untersuchen, ob die vertragliche Nachschußpflicht im Genossenschaftsrecht ein sinnvolles Finanzierungskonzept darstellen kann, so daß entweder der Gesetzgeber diesbezüglich eine Regelung treffen oder vom Grundsatz des numerus clausus der Geldzahlungspflichten im Genossenschaftsrecht Abstand genommen werden sollte.

Eine weitere Überlegung bleibt, ob eine Nachschußpflicht nach Auflösung der Gesellschaft im Sinne von *K. Schmidt*[679] auf einem allgemeinen Prinzip der geordneten Haftungsabwicklung beruht und immer im Gesellschaftsrecht gilt, es sei denn sie ist wie im Kapitalgesellschaftsrecht ausgeschlossen. Dies hätte mitunter zur Konsequenz, daß für den umstrittenen Bereich der Verlustdeckungshaftung innerhalb der Vor-GmbH bei Scheitern der Eintragung ein überzeugender Begründungsansatz für das Innenhaftungskonzept gefunden wäre.

Im Insolvenzverfahren der Gesellschaft bietet ein rechtsformübergreifendes Verständnis der Nachschußpflicht die Möglichkeit, das genossenschaftliche Nachschußverfahren als insolvenzrechtliches Grundmodell anzuerkennen. Dies hätte vor allem den Vorteil, daß auch im Insolvenzverfahren der Personengesellschaft und - eventuell auch der Vor-Gesellschaft - das begrüßenswerte Regelungskonzept des Genossenschaftsrechts, die Einziehung der voraussichtlich erforderlichen Nachschüsse in Form von Vorschüssen unverzüglich vorzunehmen, die eingezogenen Beträge aber erst dann auszuzahlen, wenn eindeutig feststeht, in welchem

---

679 Vgl. oben Fn 66.

Umfang sie zur Deckung der Verbindlichkeiten der Gesellschaft herangezogen werden müssen, anzuwenden wäre. Eine solche Entwicklung wird von Nöten sein, wenn die hier kritisierte Ermächtigungsfunktion des § 93 InsO in der Praxis tatsächlich nicht zu den mit dieser Norm verfolgten Zielen führt.

Literaturverzeichnis

Adler/Düring/Schmaltz, Rechnungslegung und Prüfung der Unternehmen; Kommentar zum HGB, AktG, GmbHG, PublG nach den Vorschriften des Bilanzrichtlinien-Gesetzes, bearb. v. Karl-Heinz Forster u. a., Bd. 4 und 5, 6. Aufl., Stuttgart, 1997 (zitiert: ADS)

Altmeppen, Holger; Das unvermeidliche Scheitern des Innenhaftungskonzepts in der Vor-GmbH, in: NJW 1997, S. 3272 ff.

- Anmerkung zu BGH, Urt. v. 27. 9. 1999, II ZR 371/98, in: ZIP 1999, S. 1758 ff.

- Anmerkung zu BGH, Urt. v. 27. 1. 1997, II ZR 123/94, in: NJW 1997, S. 1509 ff.

- Anmerkung zu BGH, Urt. v. 28. 6. 1999, II ZR 272/98, in: NJW 1999, S. 2812 ff.

Altmeppen, Holger; Roth, Günther; Gesetz betreffend die Gesellschaften mit beschränkter Haftung (GmbHG), 3. Aufl., München, 1997

Armbruster, Ekkehard; Die Stellung des haftenden Gesellschafters in der Insolvenz der Personenhandelsgesellschaft nach geltendem und künftigem Recht, Berlin, 1996

Balz, Manfred; Landfermann, Hans-Georg (Bearb.); Die neuen Insolvenzgesetze: mit Einleitung, Begründung des Regierungsentwurfs, Bericht des Rechtsausschusses des Deutschen Bundestages sowie ergänzenden Hinweisen, Verweisungen und Sachverzeichnis. Im Anh.: Konkursordnung, Vergleichsordnung, Gesamtvollstreckungsordnung und Nebengesetze; Düsseldorf, 1995

Barfuß, Werner; Zur Erhöhung der Einlagen bei Personengesellschaften, in: DB 1977, S. 571 ff.

Baumbach, Adolf; Hueck, Adolf; GmbH-Gesetz: Gesetz betreffend die Gesellschaften mit beschränkter Haftung, bearb. v. Götz Hueck, 16. Aufl., München, 1996 (zitiert: Baumbach/Hueck/Bearbeiter, GmbHG)

Beck'scher Bilanzkommentar: Handels- und Steuerrecht -§§ 238 bis 339 HGB; bearb. v. Wolfgang Dieter Budde u. a., 4. Aufl., München, 1999 (zitiert: Beck Bil-Komm./Bearbeiter)

Berndt, Joachim; Boin, Kai; Zur Rechtsnatur der Gesellschaft bürgerlichen Rechts, in: NJW 1998, S. 2854 ff.

Beuthien, Volker; Genossenschaftsgesetz: (mit Umwandlungsrecht), begr. v. Meyer, Emil H.; 13. Aufl., München, 1999

- Zeit für eine Genossenschaftsreform – Idee unverbraucht – Rechtsform zu starr -, in: DB 2000, S. 1161 ff.

Blomeyer, Wolfgang; Das Haftungskonzept des Genossenschaftsgesetzes von 1889 und seine weitere Entwicklung, in: ZfgG 1989, S. 102 ff.

- Auf dem Weg zur (E)europäischen Genossenschaft. Im Blickpunkt: Vorschläge der Kapitalversorgung von Genossenschaften auf der Grundlage des Statutenentwurfs der EG-Kommission, in: BB 2000, S. 1741 ff.

Bork, Reinhard; Gesamt(schadens)liquidation im Insolvenzverfahren, in: Kölner Schrift zur Insolvenzordnung: das neue Insolvenzrecht in der Praxis, Arbeitskreis für Insolvenz- und Schiedsgerichtswesen e. V., Köln (Hrsg.), Herne, 1997, S. 1017 ff.

Braun, Eberhard; Uhlenbruck, Wilhelm; Unternehmensinsolvenz: Grundlagen, Gestaltungsmöglichkeiten, Sanierung mit der Insolvenzordnung, Düsseldorf, 1997

Breuer, Wolfgang; Das neue Insolvenzrecht, München, 1998

Buchda, Gerhard; Geschichte und Kritik der deutschen Gesamthandlehre, Marburg, 1936

Buchholz, Heinrich; Die Nebenleistungspflichten bei der Gesellschaft mit beschränkter Haftung, in: JherJb. 1924, S. 260 ff.

Buchner, Herbert; Zur rechtlichen Struktur der Personengesellschaften, in: AcP 1969, S. 483 ff.

Burhoff, Detlef; Vereinsrecht: ein Leitfaden für Vereine und ihre Mitglieder, 3. Aufl., Herne, 1997

Burkert, Manfred; Die GmbH; Recht, Steuer, Betriebswirtschaft, Bielefeld, 1981

Butzer, Hermann; Die Liquidation von Personenhandelsgesellschaften – ein Überblick, in: Jura 1994, S. 628 ff.

Coing, Helmut; Europäisches Privatrecht, Bd. II. 19. Jahrhundert: Überblick über die Entwicklung des Privatrechts in den ehemals gemeinrechtlichen Ländern, München, 1989

Cordes, Albrecht; Die Gesellschaft bürgerlichen Rechts auf dem Weg zur juristischen Person?, in: JZ 1998, S. 545 ff.

Dapprich, Gerhard; Römermann, Klaus; Bundesberggesetz, Köln, 1983

Dellinger, Markus; Oberhammer, Paul; Zur Reform des österreichischen Genossenschaftsrechts, in: ZfgG 1998, S. 278 ff.

Dinstühler, Klaus-Jürgen; Die Abwicklung massearmer Insolvenzverfahren nach der Insolvenzordnung, in: ZIP 1998, S. 1697 ff.

Dürrschmidt, Armin; Änderungen des Personengesellschaftsvertrages durch Mehrheitsentscheidung – BGH, NJW 1995, 194, in: JuS 1997, S. 15 ff.

Ebbing, Frank; „Aus" für Venture Capital GbR? – Neue aufsichts- und haftungsrechtliche Probleme für Anlagegesellschaften in der Rechtsform einer GbR, in: NZG 2000, S. 347 ff.

Ehlenz, Hans Dieter; Anmerkung zu OLG Bamberg, Urt. v. 7. 1. 1981, 3 U 113/80, in: BB 1982, S. 273 ff.

Emmerich, Volker; Anmerkung zu BGH, Urt. v. 17. 10. 1988, II ZR 372/87, in: WUB II C. § 3 GmbHG 1.89

Ensthaler, Jürgen; Die Liquidation von Personengesellschaften, Gewinn- und Verlustverteilung bei der Liquidation der Gesellschaft und beim Ausscheiden eines Gesellschafters, Berlin, 1985.

Erman Bürgerliches Gesetzbuch; Handkommentar mit AGBG, EGBGB, ErbbauVO, HausratsVO, HausTWG, ProdHaftG, SachenRGerG, SchuldRAnpG; VerbrKrG; hrsg. v. Harm Peter Westermann, Bd. 1, 10. Aufl., Münster, Köln 2000 (zitiert: Erman/Bearbeiter, BGB)

Esch, Günter; Die gesellschaftsvertragliche Vereinbarung der Rückgewähr ausgeschütteter Gewinne bei der GmbH, in: NJW 1978, S. 2529

Ferneding, Ludger; Verwaltungskosten- und Verlustdeckungsumlagen eingetragener Genossenschaften, Marburg, 1993

Fezer, Karl-Heinz; Markenrecht: Kommentar zum Markenrecht, zur Pariser Verbandsübereinkunft und zum Madrider Markenabkommen; Dokumentation des nationalen, europäischen und internationalen Kennzeichnungsrechts, 2. Aufl., München, 1999

Fezer, Karl-Heinz; Die Markenrechtsfähigkeit der Gesellschaft bürgerlichen Rechts, in: Verantwortung und Gestaltung, Festschrift für Karlheinz Boujong zum 65. Geburtstag, hrsg. v. Carsten Thomas Ebenroth u. a., München 1996, S. 123 ff.

Flume, Werner; Gesellschaft und Gesamthand, in: ZHR 1972, S. 177 ff.

Freidank, Christian; Eigenkapital und Ergebnisverwendung der GmbH und der AG (Teil 1), Überblick über die wichtigsten Regelungen unter Berücksichtigung des Gesetzes zur Kontrolle und Transparenz im Unternehmensbereich und des Steuerentlastungsgesetzes 1999/2000/2002, in: StB 2000, S. 44 ff.

Fuchs, Karlhans; Die persönliche Haftung des Gesellschafters gemäß § 93 InsO, in: ZIP 2000, S. 1089 ff.

Gehrlein, Markus; Von der Differenz- zur Verlustdeckungshaftung, in: NJW 1996, S. 1193 ff.

Gemeinschaftskommentar zum Handelsgesetzbuch; hrsg. v. Ensthaler, Jürgen, 6. Aufl., Neuwied, 1999 (zitiert: Bearbeiter in: GK-HGB)

Goette Wulf; Anmerkung zu BGH, Urt. v. 8. 11. 1999, II ZR 197/98, in: DStR 2000, S. 35 ff.

- Anmerkung zu BGH, Urt. v. 27. 9. 1999, II ZR 371/98, in: DStR 1999, S. 1707 ff.

- Anmerkung zu BGH, Beschl. v. 13. 11. 1995, II ZR 235/94; OLG München, Urt. v. 23. 6. 1994, 32 U 1561/94, in: DStR 1996, S. 31 ff.

- Anmerkung zu BGH, Urt. v. 5. 7. 1993, II ZR 111/92, in: DStR 1993, S. 1490 ff.

Grezelius, Georg; Anmerkung zu BGH, Urt. v. 5. 7. 1993, II ZR 111/92, in: EWiR 1993, S. 971 ff.

Haarmeyer, Hans; Wutzke, Wolfgang; Förster, Karsten; Handbuch zur Insolvenzordnung, München, 1997

Habersack, Mathias; Der Finanzplankredit und das Recht der eigenkapitalersetzenden Gesellschafterhilfen, in: ZHR 1997, S. 457 ff.

Hachenburg; GmbHG: Großkommentar, Bd. 1 §§ 1-34, 8. Aufl., Berlin, 1992 (zitiert: Hachenburg/Bearbeiter)

- GmbHG: Großkommentar, Bd. 2 §§ 35-52, 8. Aufl., Berlin, 1997

Hadding, Walther; actio pro socio, Die Einzelklagebefugnis des Gesellschafters bei Gesamthandansprüchen aus dem Gesellschaftsverhältnis, Marburg, 1966

- Anmerkung zu BGH, Urt. V. 15. 6. 1978, II ZR 13/77, in: ZfgG 1978, S. 447 ff.

Handbuch des gesamten Handelsrechts; v. Ehrenberg (Hrsg.), Bd. 3, Abt. III, Leipzig, 1929

Häsemeyer, Ludwig; Insolvenzrecht, 2. Auflage, Köln, 1998

- Kommanditistenhaftung und Insolvenz, in: ZHR 1985, S. 42 ff.

Häusler, Günter; Lastentragung und Gewinnverteilung bei der GmbH, Bonn, 1965

Heidelberger Kommentar zum GmbH-Recht; Harald Bartl u. a., 4. Aufl., Heidelberg, 1998 (zitiert: Bearbeiter in: Heidelberger Kommentar, GmbHG)

Heidelberger Kommentar zur Insolvenzordnung; Dieter Eickmann u. a., Heidelberg, 1999 (zitiert: Bearbeiter in: Heidelberger Kommentar, InsO)

Heidner, Hans-Hermann; Probleme der liquidierten Gesellschaft im Verfahren, in: DStR 1992, S. 201 ff.

Henze, Hartwig; Beschränkung der Gesellschafterhaftung – Teilrechtsfähigkeit der GbR im Wandel?, in: BB 1999, S. 2260 ff.

Hermanns, Marc; Bestimmtheitsgrundsatz und Kernbereichslehre – Mehrheit und Minderheit in der Personengesellschaft – zugleich Anmerkung zu BGH ZIP 1994, 1942, in: ZGR 1996, S. 103 ff.

Hettrich, Eduard; Pöhlmann, Peter; Genossenschaftsgesetz: Kommentar zu dem Gesetz betreffend die Erwerbs- und Wirtschaftsgenossenschaften und zu umwandlungsrechtlichen Vorschriften für Genossenschaften, München, 1995 (zitiert: Hettrich/Pöhlmann, GenG)

Heymann, Ernst (Begr.); Horn, Norbert (Hrsg.) ; Handelsgesetzbuch (ohne Seerecht): Kommentar, Bd. 2, §§ 105 - 237, 2. Aufl., Berlin, 1996 (zitiert: Heymann/Bearbeiter, HGB)

Hillers, Klaus; Personengesellschaft und Liquidation, Die Auswirkung der Liquidation auf die vermögensrechtliche Stellung der Gesellschafter, Köln, 1988

Hoffmann, Wolf-Dieter; Eigenkapitalausweis und Ergebnisverteilung bei Personenhandelsgesellschaften nach Maßgabe des KapCoRiLiG, in: DStR 2000, S. 837 ff.

Höfler, Ulrike; Die actio pro socio, in: JuS 1992, S. 388 ff.

Hopt, Klaus; Handelsgesetzbuch: mit GmbH & Co., Handelsklauseln, Bank- und Börsenrecht, Transportrecht (ohne Seerecht), begr. v. Adolf Baumbach, 30. Aufl., München, 2000

Huber, Ulrich; Vermögensanteil, Kapitalanteil und Gesellschaftsanteil an Personalgesellschaften des Handelsrecht, Heidelberg, 1970

- Gesellschafterkonten in der Personengesellschaft, in: ZGR 1988, S. 1 ff.

Hueck, Alfred; Das Recht der offenen Handelsgesellschaft, 4. Aufl., Berlin, 1971

Hueck, Götz; Drei Fragen zur Gesamthandsgesellschaft, in: Festschrift für Wolfgang Zöllner: Zum 70. Geburtstag, Bd. 1, hrsg. v. Manfred Lieb u. a. Köln, 1998, S. 275 ff.

- Gesellschaftsrecht: ein Studienbuch, 19. Auflage, München, 1991

Hüffer, Uwe; Aktiengesetz , 4. Aufl., München, 1999

Junker, Abbo; Anmerkung zu BGH ZfgG 1989, 136, in: ZfgG 1989, S. 141 ff.

Kaligin, Thomas; Nachschußklauseln in Gesellschaftsverträgen von Publikumspersonengesellschaften, in: DB 1981, S. 1172 ff.

Kaminski, Klaus; Nachschußpflichten, Gütersloh, 1965

Keuk, Brigitte; Die Haftung des Kommanditisten für die Schulden der Gesellschaft, in: ZHR 1971, S. 411 ff.

Kindl, Johann; Abschied von der Doppelverpflichtungstheorie bei der BGB-Gesellschaft. Zugleich eine Besprechung von BGH WM 1999, 2071 ff., in: WM 2000, S. 697 ff.

Klauss, H.; Birle, J.; Die GmbH: Gesellschaftsrecht, Steuerrecht, 1992

Klose, Holger; Zusatzgrundkapital für eingetragene Genossenschaften, Marburg, 1998

Knöchlein, Gerhard; Das negative Kapitalkonto in der Auseinandersetzung von Personalhandelsgesellschaften, in: DNotZ 1961, S. 361 ff.

Koeble, Wolfgang; Schwärzel-Peters, Martin; Gesellschaftsvertragliche Ausgestaltung einer Arbeitsgemeinschaft am Beispiel der „Bau-Arbeitsgemeinschaft“, in: DStR 1996, S. 1734 ff.

Kommentar zur Europäischen wirtschaftlichen Interessenvereinigung (EWIV); hrsg. v. Paul Selbherr und Gerhard Manz, Baden-Baden, 1995

Kraft, Alfons; Kreutz, Peter; Gesellschaftsrecht, 11. Aufl., Neuwied, 2000

Kübler, Friedrich; Gesellschaftsrecht: Die privatrechtlichen Organisationen und Regelungsprobleme von Verbänden und Unternehmen, 5. Auflage, Heidelberg, 1998

Kuhn, Georg; Uhlenbruck, Wilhelm; Konkursordnung: Kommentar, 11. Aufl., München, 1994.

Küting, Karlheinz; Weber, Claus-Peter (Hrsg.); Handbuch der Rechnungslegung: Kommentar zur Bilanzierung und Prüfung, Bd. I a, 4. Aufl., Stuttgart 1995; (zitiert: Bearbeiter, in: Küting/ Weber, Handbuch der Rechnungslegung, Bd. I a,)

Küting, Karlheinz; Weber, Claus-Peter (Hrsg.); Handbuch der Rechnungslegung: Kommentar zur Bilanzierung und Prüfung, 3. Aufl., Stuttgart 1990; (zitiert: Bearbeiter, in: Küting/Weber, Handbuch der Rechnungslegung, 1990)

Lang/Weidmüller/Metz/Schaffland; Genossenschaftsgesetz: Kommentar, bearb. v. Egon Metz u. Hans-Jürgen Schaffland, 33. Aufl., 1997, Berlin, 1997 (zitiert: Lang/Weidmüller/Metz/ Schaffland/Bearbeiter, GenG)

Larenz, Karl; Lehrbuch des Schuldrechts, Bd. 2, Besonderer Teil, 12. Aufl., München, 1981

Leenen, Detlef; „Bestimmtheitsgrundsatz" und Vertragsänderungen durch Mehrheitsbeschluß im Recht der Personengesellschaften, in: Festschrift für Karl Larenz zum 80. Geburtstag, München, 1983, S. 371 ff.

Leuthe, Klaus; Die gewerblich geprägte Gesellschaft bürgerlichen Rechts: von der Gesellschaft bürgerlichen Rechts zur Kommanditgesellschaft bürgerlichen Recht?; Zugleich ein Beitrag zu Schuld und Haftung der Gesellschafter einer Gesellschaft bürgerlichen Rechts, Augsburg, 1993

Lutter, Marcus; Haftungsrisiken bei der Gründung einer GmbH, in: JuS 1998, S. 1073 ff.

Lutter, Marcus; Hommelhoff, Peter; GmbH-Gesetz: Kommentar, 15. Aufl., Köln, 2000

Marhold, Franz; Gimmy, Marc André;; Eigenkapitalersatz und Unternehmensfinanzierung - Zur Rezeption der BGH-Rechtsprechung in Österreich -; in: ZVglRWiss 1993, S. 121 ff.

Metz, Egon; Schaffland, Hans-Jürgen; Genossenschaftsgesetz (Gesetz, betreffend die Erwerbs- und Wirtschaftsgenossenschaften), 2. Aufl., Kurzausgabe auf der Grundlage des Lang/ Weidmüller/Metz/Schaffland, Kommentar zum Genossenschaftsgesetz, 33. Aufl., Berlin, 1999 (zitiert: Metz/Schaffland/Bearbeiter, GenG/Kurzausgabe)

Michalski, Lutz; Die Haftung für Sozialverpflichtungen in der GbR – Kommentar zu LG Saarbrücken, in: NZG 2000, S. 369 -, NZG 2000, S. 355 ff.

- OHG-Recht: Kommentar zum Recht der offenen Handelsgesellschaften: §§ 105 – 160 HGB, Köln, 2000

Michalski, Lutz; de Vries, K.; Eigenkapitalersatz, Unterkapitalisierung und Finanzplankredite, in: NZG 1999, S. 181 ff.

Michel, Frank; Die Inanspruchnahme des Veräußerers und des Erwerbers eines Kommanditanteils im Konkurs der KG, in: KTS 1991, S. 67 ff.

Mugdan, Benno; Die gesammten Materialien zum Bürgerlichen Gesetzbuch für das Deutsche Reich, Bd. 2, Recht der Schuldverhältnisse, Berlin, 1899

Müller, Gerd; Anmerkung zu BGH, Urt. v. 24. 10. 1994, II ZR 231/93, in: EWiR 1995, S. 127

Müller, Klaus; Kommentar zum Gesetz betreffend die Erwerbs- und Wirtschaftsgenossenschaft, 2. Bd. (§§ 43-93), Bielefeld, 1980

- Kommentar zum Gesetz betreffend die Erwerbs- und Wirtschaftsgenossenschaften, 1. Bd. (§§ 1-33), Bielefeld, 1991

- Kommentar zum Gesetz betreffend die Erwerbs- und Wirtschaftsgenossenschaften, 4. Bd. (Anh. nach §§ 64c-164; Anhang; Sachregister), 2. Aufl., Bielefeld, 2000.

Müller, Welf; Anmerkung zu BGH, Urt. v. 10. 5. 1993, II ZR 111/92, in: EWiR 1993, S. 767 ff.

Münchener Handbuch des Gesellschaftsrechts ; hrsg. v. Riegger, Bodo; Weipert, Lutz, Bd. 1, BGB-Gesellschaft, Offene Handelsgesellschaft, Partnerschaftsgesellschaft, Partenreederei, EWIV, München, 1995 (zitiert: MünchHdb.GesR I/ Bearbeiter); Bd. 2, Kommanditgesellschaft, stille Gesellschaft, München, 1991 (zitiert: MünchHdb.GesR II/Bearbeiter)

- hrsg. v. Priester, Hans-Joachim; Mayer, Dieter, Bd. 3, GmbH, München, 1996 (zitiert: MünchHdb.GesR III/Bearbeiter)

Münchener Kommentar zum Bürgerlichen Gesetzbuch; hrsg. v. Kurt Rebmann u. a., Bd. 5, Schuldrecht, Besonderer Teil III (§§ 705 - 853), 3. Aufl., München, 1997 (zitiert: MünchKomm/ Bearbeiter)

Münchener Vertragshandbuch; Bd. 1 Gesellschaftsrecht, hrsg. v. Martin Heidenhain; Burkhardt W. Meister, 4. Aufl., München, 1996 (zitiert: Münchener Vertragshandbuch I/Bearbeiter)

Muth, Johannes; Die Bilanzfeststellung bei Personenhandelsgesellschaften: Ein Beitrag zu ihrer rechtlichen Einordnung und ihrer Bedeutung für die Gewinnverteilung und das Entnahmerecht der Gesellschafter, Frankfurt/Main, 1986

Oepen, Klaus; Verstoßen die Klagesperren der §§ 92, 93 InsO gegen die Rechtsweggarantie der Europäischen Menschenrechtskonvention?, Eine Untersuchung unter besonderer Berücksichtigung der Philis-(I)-Entscheidung des Europäischen Gerichtshofs für Menschenrechte, in: ZIP 2000, S. 526 ff.

Orel, Gerhard; Die Nebenleistungspflichten bei der eingetragenen Genossenschaft, Göttingen, 1961

Palandt, Bürgerliches Gesetzbuch; bearb. v. Peter Bassenge u. a., 59. Aufl., München, 2000 (zitiert: Palandt/Bearbeiter)

Paritius, Rudolf; Grüger, Hans; Das Reichsgesetz betreffend die Gesellschaften mit beschränkter Haftung. Vom 20. April 1892. Systematische Darstellung und Kommentar nebst Entwürfen von Gesellschaftsverträgen und praktischer Anleitung für die Registerführung, Berlin, 1893

Paulick, Heinz; Das Recht der eingetragenen Genossenschaft, Ein Lehr- und Handbuch, Karlsruhe, 1956

Pelz, Christian ; Die Gesellschaft bürgerlichen Rechts in der Insolvenz, Bonn, 1999

Priester, Hans-Joachim; Stille Reserven und offene Rücklagen bei Personengesellschaften. Zur Bedeutung von § 253 Abs. 4 HGB, in: Festschrift für Karlheinz Quack zum 65. Geburtstag: am 3. Januar 1991, hrsg. v. Harm Peter Westermann und Wolfgang Rosener. In Verbindung mit Friedrich Becker und Kay Jacobsen, Berlin, 1991, S. 373 ff.

Priester, Hans-Joachim; Mayer Dieter; Münchner Handbuch des Gesellschaftsrecht, Bd. 3, GmbH, München, 1996

Prölss, Erich; Versicherungsaufsichtsgesetz/Prölss, 11. Aufl., München, 1996, (zitiert: Prölss/Bearbeiter)

Prüßmann, Heinz (Begr.); Rabe, Dieter; Seehandelsrecht: fünftes Buch des Handelsgesetzbuches; mit Nebenvorschriften und internationalen Übereinkommen, 3. Aufl., München, 1992 (zitiert:Prüßmann/Rabe)

Prütting, Hans; Ist die Gesellschaft bürgerlichen Rechts insolvenzfähig?, in: ZIP 1997, S. 1725 ff.

Raiser, Thomas; Gesamthand und juristische Person im Licht des neuen Umwandlungsrechts, in: AcP 1994, S. 495 ff.

- Der Begriff der juristischen Person. Eine Neubesinnung, in: AcP 1999, S. 104 ff.

Reiff, Peter; Wider die unternehmenstragende Gesellschaft bürgerlichen Rechts ohne Gesellschafterhaftung, in: ZIP 1999, S. 517 ff.

- Die Haftungsverfassung der GbR nach dem Urteil des BGH vom 27. 9. 1999 (II ZR 371/98), in: NZG 2000, S. 281 ff.

- Anmerkung zu OLG Bamberg, Urt. v. 22. 10. 1999, 6 U 13/99, in: NZG 2000, S. 365 ff.

Reuter, Dieter; Privatrechtliche Schranken der Perpetuierung von Unternehmen: Ein Beitrag zum Problem der Gestaltungsfreiheit im Recht der Unternehmensformen, Frankfurt, 1973

RGRK, Das Bürgerliche Gesetzbuch; Mit besonderer Berücksichtigung der Rechtsprechung des Reichsgerichts und des Bundesgerichtshofes; Kommentar, hrsg. v. Mitgliedern des Bundesgerichtshofes, Bd. 2 Teil 4, §§ 631-811, 12. Aufl., Berlin, 1978 (zitiert: RGRK/Bearbeiter)

Röhricht, Volker; Graf von Westphalen, Friedrich (Hrsg.); Handelsgesetzbuch: Kommentar zu Handelsstand, Handelsgesellschaften, Handelsgeschäften und besonderen Handelsverträgen (Ohne Bilanz-, Transport- und Seerecht), Köln, 1998 (zitiert: Bearbeiter in: Röhricht/Graf von Westphalen, HGB)

Rowedder, Heinz u.a.; Gesetz betreffend die Gesellschaften mit beschränkter Haftung (GmbHG): Kommentar, 3. Aufl., München, 1997 (zitiert: Rowedder/Bearbeiter, GmbHG)

Ruhwedel, Edgar; Die Parteienreederei, Das Erscheinungsbild einer historisch gewachsenen Gesellschaft im modernen Recht, Bielefeld, 1973

Scherrer, Gerhard; Heni, Bernhard; Liquidations-Rechnungslegung, Düsseldorf, 1990

Schilling, Wolfgang; Winter, Martin; Einseitige Leistungsbestimmungsrechte in Gesellschaftsverträgen, in Festschrift für Ernst C. Stiefel zum 80. Geburtstag, hrsg. v. Marcus Lutter u. a., München, 1987

Schlegelberger, Franz (Begr.); Geßler, Ernst u. a.; Handelsgesetzbuch, Bd. 3, Halbbd. 2 (§§ 161-177a, §§335-342 (§§ 230-237 n. F.), 5. Aufl., München, 1986 (zitiert: Schlegelberger/Bearbeiter)

- Bd. 3, Halbbd. 1 (§§ 105 - 160), 5. Aufl., München, 1992, (zitiert: Schlegelberger/ Bearbeiter)

Schmidt, Karsten; Die Handels-Personengesellschaft in Liquidation, in: ZHR 1989, S. 270 ff.

- Außenhaftung und Innenhaftung bei der Vor-GmbH, ZIP 1996, S. 353 ff.

- Zur Haftungsverfassung der Vor-GmbH, in: ZIP 1997, S. 671 ff.

- Gesellschaftsrecht, 3. Aufl., Köln, 1997

- Anmerkung zu BGH ZIP 1982, S. 294 ff, in: ZIP 1982, S. 297 ff.

- Zum Liquidationsrecht der GmbH & Co., in: GmbHR 1980, S. 261 ff.

- Wege zum Insolvenzrecht der Unternehmen: Befunde, Kritik, Perspektiven, in: Beiträge zum Insolvenzrecht, Bd. 7, Köln, 1990

- Labyrinthus creditorum: Gesellschaftsrechtliche Haftung im Insolvenzverfahren nach §§ 92, 93 InsO, in: ZGR 1996, S. 209 ff.

- Anmerkung zu BGH, Urt. v. 29.3.1996, II ZR 263/94, in: JuS 1996, S. 752 ff.

- Zur Haftung und Enthaftung der persönlich haftenden Gesellschafter bei Liquidation und Konkurs der Personengesellschaft, Korrekturen im Rechtsbild der §§ 128, 159, 160 HGB, in: ZHR 1988, S. 105 ff.

- Liquidationsbilanzen und Konkursbilanzen, Rechtsgrundlagen für Sonderbilanzen bei der aufgelösten Handelsgesellschaft, Heidelberg, 1989

- Anmerkung zu BGH, Urt. v. 8. 11. 1999, II ZR 197/98, in: JuS 2000, S. 604 ff.

- Insolvenzgesetze: KO/VglO/GesO, begr. v. Joachim Kilger, 17. Aufl., München, 1997

- Gesellschafterhaftung im GmbH-Gründungsrecht, in: ZHR 1992, S. 93 ff.

- Mehrheitsregelungen in GmbH & Co.-Verträgen. Verständnis oder Mißverständnis des „Bestimmtheitsgrundsatzes"?, in: ZHR 1994, S. 205 ff.

- Einlage und Haftung des Kommanditisten, Köln, 1977

- Genossenschaftsrechtliche Nachschußpflicht bei Massearmut und Masselosigkeit. Bemerkungen zu OLG Frankfurt, KTS 1997, 519, in: KTS 1997, S. 339 ff.

Schmidt, Karsten; Bitter, Georg; Doppelberücksichtigung, Ausfallprinzip und Gesellschafterhaftung in der Insolvenz, Eine Analyse der § 43, 52, 93 InsO und § 32 a Abs. 2 GmbHG, in: ZIP 2000, S. 1077 ff.

Schmidt, Manfred; Der Gemeinschuldner als Schuldner der Masseverbindlichkeiten, Göttingen, 1972

Schneeloch, Dieter; Trockels-Brand, Tanja; Körperschaftsteuerliches Anrechnungsverfahren versus Reformpläne, DStR 2000, S. 907 ff.

Schneider, Uwe; Die Änderung des Gesellschaftsvertrages einer Personengesellschaft durch Mehrheitsbeschluß, in: ZGR 1972, S. 357 ff.

Scholz, Franz; Kommentar zum GmbH-Gesetz, Bd. 1, §§ 1-44, 8. Aufl., Köln, 1993 (zitiert: Scholz/Bearbeiter, GmbHG)

Schubert, Werner; Schmiedel, Burkhard; Krampe, Christoph (Hrsg.); Quellen zum Handelsgesetzbuch von 1897, Bd. 2, Denkschriften, Beratungen, Berichte, Halbbd. 1, 1987; Halbbd. 2, 1988

Schultzky, Hendrik; Anmerkung zu BGH, Urt. v. 8. 11. 1999, II ZR 197/98, in: JA 2000, S. 448 ff.

Schulz, Dietrich; Anmerkung zu BGH, Urt. v. 18. 12. 1978, in: ZfgG 1980, S. 190 ff.

Schuschke, Winfried; Anmerkung zu BGH, Urt. v. 8. 11. 1999, II ZR 197/98, in: EWiR 2000, S. 669 ff.

Schwertfeger, Harald; Risikominimierung bei der GmbH durch Umgründung von Vorratsgesellschaften, in: WiB 1997, S. 520 ff.

Schwintowski, Hans-Peter; Grundfragen des Kapitalgesellschaftsrechts, in: JA 1988, S. 361 ff., S. 416 ff.

Siegel, Theodor u. a.; Verteidigt das Anrechnungsverfahren gegen unbedachte Reformen!, in: BB 2000, S. 1269 ff.

Sieveking, Johannes; Die Haftung des Gemeinschuldners für Masseansprüche, Berlin, 1947

Smid, Stefan; Grundzüge des neuen Insolvenzrechts: eine Einführung, 3. Aufl., München, 1999

Smid, Stefan (Hrsg.); Insolvenzordnung (InsO); Kommentar, Stuttgart, 1999 (zitiert: Smid/Bearbeiter, InsO)

Soergel, Hans Theodor (Begr.); Siebert, Wolfgang (Hrsg.); Bürgerliches Gesetzbuch: mit Einführungsgesetz und Nebengesetzen; Band 4 Schuldrecht III (§§ 705-853), 11. Aufl., Stuttgart, 1985; (zitiert: Soergel/Bearbeiter)

Staub, Großkommentar HGB; hrsg. v. Canaris, Wilhelm; Schilling, Wolfgang; Ulmer, Peter, §§ 145-160, 4. Aufl., Berlin, 1999; §§ 161-177a, 4. Aufl., Berlin, 1987 (zitiert: Bearbeiter in: Staub, Großkomm. HGB)

Staub, Großkommentar HGB; Brüggemann, Dieter u. a., Zweiter Band, 2. Halbbd., §§ 145-177, 335-342, 3. Aufl., Berlin, 1970 (zitiert: Bearbeiter in: Staub, Großkomm. HGB, 1970)

Staudingers, Kommentar zum Bürgerlichen Gesetzbuch mit Einführungsgesetz und Nebengesetzen; 2. Buch, Recht der Schuldverhältnisse §§ 652 – 740, bearb. v. Ernst Kessler u. a., 12. Auflage, Berlin 1991 (zitiert: Staudinger/Bearbeiter, 12. Auflage)

Stein, Ursula; Beschlußabhängige Nebenleistungspflichten nach § 3 Abs. 2 GmbHG – eine nutzlose Konstruktion? – Zugleich Besprechung der Entscheidung BGH WM 1989, 189, in: ZGR 1990, S. 357 ff.

Sudhoff, Heinrich; Berechnung und Verteilung des Liquidationserlöses bei OHG und KG, in: NJW 1957, S. 731 ff.

Sudhoff, Heinrich; Personengesellschaften, bearb. v. Heike Glahs u. a., 7. neu bearbeitete Aufl. des von Heinrich Sudhoff begr. Werkes, München, 1999 (zitiert: Sudhoff/Bearbeiter)

Teichmann, Arndt; Gestaltungsfreiheit in Gesellschaftsverträgen, München, 1970

Turner, Georg; Finanzielle Aspekte bei der Wahl von GmbH und Genossenschaft, in: DB 1993, S. 363 ff.

Uhlenbruck, Wilhelm; Gesellschaftsrechtliche Aspekte des neuen Insolvenzrechts, in: Kölner Schrift zur Insolvenzordnung: das neue Insolvenzrecht in der Praxis, Arbeitskreis für Insolvenz- und Schiedsgerichtswesen e. V., Köln (Hrsg.), Herne, 1997, S. 1017 ff.

Ulmer, Peter; Zur Haftungsverfassung in der Vor-GmbH, in: ZIP 1996, S. 733 ff.

- Wege zum Ausschluss der persönlichen Gesellschafterhaftung in der Gesellschaft bürgerlichen Rechts, in: ZIP 1999, S. 509 ff.

- Gesellschafterhaftung in der Gesellschaft bürgerlichen Rechts: Durchbruch der Akzessorietätstheorie? in: ZIP 1999, S. 554 ff.

- Unbeschränkte Gesellschafterhaftung in der Gesellschaft bürgerlichen Rechts, Besprechung des Urteils BGH NJW 1999, S. 3483, in: ZGR 2000, S. 339 ff.

- Die Mitwirkung des Kommanditisten an der Bilanzierung der KG, in: Strukturen und Entwicklungen im Handels-, Gesellschafts- und Wirtschaftsrecht: Festschrift für Wolfgang Hefermehl zum 70. Geburtstag am 18. September 1976, hrsg. v. Robert Fischer u. a., München, 1976, S. 207 ff.

Wagner, Herbert; Insolvenzordnung: Taschenkommentar, Baden-Baden, 1998

Weinbörner, Udo; Das neue Insolvenzrecht mit EU-Übereinkommen: Gesetzestexte, Materialien und umfassende Erläuterungen zur Reform, Freiburg i. Fr., 1997

Weipert, Lutz; Anmerkung zu BGH, Urt. v. 17. 10. 1988, II ZR 372/87, in: EWiR 1989, S. 365 ff.

Westermann, Harry; Personengesellschaftsrecht: BGB-Gesellschaft, OHG, KG, 4. Aufl., Köln, 1979

Wiedemann, Herbert; Kapitalerhöhung in der Publikums-KG, Besprechung der Entscheidung BGHZ 66, 82, in: ZGR 1977, S. 690 ff.

- Die Übertragung und Vererbung von Mitgliedschaftsrechten bei Handelsgesellschaften, München, 1965

Wilken, Oliver; Gesellschafterhaftung in der echten Vor-GmbH, in: ZIP 1995, S. 1163 ff.

- Einlagensplitting in der GmbH & Co. KG, in: ZIP 1996, S. 61 ff.

Wimpfheimer, Heinrich; Die Gesellschaften des Handelsrechts und des bürgerlichen Rechts im Stadium der Liquidation, in: Abhandlungen zum Privatrecht und Zivilprozeßrecht des Deutschen Reiches, hrsg. v. Otto Fischer, Bd. 17, 2. Heft, München, 1908

Winkler, Karl; Der Erwerb eigener Geschäftsanteile durch die GmbH, in: GmbHR 1972, S. 73 ff.

Wolf, Martin; Ausbau des Gläubigerschutzes statt Totalverbots der „GbR mit beschränkter Haftung" – Eine kritische Nachlese zum Urteil des BGH vom 27. 9. 1999 -, in: WM 2000, S. 704 ff.

Wüst, Günther; Die unzureichende Eigenkapitalausstattung bei Beschränkthaftern, in: JZ 1995, S. 990 ff.

Zeidler, Finn; Ausgewählte Probleme des GmbH-Vertragskonzernrechts, in: NZG 1999, S. 692 ff.

Zöller, Zivilprozessordnung: mit Gerichtsverfassungsgesetz und den Einführungsgesetzen, mit internationalem Zivilprozessrecht, Kostenanmerkungen, begr. von Richard Zöller; bearb. v. Reinhold Geimer u.a., 20. Aufl., Köln, 1997 (zitiert: Zöller/Bearbeiter, ZPO)

Zöllner, Wolfgang; Rechtssubjektivität von Personengesellschaften, in: Festschrift für Joachim Gernhuber zum 70. Geburtstag, hrsg. v. Hermann Lange u. a. Tübingen, 1993, S. 563 ff.

- Rechtsfähigkeit der BGB-Gesellschaft – ein Sachverstands- oder Kommunikationsproblem?, in: Festschrift für Alfons Kraft zum 70. Geburtstag, hrsg. v. Günther Hönn, Horst Konzen, Peter Kreutz, Neuwied, 1998, S. 701 ff.

Saarbrücker Studien zum Privat- und Wirtschaftsrecht

Herausgeber:
Johann Paul Bauer, Michael Martinek und Helmut Rüßmann

Band 1 Susanne Jaschinski: Die Haftung von Schwestergesellschaften im GmbH-Unterordnungskonzern. Ein Beitrag zum Konzernverfassungsrecht. 1997.

Band 2 Roman Sascha Ahnert: Die *actio individualis*. Ein Beitrag zur verfassungsrechtlichen Fundierung der Aktionärsklage bei sogenannten Aktien-Interessenverbänden. 1997.

Band 3 Torsten Peters: Der Cateringvertrag. Rechtstatsachen, Rechtsnatur und Rechtsprobleme eines modernen Dienstleistungsvertrags. 1998.

Band 4 Michael Meissner: Persönlichkeitsschutz juristischer Personen im deutschen und US-amerikanischen Recht. Eine rechtsvergleichende Untersuchung des allgemeinen Persönlichkeitsrechts juristischer Personen. 1998.

Band 5 Thomas Tegen: Joint Venture-Vertrag und Projektträgergesellschaft im amerikanischen und deutschen Recht. 1998.

Band 6 Gerhard Wolter: Treuhandrecht im Umbruch? Ein Blick nach Frankreich, Luxemburg, in die Schweiz und in den Libanon sowie auf das Haager Trust-Übereinkommen. 1999.

Band 7 Thomas Dehlfing: Das Recht der irreführenden Werbung in Deutschland, Großbritannien und Frankreich. 1999.

Band 8 Hanno Dornseifer: Börsentermingeschäfte und Börsentermingeschäftsfähigkeit. Zur börsengesetzlichen Behandlung von finanzwirtschaftlichen Festgeschäften, Options- und Optionsscheingeschäften. 1999.

Band 9 Patrick Lenz: Absatzförderung durch *zinssubventionierte* Darlehen. Eine wettbewerbs- und kartellrechtliche Studie zur Zulässigkeit von Niedrigzins-Kreditangeboten unter besonderer Berücksichtigung des Automobilmarktes. 1999.

Band 10 Mansur Pour Rafsendjani: Der Goodwill-Ausgleichsanspruch des Franchisenehmers. Ein Vergleich des deutschen, französischen und US-amerikanischen Franchiserechts. 1999.

Band 11 Jörg Hartmann: Juristische und ökonomische Regelungsprobleme des Insiderhandels. Eine rechtsvergleichende Darstellung USA – Deutschland. 1999.

Band 12 David Altmeier: Rückstellungsbilanzierung in Deutschland und Frankreich. Eine vergleichende Untersuchung der französischen Rückstellungsbilanzierung aus der Perspektive des deutschen Bilanzrechts. 1999.

Band 13 Barbara Günther: Aktivische Bilanzierungshilfen im deutschen und französischen Bilanzrecht. 1999.

Band 14 Bernhard Glasow: Vertikale Preisbindung, Wettbewerbstheorie und Wettbewerbsrecht in den USA, Deutschland und Europa. Bestandsaufnahmen, Kritik und Zukunftsperspektiven. 2000.

Band 15 Dorota Nowak-James: Der Börsenzugang für Anleger in Deutschland und Polen. Eine rechtsvergleichende Untersuchung zum deutschen Finanzkommissionsgeschäft und zum polnischen Brokerauftragsvertrag. 2000.

Band 16 Mathias Queck: Der Nießbrauch am Anteil einer offenen Handelsgesellschaft. Eine Form der (un-)mittelbaren Unternehmensbeteiligung. 2000.

Band 17 Ina Roth: Umweltbezogene Unternehmenskommunikation im deutschen und europäischen Wettbewerbsrecht. 2000.

Band 18 Jörg Preiss: Die Anwendung des markenrechtlichen Erschöpfungsgrundsatzes auf Dienstleistungsmarken. 2000.

Band 19 Kevin M. McDonald: Der Begriff der Dienstleistung im europäischen Binnemarkt und WTO-System (GATS). 2001.

Band 20 Carolin Opgenhoff: Die europäische Fusionskontrolle zwischen Wettbewerbsrecht und Industriepolitik. 2001.

Band 21 Susanne Schäfer: Die Deliktsfähigkeit juristischer Personen. Eine rechtsvergleichende Untersuchung zur Übertragbarkeit des englischen Modells. 2001.

Band 22 Kay Diedrich: Die Interventionswirkung – Ausprägung eines einheitlichen Konzepts zivilprozessualer Bindungswirkung. 2001.

Band 23 Michael Fröhlich: Zentrale Institutionen des deutschen Urheberrechts und des französischen Droit d'auteur auf dem Prüfstand der elektronischen Netzwerke. 2001.

Band 24 Joël Benjamin Münch: Abtretungsverbote im deutschen und französischen Recht. Rechtsvergleichende Untersuchung der Übertragungshindernisse im deutschen und französischen Forderungsverkehr als Beitrag zu einer weiteren Schuldrechtsvereinheitlichung in Europa. 2001.

Band 25 Monika Prieß: Der Begriff des Sachmangels im deutschen und englischen Kaufrecht. Reformbedarf aufgrund der Verbrauchsgüterkauf-Richtlinie 1999/44/EG. 2001.

Band 26 Katharina Siegel: Produkthaftung im polnischen, tschechischen und slowenischen Recht. 2001.

Band 27 Carolin Kühne: Die gesetzliche Form der Rechtsgeschäfte im deutschen und im italienischen Recht. Eine rechtsvergleichende Untersuchung. 2002.

Band 28 Nina Scherf: Die Nachschußpflicht im Gesellschaftsrecht. Eine rechtsformübergreifende Bestandsaufnahme, Analyse und Kritik. 2002.

Hanno Merkt

Beiträge zur Börsen- und Unternehmensgeschichte

Frankfurt/M., Berlin, Bern, Bruxelles, New York, Oxford, Wien, 2001. 382 S.
ISBN 3-631-37284-1 · br. DM 98.– / € 50.10*

Börsengeschichte und Unternehmensgeschichte sind nicht allein Teilgebiete der allgemeinen Wirtschaftsgeschichte. Auch für die Rechtswissenschaft – und hier natürlich insbesondere für das Wirtschaftsrecht – sind sie von nicht zu unterschätzender Bedeutung, namentlich etwa im Rahmen der rechtspolitischen Diskussion um die Reform des Rechts oder für Fragen der Gesetzesauslegung. Die hier versammelten, mehrheitlich bereits in juristischen Fachpublikationen veröffentlichten Beiträge stammen aus der Feder eines Juristen und sollen auf diesem Wege einer breiteren, auch wirtschaftshistorisch interessierten Leserschaft zugänglich gemacht werden. Die Beiträge spiegeln das Verständnis eines Juristen für die historischen Entwicklungen und Zusammenhänge in den behandelten Bereichen wider. Dabei sind Darstellung und Akzentsetzung von dem Bestreben geleitet, die Entstehung des heutigen Rechts und der heutigen Institutionen für ein Publikum ohne vertiefte Kenntnis der Wirtschaftsgeschichte zu erklären und nachvollziehbar zu machen.

Aus dem Inhalt: Die Geschichte der Unternehmenspublizität in Deutschland, Europa und den USA · Die Geschichte des deutschen Börsenrechts von den Anfängen bis zum zweiten Finanzmarktförderungsgesetz von 1994 · Die Geschichte des US-amerikanischen Gesellschaftsrechts · Die Geschichte der Namensaktie

FSC
www.fsc.org
MIX
Papier | Fördert
gute Waldnutzung
FSC® C083411

Kolibri 360 GmbH
Ferdinand-Jühlke-Straße 7
99095 Erfurt, Deutschland
produktsicherheit@kolibri360.de

Druck:
CPI Druckdienstleistungen GmbH
im Auftrag der
Kolibri 360 GmbH
Ferdinand-Jühlke-Str. 7
99095 Erfurt